천만 방문자를 부르는 콘텐츠의 힘
블로그의 신

천만 방문자를 부르는
콘텐츠의 힘

블로그의 신

장두현 지음

책밥

CONTENTS

들어가며   8

#1 잊지 못할 블로그 운영의 추억
1. 무작정 찾아간 광주시청, 그렇게 강사가 되다   19
2. 기업블로그 담당자를 인터뷰하다   23
3. 블로그 인터뷰를 계기로 취업하다   28
4. 글로벌 기업으로부터 파트너 제안을 받다   35
5. 기업과 정부부처의 온라인 홍보 자문위원이 되다   40

Blogger Tip 현실 속 블로거들의 진짜 이야기 '블로그 세상의 말말말'   44

#2 내 블로그 어디서 시작해야 할까?
1. 쉽게 만들고 다양한 사람들과 교류하고 싶다면, 네이버 블로그   50
2. 전문적인 블로그를 만들고 싶다면, 다음카카오 티스토리   54
3. 컴퓨터와 친숙하고 다양한 기능을 사용하고 싶다면, 워드프레스   59

Blogger Tip 블로그 서비스가 선정한 한국의 파워블로그   64

#3 천만 방문자를 부르는 글쓰기의 기술

1. 장문 한 개보다 단문 여러 개가 낫다 70
2. 키워드에 맞춰! 트렌드에 맞게! 74
3. 이미지 삽입으로 180도 달라진 글 79
4. 글의 신뢰도를 높이는 링크 삽입 88
5. 다 쓴 글도 다시 보는 STEP 5 93
6. 빈틈 있게 쓰자 98
7. 호응을 유도하는 리스트, 목록 사용 101
8. 나만의 비법, 노하우 소개 104
9. 소소하지만 소중한 독자(이웃)와의 인연 소개 107
10. 독자의 호기심을 자극하는 시리즈 연재 109
11. 앞사람과 이야기하듯이 써라 112
12. 독자의 액션을 유도하는 문구 삽입 114
13. 역피라미드 구조를 파괴하라 117
14. 다른 블로그의 콘텐츠를 큐레이션하라 119

Blogger Tip 블로그 세상에서 통하는 글쓰기 소재 10 122

#4 6개월 만에 파워블로그 만들기

1~2개월 블로그 개설
1. 블로그, 나도 할 수 있어! 130
2. 초보 블로거가 해야 할 것 133

3~4개월 블로그 꾸미기
3. 블로그, 주제를 정해야 차별화가 된다 139
4. 나만의 블로그 꾸미기 144

5~6개월 블로그 홍보
5. 나만의 콘텐츠를 확보하고 블로그 홍보하기 151
6. 파워블로거, 그들이 꼭 챙기는 웹서비스 활용하기 155

Blogger Tip 발상의 전환! 역발상이 돋보이는 이색 블로그 172

#5 SNS를 활용해 블로그 홍보하기
1. 블로그는 소셜 친화적으로 꾸며라 177
2. 블로그에서 페이스북 팬 확보하기, 페이지 플러그인 182
3. 블로그로 방문을 유입시키는 페이스북 그룹 활용하기 196
4. 블로그 구독을 유도하는 네이버 이웃커넥트 위젯 202
5. 오픈캐스트로 내 글 네이버에 홍보하기 207
6. 인스타그램 위젯으로 일상 모습 보여주기 218
7. 나를 홍보하는 블로그 소개 페이지 223
8. 관심사 기반으로 소통하는 SNS, 빙글 활용하기 226
9. 프로의 향기가 나는 포털사이트 검색등록 서비스 234
10. 충성도 높은 블로그 독자를 확보하는 이메일 구독 폼 238

Blogger Tip 블로그 운영에 도움이 되는 스마트폰 앱 5 248

#6 실전! 블로그로 투잡하기

1. 구글 애드센스로 용돈 벌기   253
2. 블로그 체험단 & 서포터즈 활동으로 수익 내기   260
3. 기업과의 제휴로 돈을 버는 방법   265
4. 블로그 팸투어로 해외, 국내 무료 여행하기   269
5. PayPal로 블로그 기부금 받기   275
6. 유튜브로 돈 벌기   287

Blogger Tip 블로거팁닷컴 사용설명서   299

마치며   304

부록1 웹서비스 적용 상세 가이드   309
부록2 대한민국 전문 주제 블로그 50   334

들어가며

◆ **묻어가는 시대의 종말, 당신은 당신만의 콘텐츠를 가지고 있는가?**

수백 대 일의 경쟁률을 뚫고 대기업에 취업해 기뻐하는 것도 잠시, 우리는 40~50대를 전후로 희망퇴직(강제퇴사)을 해야 하는 시대에 살고 있다. 기업은 더 이상 종신고용을 보장하지 않으며 그렇다고 공무원이 되는 일도 쉽지 않다. 최소 2년간 공무원 학원과 독서실을 전전하며 적게는 수십 대 일, 많게는 수백 대 일의 경쟁률을 뚫어야만 공무원이 될 수 있다. 그렇게 엉덩이에 땀띠 나게 공부해서 공무원이 되었더니 웬걸! 공무원연금 줄인다고 난리다. 대기업에 비해 월급은 적지만 풍요로운 노후를 위한 연금을 보장하던 공무원의 황금기도 끝이 보인다. 기업과 정부에 이 한 몸 묻어가던 과거와는 달리, ==자신만의 콘텐츠가 없다면 경쟁력 없는 시대를 목전에 두고 있다. 이러한 때에 나만의 콘텐츠를 만들고 공유하기에는 블로그만 한 것도 없다.==

◆ **대학교 때 만들었던 카페 덕에 군생활 폈다**

대학에 갓 입학한 1999년, 노는 게 대학생활의 낭만인 줄 알았던 나는 학업보다는 재밌는 일에 몰두했다. 그것은 바로 인터넷 카페 활동이었다.

내가 고등학교 때까지만 하더라도 달랑 주제별 게시판만 있어 후줄근한 모습을 보였던 포털의 인터넷 카페는 1999년 즈음 개편을 시작했고 다양한 주제의 카페들이 하나둘 만들어지며 인터넷 카페라는 또 하나의 네티즌 문화를 만들어내고 있었다.

태어나서 바이크(오토바이) 핸들도 잡아본 적 없던 나는 정우성 주연의 영화 〈비트〉를 보고 바이크 카페를 개설했다. 따로 카페 홍보를 하지 않았는데도 오토바이를 타는 사람들이 하나둘 모여들기 시작했다. 한 달도 지나지 않아 천 명 이상의 사람들이 몰려들었다. 회원끼리 서로 정보도 교류하고 정모도 알아서 하는 등 카페가 저절로 커지는 모습이 신기했다.

대학교 1학년을 마치고 2000년 초, '국가의 부름을 받아' 군에 입대했다. 논산훈련소에서 훈련병 생활을 끝내고 자대배치를 받았다. 중대장과 주임원사와의 면담 중 "특별히 잘하는 게 있느냐?"는 질문에 "인터넷 카페를 만들었는데 아주 커졌습니다"라고 대답했다. 스무 살 앳된 모습의 신병은 육군 모 사령부의 영관급(소령, 중령, 대령) 장교를 대상으로 인터넷과 PC활용법을 교육하는 인터넷 조교가 됐다. 카페 운영 경험 덕에 '몸만은' 편한 군생활을 할 수 있었다. 군생활을 해본 사람이라면 '몸만은'에 어떤 의미가 숨어 있는지 단번에 알 수 있을 것이다. 아무튼 무심코 만든 카페 덕에 남들보다 편한 군생활을 할 수 있었던 것만은 분명한 사실이다.

◆ 우연히 만든 다음카페 덕에 대학생활도 즐겁고 풍요롭게

2년 2개월의 군생활을 마치고 전역한 다음 해의 일이다. 훈련소 동기의 추천으로 시작한 알바를 하다 3살 연상 여자 친구를 만났다. 어느 날, 그녀와의 약속장소인 PC방에 갔다. 난 축구게임에 열중했고 여친은 다음_{Daum}의 어느 카페를 방문해 재밌는 글을 읽으며 킥킥대고 있었다. 어마어마한 회원 수를 자랑하는 대형 카페를 보며 '저런 카페 운영자들은 얼마나 행복할까? 사람들이 북적북적한 모습을 보며 얼마나 뿌듯해 할까? 나도 직접 하나 만들어봐야겠다'는 생각을 했다. 그 카페는 여성을 주제로 한 카페였다. 수다를 즐기는 여자들의 카페가 남자들이 좋아하는 주제의 카페보다 더 잘되는 인상을 받았다. 1분 동안에만 여러 개의 글이 올라오는 모습을 보니 놀라웠다.

나는 주제별 카페 목록을 살펴보며 어떤 카페를 만들까 고심했다. 역시나 뷰티/미용처럼 여성을 주제로 한 카페들이 큰 인기를 누리고 있었다. 하지만 당시에는 패션 카페는 많은데 미용 카페들은 거의 없었다. 미용실을 홍보하는 카페는 몇 개 보였지만 헤어스타일에 관한 카페는 없었다. '옳거니, 그렇다면 미용에 관한 정보가 담긴 카페를 하나 만들어야지!'라고 생각했다. '카페 만들기' 버튼을 누르고 제목은 '헤어스타일 카페'로 정했고 여자 친구를 운영자로 임명했다. 나는 '비듬 먹는 하마', 여자 친구는 '샴푸 먹는 하마'로 카페 닉네임도 수정했다. 여자 헤어스타일, 남자 헤어스타일, 일본 헤어스타일 등 생각나는 대로 게시판을 만들었다. 여자 헤어스타일과 남자 헤어스타일 게시판에는 주로 유명 연예인들의 헤어스타일 사진들을 소개했다. 대학 친구, 지인, 길거리에서 만난 이들의 헤어스타일 사진을 찍어 카페 '직찍 헤어스타일' 게시판에 소개하고 머리 묶는 법, 머리 손질법도 소개했다. 여태껏 듣도 보도 못한 게시물을 본 회원들의 반응은 폭발적이었다.

이렇게 시작한 카페는 1년 뒤 수만 명의 회원들이 가입해 있었고 3만 명이 넘어갈 무렵부터는 다양한 분야의 기업들에게서 제안을 담은 이메일이 오기 시작했다. '카페 메인에 배너를 올리고 싶어요', '전체메일 한 번 보내는 데 비용이 얼마인가요?'라는 내용이 주를 이뤘다. 심지어 게시판을 만들어 대여해달라는 기업도 있었다. 기업과의 제휴활동이 잦아지면서 적게는 매달 백만 원에서 많게는 수백만 원의 수익을 올렸다. 어느덧 카페의 회원 수는 10만 명을 넘어서고 있었다. 회원 수가 많아지면서 수입도 덩달아 올라갔지만 카페 운영에 투자해야만 하는 시간도 많아졌다. 공강시간이나 점심시간, 하루 수업이 모두 끝난 후의 시간까지 거의 하루 종일 카페 운영에만 매달렸다.

이런 호응과는 별개로 '대학을 졸업한 뒤에도 이렇게 살면 어쩌지?' 하는 불안감이 엄습했다. 그 당시에는 회사에 취업하고 월급 받으며 사는 게 정상적인 삶이라고 생각했다(내가 왜 그랬지?). 그러던 시기에 때마침 카페를 양도받고 싶다는 강남의 헤어샵 주인으로부터 이메일이 왔다. 순진했던 나는 그야말로 헐값에 카페를 넘기고 말았다. ==나는 내 인생에서 가장 후회되는 일 중 하나를 꼽으라면 단 1초의 망설임도 없이 "내가 처음 개설한 카페를 양도한 일입니다!"라고 대답할 것이다.== 그때 카페를 팔지 않고 계속 운영해왔더라면 지금쯤 서울 부촌의 정원 딸린 집에서 살고 있을지도 모를 텐데….

◆ 고시원에서 시작한 블로그, 블로거팁닷컴의 탄생

지방대 졸업장, 가진 거라곤 토익점수밖에 없던 나는 서울의 대기업 영업관리직에 이력서를 내기 시작했다(서울이 아닌 '지방'에 사는 사람이라면 공감할 것이다. 서울을 제외한 지방에는 일자리가 거의 없다). 약 20개 기업에 이력서를 내고 서너 군데에서는 면접도 봤다. 운 좋게도 두 곳의 기업에서 1차 서류, 2차 실무진 면접까지 통과했지만 3차 임원면접에서 연거푸 고배를 마셨다. 취업준비를 막 시작할 때의 활활 불타오르던 자신감은 재만 남고 사라진 지 오래였다. 취업준비 기간이 길어질수록 자존감도 닳아 헤지기 시작했다. 결국 부모님의 권유로 공무원 시험을 준비하기로 했다(공무원은 아무나 하나!).

그때는 공무원 시험을 4개월여 앞두고 있을 때였다. 과감히 휴대폰도 없애고 시험공부에만 매달렸다. 저녁에는 근처 초등학교 운동장에서 체력시험도 준비했다. 같은 독서실에서 공부하던 대학 동기는 그런 날 보고는 "넌 합격할 거야"라고 말했었다. 그러나 그런 기대와는 달리 근소한 점수 차이로 불합격했다. 눈물이 흘렀다. 7급 공무원도 아니고 9급 공무원인데…. 화장실 갈 때, 밥 먹을 때, 잠잘 때, 운동할 때 빼고는 공부만 했는데도 떨어졌다. '그래, 공부한 기간이 짧아서 그럴 거야', '부모님 닮아서(?) 머리가 나빠서 그럴 거야'라며 스스로를 위로했다. 마지막으로 한 번만 더 불태워보자는 각오로 고시원에 들어갔다. 그러나 인터넷 강의 동영상을 시청할 목적으로 가지고 갔던 컴퓨터 앞에서 난 또다시 카페를 기웃거리기 시작했다. 아! 제 버릇 남 못 준다고 했던가!

다음 메인화면을 살펴보던 중 우연히 티스토리 블로그 홍보 배너를 목격했다. '무제한 용량! 설치형 블로그!' 뭔가 있어 보이는 전문적인 느낌에 매료됐다. 네이버 블로그는 예쁜 이미지를 담아놓는 스크랩 용도로만 사용해왔기 때문이다. 파워블로그를 방문해보니 "끝내준다", "정말 멋지다"는 감탄사가 절로 나왔다. 그 자리에서 '공무원 시험에 꼭 합격하고 말 테야'라고 결심했어야 하는데 나도 모르게 '파워블로거가 되고야 말겠어'라는 결심을 해버렸다.

내가 머물던 고시원은 블로그 운영에 최적화된 환경을 제공했다. 사람 두 명이 들어가면 꽉 차는 좁은 공간에 책상과 컴퓨터 그리고 침대 외에는 아무것도 없었다. 고시원에는 가족도 없고 친구도 없다. 그 누구의 방해도 받지 않고 오롯이 블로그에만 집중할 수 있었다. 블로그를 만들던 초창기에는 내가 좋아하는 가수들과 그들의 노래를 소개했다. 그렇게 반년 정도를 소소한 일기장처럼 블로그를 운영했다. 2007년 6월경에는 전문적인 블로그를 만들어보고 싶다는 생각을 했다. '어떤 주제로 블로그를 운영하는 게 좋을까?', '사람들한테 인기 있는 주제는 뭘까?', '블로그 이름은 뭘로 할까?' 등의 즐거운 고민을 했다.

우선 블로그 주제는 블로그 운영 그 자체로 해야겠다고 생각했다. 당시만 하더라도 블로그 운영 노하우를 설파하는 블로그는 두 개뿐이었다. 라이벌 블로그를 방문해 본격적인 사전조사를 시작했다. 한 곳은 블로그에 담긴 노하우의 질과 양은 우수하지만 너무 딱딱한 느낌이 들어 재미가 없었다. 다른 한 곳은 재미는 있지만 콘텐츠가 부실하고 전문적인 느낌이 부족했다. 나는 이 두 개 블로그보다 잘할 수 있다는 확신이 들었다.

블로그 이름으로 '블로그팁닷컴'을 생각했는데 'blogtip.com' 도메인을 이미 다른 사람이 사용하고 있었다. 그래서 차선책으로 생각한 이름이 '블로거팁닷컴' 이었다. 'bloggertip.com' 도메인은 사용 가능했다. 블로그 이름을 블로거팁닷컴으로 하면 블로그 이름과 도메인 주소가 일치하므로 사람들이 기억하기 쉬울 거라고 생각했다. 게다가 블로'거'팁닷컴으로 하면 구글의 블로그 서비스 블로거닷컴을 검색하는 사람들에게도 내 블로그가 함께 노출될 수 있을 것 같았다. 그렇게 2007년 7월 블로거팁닷컴의 역사는 시작되었다.

블로그에 하루 한 개의 포스트(글)도 쓰기 힘든 직장인과는 달리 고시원에만 있던 나는 하루에도 여러 개의 글을 블로그에 올렸고 글 하나하나에 정성을 쏟았다. 한 시간 넘게 이미지를 찾는 것은 기본이요, 소제목을 넣어 마치 책처럼 보기 좋게 꾸몄다. '가는 일촌평이 있어야 오는 일촌평도 있다'는 싸이월드 미니홈피의 교훈을 거울삼아 하루에도 수십 개의 블로그에 방문해 글을 읽고 댓글을 달았다. 어느 날부터는 내 글에도 수십 개의 댓글이 달리기 시작했다. ==그렇게 반년이 흘렀을 무렵 나에게 블로그 강의 제안이 들어왔다. '대한민국 블로거 컨퍼런스'에서 강연을 해줄 수 있느냐는 제안 메일이었다. 네이버와 다음의 주최로 열리는 행사에서 강연을 해줄 수 있느냐고 묻다니, 이게 웬 경사란 말인가!==

◆ **현실에서 용기를 얻어 책을 쓰기로 결심하다**

블로그의 전성시대라고 할 수 있는 2008년과 2009년, 심지어 작년까지도 몇몇 출판사로부터 블로그 책을 쓰자는 연락을 받았다. 출판기획자와 미팅도 하고 실제로 계약서를 쓰기 직전까지 간 적도 있었다. 내가 스스로 거절한 경우도 있었고 출판사 사정, 기획자 개인의 사정으로 없던 일이 된 적도 있었다. 책을 쓰지 않은 이유 중에 가장 큰 이유는 내 마음속에서 아직은 준비가 되지 않았기 때문이었다. '나는 과연 책을 쓸 만한 내공이 있는가?'라고 스스로 물을 때마다 언제나 '아니, 아직'이라는 답변만 돌아왔다.

그러던 어느 날부터 '아, 이제는 책을 써도 되겠구나'라는 용기가 생겼다. 아마도 오프라인에서 만난 사람들이 내 블로그의 독자였다는 사실이 내 의지에 기름을 부었던 것 같다. 어느 날인가 지인의 소개로 만난 파워블로거에게 명함을 건넸는데 "아, 제가 블로그 시작할 때 이 블로그를 즐겨찾기 해놓고 많이 배웠어요"라는 말을 들었다. 또 웹마케팅 팀장으로 일했던 첫 직장을 나온 후 후임자에게서 한 통의 메일도 받았는데 '블로거팁닷컴의 구독자인데 회사에서 제트 님의 흔적을 발견하고 놀랐습니다'라는 내용이었다. 이렇게 나를 알아봐주니 고맙고 감동스러웠다. 그제야 '그래, 이제는 책을 써도 되지 않을까?'라는 생각이 들었다.

bloggertip.com

잊지 못할
블로그 운영의 추억

#1

#1

블로그 운영담은 지극히 개인적인 경험에 불과하지만 몸과 마음으로 직접 부딪히며 느낀 감정과 특별한 경험, 노하우는 그 누군가에게는 동기부여가 될 수 있고 어떤 이에게는 지혜가 될 수도 있다. 블로그를 시작한 후 짧은 시간 안에 우수블로그가 됐고 유명 포털이 주최하는 행사의 강사로 설 수도 있었다. 블로그 강연, 블로그 관련 글 기고, 구글 광고(애드센스) 등 블로그에만 올인하며 전업블로거로 생활하던 나는 어느 언론사와의 인터뷰를 계기로 취업 제안을 받았다. 그 뒤로 두 군데의 언론사를 경험하고 지금은 작은 회사의 온라인 마케팅 팀장으로 일하고 있다.

돌이켜보면 블로그 덕분에 학력도, 집안도 내세울 것 없어도 쫄지 않고 자신감에 가득 찬 시간을 보낼 수 있었다. 잘 만든 블로그 하나가 한 사람의 인생에 미칠 수 있는 긍정적인 영향에 대해서 알아보자.

1 무작정 찾아간 광주시청, 그렇게 강사가 되다

#1

2007년 겨울로 기억한다. 나는 시민대상 블로그 활용교육에 대한 아이디어에 꽂혀 있었다. 관공서에서 시민을 대상으로 컴퓨터 교육을 할 때 너무 초보적인 내용만 다루기보다는 블로그 활용교육을 진행하는 게 더 실질적인 도움을 줄 것이라 생각했다. 블로그를 운영하다 보면 글쓰기 능력도 향상되고 이미지 편집 실력도 늘어나게 된다. 유튜브에 동영상을 올리는 방법이라든지 SNS를 활용하는 방법도 덩달아 배울 수 있다. 그래서 블로그 활용교육을 제안해보기로 했다.

먼저 집에서 가까운 관공서인 광주시청 홈페이지에 접속했다. 부서 연락처를 찾아보니 도시마케팅팀이 있었는데 블로그 활용교육에 가장 잘 어울리는 부서라고 생각했다. 홈페이지에 나온 전화번호를 보고 무작정 전화를 걸었고 시청 직원은 광주시청에서 미팅을 갖자고 했다. 시민대상 블로그 활용교육에 대한 아이디어를 나름대로 정리해 도시마케팅팀을 찾아갔다. 그리고 그곳에서 놀라운 일이 벌어졌다.

도시마케팅팀을 방문해 담당자를 만나 인사를 하고 블로그 명함을 내

밀었다. 그는 "아니! 블로거팁닷컴 운영자님이세요? 저 그 블로그 구독자입니다. 은사를 만나게 되어 영광입니다"라며 반겼다. 그러고선 자신의 컴퓨터 앞으로 나를 데려가 인터넷 익스플로러 창의 즐겨찾기를 보여주며 "보이시죠? 블로거팁닷컴을 즐겨찾기 해놓고 보고 있습니다"라며 독자임을 증명했다. 이후 나는 그에게 블로그 교육안에 대한 아이디어를 소상히 전달했다. 그는 검토 후 답변을 주겠다고 했다.

"당신이 무언가를 간절히 원할 때, 온 우주는 당신의 소망이 이루어지도록 도와줍니다."

파울로 코엘료의 소설 『연금술사』에 나오는 문장이다. 온 우주까지는 아니더라도 적어도 공무원 한 분은 내 소망이 이루어지도록 도와주고 있었다.

블로그가 알려지기 시작하면서 전자신문으로부터 콘텐츠 제휴를 맺자는 연락을 받았다. 블로그에 작성한 글 중 네이버 뉴스기사로 내보낼 만한 글을 선별해 전자신문의 이름으로 송고하자는 내용이었다. 그렇게 전자신문과 제휴를 맺은 지 서너 달이 흘렀다. 2008년 6월, 전자신문으로부터 대만 컴퓨텍스 타이페이 박람회에 함께 가자는 메일을 받았다. 그동안 고생한 제휴 블로거들에게 주는 일종의 선물이었다. 3박 4일 동안 대만 전자박람회를 취재하는 행사였는데 여행에 필요한 비용 일체를 전자신문에서 부담했다. 항공권, 숙박비, 식비 등 모든 비용을 제공했다.

해외여행은 처음이어서 그랬을까? 대만이라는 나라가 너무나도 매력적으로 다가왔다. 아니, 대만이 매력적이었다기보다는 한국이 아닌 외국 땅을 밟으며 그들이 가진 고유의 문화를 지켜보는 일 자체가 신기하고 경이로웠다.

이후 나는 젊은 시절을 시골 촌구석에서만 보낼 수 없다는 생각이 들어 호주행을 택했다. 부모님 두 분 모두 직장에 다니며 일을 하고 계셨기에 섣불리 어학연수를 보내달라고 말씀드리지 못했다. 호주로 워킹홀리데이를 떠나겠다고 말씀드렸더니 흔쾌히 허락해주셨다. 그렇게 나는 시청에 블로그 활용교육에 대한 아이디어를 제안한 사실을 까마득히 잊은 채 호주행 비행기에 올랐다.

호주로 떠난 지 세 달이 지났을 무렵, 광주시청으로부터 메일이 왔다. 문화체육관광부가 지원하기로 했으니 블로그 교육을 진행해보자고 했다. 아뿔사! 그때서야 시청에 아이디어를 제안했던 사실이 떠올랐다. 호주에 2년 정도 머물며 일도 하고 공부도 할 계획이었던 나는 부랴부랴 한국으로 돌아갈 채비를 했다. 그렇게 나는 문화체육관광부가 지원하는 블로그 교육을 시작했다. 시민을 대상으로 하는 블로그 활용교육의 강사가 된 것이다.

시민을 대상으로 한 블로그 교육이 처음부터 순탄했던 건 아니다. 당시의 난 블로그 교육에 대한 경험도 전무했고, 게다가 남들 앞에서 무언가를 가르치는 게 익숙하지 않은 터라 말을 흐리고 버벅거리기 일쑤였다. 교육을 받은 사람들의 불만이 블로그로 적나라하게 돌아왔고 나는 충격에 휩싸였다. 하지만 시련은 나를 자극하는 계기가 되었고 강의를 거듭하면서 조금씩 단점을 보완해나갔다. 머지않아 다른 관공서와 기업들에서 강의 요청이 쇄도하기 시작했다.

　방송통신위원회, 국방부, 서울시청, 경기도청, 충북도청 등 전국의 정부부처, 관공서로부터 강의 요청이 들어왔다. 블로그를 시작한 배경부터 어떻게 하면 블로그를 활성화할 수 있는지까지 블로그 운영 노하우를 설파했다. 정부부처와 관공서뿐 아니라 기업과 학교에서도 블로그 강의 요청이 들어오기 시작했다.

　내가 남보다 잘나서 강사가 됐다고 이야기하는 게 아니다. 블로그에 나만의 주제를 정하고 열심히 글을 올리다 보면 누구나 강단에 설 수 있다고 말하고 싶다. 많은 사람들 앞에 서 본 경험의 유무는 그리 중요하지 않다. 블로그에서 해왔던 것처럼 자신이 가진 것을 있는 그대로 보여주면 된다.

● 한국언론재단에서 열린 블로그 컨퍼런스에서 '블로그로 돈 벌기'라는 주제로 강의 중인 모습

2 기업블로그 담당자를 인터뷰하다

#1

블로그 세상의 규모가 커지고 블로그 운영자들이 작성한 글을 소비하는(정보로 받아들이는) 사람들의 수가 늘어나면서 기업은 블로그를 홍보의 수단으로 바라보기 시작했다. 해외에는 이미 여러 선례가 있었지만 2008년 당시만 하더라도 몇몇 대기업을 제외하고는 국내에서 블로그를 운영하는 기업은 거의 없었다. 그렇기 때문에 기업블로그를 운영하는 담당자의 운영 노하우를 취재하는 것 자체가 블로그 콘텐츠가 될 수 있을 거라고 생각했다. 인터뷰하고 싶은 기업블로그에 방문해 비밀댓글을 남겼다.

안녕하세요, 블로거팁닷컴을 운영 중인 Zet라고 합니다. 기업블로그 운영자 분을 직접 만나 뵙고 인터뷰한 내용을 블로그에 올리고 싶은데 취재에 응해 주시면 감사하겠습니다. 제 연락처와 이메일주소를 남겨두겠습니다.

● 안철수연구소 인터뷰에서 만난 전 안철수연구소 기업블로그 담당자 안랩맨

　　LG전자, 농심, 소니코리아, HP코리아, 안랩(안철수연구소) 이렇게 5개 기업에서 긍정적인 연락을 받았다. 혼자 카메라와 수첩을 들고 찾아가 담당자를 만났다. 5개 기업 모두 홍보팀에서 블로그 운영을 전담하고 있었다. 기업블로그 운영에 관한 전반적인 내용들을 질문했다. 기업블로그 담당자들로부터 취재한 내용을 차례대로 블로그에 연재했다. 기업 홍보 담당자들에게 블로그가 새롭게 떠오르는 화두였기 때문이었을까? 인터뷰 내용은 뜨거운 호응을 얻었다.

인물 인터뷰 내용이 좋은 블로그 콘텐츠가 된다

취재하고 싶은 사람을 만나 이야기를 듣고 그 내용을 블로그에 옮기는 것만으로도 좋은 콘텐츠가 된다. 인터뷰이(취재에 응한 사람)와 소중한 인연을 맺을 수도 있다. 거창하게 기획할 필요도 없다. 만나보고 싶은 블로거에게 비밀댓글을 남기거나 이메일을 보내 취재 요청을 해보자.

이렇게 기업블로그 인터뷰로 인연이 된 모 기업의 홍보담당자와는 아직까지도 연락을 주고받는다. 그는 당시만 하더라도 홍보팀 대리였지만 현재는 대기업 홍보팀 부장으로 일하고 있다. 한번은 그분이 다른 회사에 추천을 해줄 테니 이력서를 보내달라고 했다. 그분의 따뜻한 마음이 정말 고마웠다. 이처럼 블로그 인터뷰는 인생에서 소중한 인연을 만들어주기도 한다.

한번은 홍보대행사 간부로 일하고 있는 지인이 "유명인을 인터뷰하는 게 너에게 더 도움이 될 거야"라며 조언해주었다. 고마운 말이었지만 내 생각은 달랐다. 유명인은 내가 나서서 인터뷰를 하지 않아도 신문, 잡지 등의 대중매체에서 알아서 인터뷰해준다. 유명인 말고 진짜로 만나보고 싶은 인물을 만나 인터뷰하자. 그분이 유명인사라면 어쩔 수 없는 일이지만.

블로그 인터뷰를 진행하는 순서

① 기획

블로그의 어떤 카테고리(메뉴)에 소개할지, 인터뷰하려는 대상이 자신의 블로그 주제와 연관이 있는지를 고민해보자. 자신이 좋아하는 블로거, 도움을 받은 블로거를 인터뷰해도 좋다. 사전에 인터뷰 제안 메시지를 작성해보는 것은 필수! 카메라, 수첩 등 인터뷰 준비물도 미리 챙겨두자.

② 제안

인터뷰를 하고자 하는 블로그의 운영자 이메일로 제안 메일을 보내자. 블로그 인터뷰를 하고 싶다는 내용과 회신 받을 연락처를 남겨두면 된다. 자신의 전화번호를 먼저 알려주고 연락을 달라고 하면 더 좋다.

③ 실행

상대가 인터뷰에 응했다면 인터뷰 일정과 장소를 협의해야 한다. 어디에서 만날 것인지, 언제 만날 것인지, 몇 시간 동안 인터뷰를 할 것인지 서로 조율한 후에 만나 인터뷰하자. 상대에게 동의를 구하고 녹음을 하거나 노트북이나 메모지에 인터뷰 내용을 기록하는 것도 좋다. 담당자를 만나기 전에 어떤 질문을 해야 할지 미리 여러 항목들을 기록해 가는 것도 중요하다. 나는 기업블로그 담당자를 만나 그들이 블로그를 어떻게 운영하고 있는지 물어볼 요량으로 기업블로그를 시작한 계기, 기업블로그를 준비하는 기업담당자에 대한 조언, 앞으로의 블로그 운영 계획 등을 메모하여 물어봤다.

④ 기록
집으로 돌아오면 인터뷰 내용을 보기 좋게 정리하고 블로그에 올리면 된다.

⑤ 전달
블로그에 올린 인터뷰 글의 URL을 인터뷰이에게 보내 직접 확인할 수 있도록 하면 더욱 좋다.

좋은 아이디어가 있으면 담당자를 찾아 만나라

시민을 대상으로 한 블로그 교육 아이디어를 가지고 있었을 때는 관공서를 찾았다. 기업블로그 담당자를 인터뷰하고 싶었을 때는 기업에 찾아가 홍보담당자를 만났다. 다른 사람과 내가 함께 성장할 수 있는 아이디어가 있다면 혼자만 알고 있지 말고 그 아이디어를 실현하는 데 도움을 줄 수 있는 사람을 만나야 한다. 좋은 아이디어라 하더라도 다른 사람과 함께 고민하고 움직일 때 실현됐다. "혼자서 꾸는 꿈은 그저 꿈에 불과하지만 다른 사람과 함께 꾸는 꿈은 현실이 된다"라는 오노 요코(비틀즈 멤버 존 레논의 아내이자 설치미술가)의 말도 있지 않은가!

3 블로그 인터뷰를 계기로 취업하다

2008년 겨울, 월간시사지의 기자로부터 인터뷰 요청 메일을 받았다. '한국의 파워블로거들'이라는 제목으로 취재를 하기 위해 미팅을 하자는 내용이었다. 당시 서울이 아닌 시골에 살고 있던 나는 서울 여의도에서 기자를 만났다. 커피숍에 앉아 그동안 블로그를 운영하며 느낀 생각과 경험들을 이야기했다. 나와 동갑내기였던 기자와 말이 잘 통했고 그 뒤로도 종종 만나 서로의 안부를 묻곤 했다. 종종 그 기자의 회사 근처에서 만나 밥을 먹거나 술을 마셨다.

어느 날 그 기자에게서 만나자는 연락이 왔다. 그는 자신이 다니고 있는 회사에서 웹기획자를 뽑고 있다며 내게 일해 볼 생각이 없느냐는 제안을 해왔다. 당시에 이렇다 할 직업 없이 프리랜서로 활동하던 난 그의 제안에 흔쾌히 응했다. 이후 나는 서울 광화문으로 출근을 하게 됐다. 블로그 덕분에 취업까지 한 셈이다.

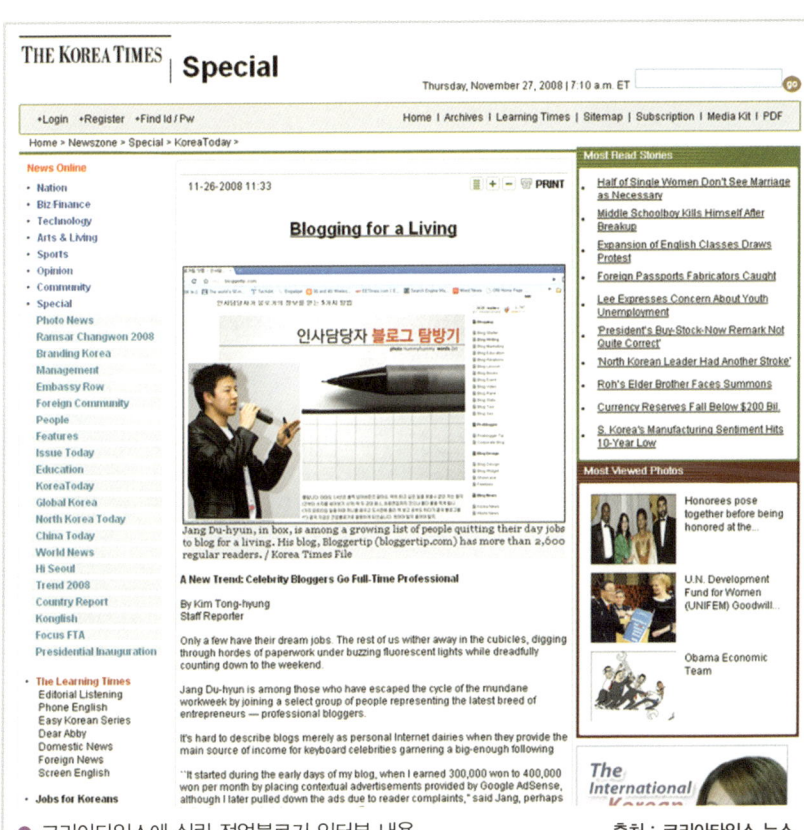

● 코리아타임스에 실린 전업블로거 인터뷰 내용

출처 : 코리아타임스 뉴스

잘 만든 블로그는 이력서가 된다

잘 만든 블로그는 취업에 적지 않은 도움이 된다. 블로그를 운영하며 실제로 취업하는 이웃들의 사례를 여러 번 봐왔고 나 스스로도 취업 제의, 이직 제의를 수차례 받았기 때문이다.

수년 전만 하더라도 주로 온라인 홍보대행사에서 블로거를 채용했다. 기업블로그 필진으로 고용하기에 블로거만큼 적합한 인재도 없기 때문이다. 홍보대행사에 취업한 블로거들은 기업블로그를 기획하고 운영하며 관리하는 일을 하거나 기업의 블로그 체험단 프로그램을 운영하는 일을 한다.

아예 '소셜미디어 담당자'를 채용하는 기업도 있는데 지원 자격에 '블로그/페이스북 운영 경험자 우대'라는 항목이 늘 등장한다. 기업의 소셜미디어 마케팅을 책임질 사람을 과장급으로 채용하는 기업도 늘고 있다.

자, 그렇다면 나는 어느 기업에서, 몇 번의 취업 제안을 받았을까? 기업 이름까지 밝힐 수는 없으니 제안 받았던 산업군과 직무만 소개하려 한다.

제안 받은 산업군과 직무

- 언론사 웹기획자
- 홍보대행사 디지털마케팅 담당 AE
- 국내 IT 대기업 신사업팀
- 해외 게임회사 소셜미디어 담당자
- 잡지사 온라인 마케팅 담당자

블로그를 보고 연락해오는 경우도 있고 다른 소셜네트워크서비스에 올려놓은 프로필을 보고 연락을 주기도 한다. 헤드헌터에게 취업제안 메일을 받는 경우도 종종 있다. 블로그만 잘 운영해도 먹고 사는 데 지장이 없다.

블로그 글쓰기가 취업에 도움이 된다

존경하는 기자 선배가 한번은 이런 조언을 했다.
"성공한 사람들을 만나보니 글을 잘 쓰더라고요. 글쓰기 능력이 참 중요하다는 걸 느낍니다."
취업과 글쓰기 능력이 무슨 상관이 있냐며 의아할 수 있다. 회사 업무는 보통 문서로 이뤄진다. 이메일이 될 수도 있고 종이 문서가 될 수도 있다. 어느 기업에 취업하더라도 글 쓰는 능력은 환영을 받게 마련이다.
SNS 마케팅에서도 글쓰기 능력이 점점 더 중요해지고 있다. 요즘은 블로그보다 페이스북으로 브랜드를 홍보하는 기업이 많다. 어느 홍보대행사는 소셜라이터라는 이름으로 페이스북 운영 담당자를 채용하는 공고를 올렸다.
블로그 글쓰기는 단문보다는 장문의 논리적 글쓰기 능력 향상에, 페이스북은 단문의 재밌는 글쓰기 능력 향상에 도움이 된다. 시대가 지나면 또 다른 온라인 서비스가 대세가 될 게 분명하지만 글쓰기 능력은 삶을 살아가는 데 특별한 스펙이 된다는 사실을 명심하자.

스펙이 부족하다면 실무경험을 쌓아라

학벌, 외국어, 제2외국어, 해외연수, 봉사활동까지…. 엄청난 스펙으로 중무장한 라이벌과 비교했을 때 자신의 스펙이 부족하다는 생각이 든다면 내가 일하고 싶은 분야를 정해 작은 기업에서 실무 경력을 쌓는 게 중요하다. "경력을 쌓을 기회를 주지 않는데 어떻게 하라는 말인가요?"라고 따지고 싶을 것이다. 경력을 쌓을 기회를 블로그로 만들면 된다.

나는 블로그 운영 경력을 인정받아 중견기업의 웹마케팅 팀장으로 첫 번째 직장생활을 시작했다. 사회 경험이 전무했지만 중견기업 회장 및 임원진과의 면접을 통해 전문성을 인정받았고 팀장으로 입사할 수 있었다. 스펙이 상대적으로 부족하다면 어떤 분야에서 내가 전문적이라고 인정받을 수 있을 만큼의 지식과 사회경험을 블로그에 기록하는 건 어떨까?

예를 들어 나는 블로거팁닷컴을 지금까지 운영해왔고 나의 블로그는 어떤 블로그이며 기업과 이런 제휴 활동을 해왔다고 이력서에 적었다. 또한 수차례의 강의 경험과 기고 경력은 커뮤니케이션 능력을 입증하는 활동이라 생각한다고 면접에서 이야기했다. 설명을 듣고 있던 임원 한 분은 말만 잘 하는 것 아니냐고 웃으시며 날 팀장으로 뽑아주셨다. 남보다 뛰어난 스펙이 없다면 블로그로 나만의 무기를 만드는 것을 추천한다.

대기업만 찾지 말고 전문성 있는 회사를 찾아라

#1

　잡지사의 취업제안이 처음은 아니었다. 그 전에도 온라인 홍보회사로부터 수차례 입사 제안을 받았었다. 하지만 (내 주제도 모르고) 회사의 규모가 작다는 이유로, 들어본 적이 없다는 이유로 매몰차게 거절한 기억이 있다. 회사를 몇 군데 다녀보니 회사 규모가 중요한 게 아니라는 생각이 들었다. 대기업에 다닌다고 해서 특별히 일을 체계적으로 배울 수 있는 것도 아니고 그렇다고 해서 드라마에 나오는 것처럼 환상적인 연봉과 복지를 보장하는 기업도 드물다. 지금은 오히려 작은 기업에 들어가는 게 낫다고 생각한다. 내가 주도적으로 일하는 환경인가 아닌가 하는 문제가 더 중요하기 때문이다.

　==실제로 작은 홍보대행사에서 취업제안을 받은 적이 있었다. 그런데 당시 나는 작은 회사라는 이유로 가기 싫어서 때마침 취업을 준비하고 있는 아는 분을 대신 소개해주었다. 그분은 그 회사에서 수년간 일했고 그 경력을 인정받아 지금은 자신이 원하던 회사에서 더 좋은 조건으로, 자신이 하고 싶은 일을 하고 있다.== 비록 작은 회사였지만 그곳에서의 경험이 그분을 성장하게 했으며 지금의 자신을 있게 했다. 그분의 모습을 보며 당시의 내 선택이 조금은 후회가 되기도 했다.

　이처럼 한 회사의 규모가 개인의 성장에 미치는 역할은 생각만큼 대단하지 않다. 규모보다는 그곳에서 무슨 일을 했고 어떤 것들을 배우고 경험했느냐에 따라 자신의 미래가 달라진다.

　이렇다 할 인맥도 없는 취업준비생에게 전문성 있는 회사를 찾기란 하늘에 별 따기다. 이름만 말하면 누구나 알 만한 대기업에 대한 정보도 전무한 상태에서 전문성 있는 회사를 찾는 건 그만큼 어려운 일이다. 이럴 때는 현직자와 퇴직자가 회사에 대한 평가를 남겨놓은 사이트를 뒤져보는 것도 좋다. 해외에는 글래스도어라는 사이트가 있고 국내에는 잡플래닛(www.jobplanet.co.kr)이 있다. 잡플래닛에서 특정 기업의 연봉과 면접자의 면접후기, 업무 강도, 업무 환경 등 실제 그 기업에서 일했던 전前직원과 현재 직원으로 일하는 사람들의 다채로운 리뷰를 볼 수 있다. 기업홍보팀에서 이야기해주지 않는 진짜 속내를 들어보고 싶다면 잡플래닛에 방문해보자.

4 글로벌 기업으로부터 파트너 제안을 받다

#1

세계 최대 스톡이미지 업체의 제안
→ 매달 27만 원의 이미지 무료 사용

블로그를 운영하다 보니 글에 어울리는 이미지를 찾는 게 일이었다. 고양이에 관한 글을 쓸 때 고양이를 직접 키우지 않는다면 집 밖으로 나가 고양이를 찾아 사진을 찍어야 한다. 구글이나 네이버에서 고양이 사진을 사용했다가는 저작권 침해로 고소를 당할 수 있기 때문이다. 물론 플리커에서 CCL 조건을 따져보고 사진을 고르거나 게티이미지에서 이미지를 삽입하는 방법도 있다. CCL은 동영상, 사진 등의 저작물을 저작권자의 동의를 받아 누구나 이용할 수 있도록 하는 일종의 규약이다. 하지만 매번 이런 방식으로 이미지를 구하다 보면 금방 지치게 된다. 실제로 블로그에 올릴 글에 어울리는 이미지를 찾느라 1시간 이상을 소비한 날이 셀 수도 없이 많다. 그나마 다행인 건 이렇게 오랜 시간 투자한 정성이 독자들에게도 느껴졌는지 "저는 이미지 보려고 블로그에 들어와요"라는 댓글을 달아주는 독자들도 있었다.

 2013년 겨울, 이미지를 판매하는 글로벌 기업의 담당자로부터 한 통의 영문 메일을 받았다. 블로거팁닷컴과 제휴를 맺고 싶다는 내용이었다. 그는 트래픽이 높은 사이트에 무료 계정을 제공하는 일을 담당하고 있다고 했다. 계약을 하게 되면 자사가 소유한 수천만 장의 사진들을 사이트에 사용할 수 있는 권한을 주겠다고 했다.

 해외에서 거주하는 한국인 외에 네이버에서 검색하는 이는 그렇게 많지 않다. 대부분 구글을 사용한다. 이미지 계약을 제안한 담당자는 구글에서 블로거팁닷컴을 찾았을 확률이 높다. 블로거팁닷컴에 대한 나름의 분석을 마치고 제안을 해왔을 것으로 미루어 짐작한다. 블로거팁닷컴에서 자사의 이미지를 사용하고 이미지 바로가기 링크를 남겼을 때 얼마나 자사 홍보에 효과가 있는지 미리 계산을 해보았을 것이다.

 나는 메일을 확인한 즉시 답장을 보냈다. 이후 2013년부터 계약을 맺고 그 기업의 사진을 지금까지 무료로 사용하고 있다. 지금의 라이선스를 사용하려면 한 달에만 우리 돈 30만 원에 가까운 금액을 지불해야 한다. 글로벌 기업과의 계약 덕분에 이제는 이미지를 찾는 데 2시간이 아니라 10분도 채 걸리지 않는다. 비용절감뿐 아니라 시간절약에도 큰 도움을 받고 있다.

산돌커뮤니케이션과 블로거팁닷컴의 제휴 이벤트 #1

네이버 블로거뿐만 아니라 티스토리 블로거, 나아가 블로그를 하지 않는 사람들까지, 알 만한 사람들은 다 안다는 네이버의 나눔글꼴을 제작한 기업이 있다. 디자이너들도 탐내는 현대카드 브랜드 폰트, 글로벌 기업 삼성그룹 전용 폰트, 다음카카오 브랜드 폰트, 윈도우즈 기본 폰트 맑은고딕, KT 브랜드 폰트 올레네오 등 국내에 알려진 거의 모든 폰트는 산돌커뮤니케이션이 만들었다고 해도 과언이 아니다.

한번은 어느 글로벌 IT기업의 홈페이지에 들어갔다가 한글로 된 글씨체에 매료됐다. 폰트 이름은 어떤 것인지, 어디에서 만들었는지 검색해보니 산돌커뮤니케이션의 작품이었다. 그 폰트를 내 블로그에서도 사용해보고 싶었다. 마냥 기다릴 수만은 없는 법, 이번에는 내가 먼저 제휴 제안을 해보기로 했다.

산돌커뮤니케이션 홈페이지에 들어가 보니 제휴문의 게시판이 따로 마련되어 있었다. 블로그에 대한 간단한 소개, 제휴에 관한 내용과 연락처를 남겨뒀는데 담당직원으로부터 메일이 왔다. 몇 번의 이메일을 교환하고 유료 폰트를 사용할 수 있는 기회를 제공받아 블로거팁닷컴에 산돌의 폰트를 사용할 수 있었다.

내 블로그뿐만 아니라 블로그의 독자들과도 나누고 싶었다. 블로거팁닷컴에 산돌커뮤니케이션 1년 무료 이용권을 제공하는 이벤트를 열자는 내용의 이메일을 산돌커뮤니케이션에게 전달했고 담당자로부터 긍정적인 회신을 받았다. 이메일로 블로그를 구독해오던 구독자들과 새로 이메일 구독을 신청해오는 사람들을 대상으로 이벤트를 열었고 총 10명에게 산돌 폰트 1년 이용권을 증정했다.

전자신문과 콘텐츠 제휴 → 내 글이 네이버 뉴스기사가 되다

전자신문 이버즈ebuzz의 제안으로 콘텐츠 제휴를 맺었다. 블로그에 있는 글 중에 뉴스기사가 될 수 있는 글을 전자신문 측에서 선별한 후에 네이버 뉴스기사로 송고한다는 내용의 계약이었다. 지금도 네이버 뉴스를 검색하면 그 당시에 기사로 소개된 내 글들이 보여 기분이 좋다. 한때나마 기자를 꿈꾸었던 인문학도로서 크나큰 영광이었다.

블로그가 어느 정도 수준으로 올라가면 먼저 손을 뻗어야 한다. 나무 밑에 누워 감이 떨어지기를 기다리는 블로그 운영자들이 방 안에서 한숨을 짓고 있는 모습을 상상하면 가슴이 아프다. 과거에 나도 그러했던 경험이 있기 때문이다. '아, 언젠가는 내 블로그를 보고 기업담당자들이 연락을 해오겠지'라며 꿈속을 헤매던 기억이 아련하다. 블로그를 시작한 지 얼마 되지 않았다면 승산이 희박하더라도 어느 정도 수준까지 올라왔다고 생각되면 먼저 제휴 메일을 보내보자.

적극적으로 파트너십을 제안하는 자세가 블로그 운영에 큰 도움이 된다. 의욕만 앞서는 것도 문제지만 너무 신중한 자세로만 일관하는 것도 바람직하지 못하다.

5 기업과 정부부처의 온라인 홍보 자문위원이 되다

"요즘 누가 신문 봐요? 포털사이트에 뉴스기사가 차고 넘치는데."

어느 현직 기자의 증언이다. 미디어 소비시장의 지각변동으로 언론, 출판 업계가 비상이다. 시사잡지를 발행하는 회사에 근무할 당시 회사 마케팅팀에서 자문을 구하는 일도 있었다. 요즘엔 사람들이 신문을 안 보고 스마트폰으로 뉴스를 보는데 어떻게 하면 우리가 가지고 있는 매체의 구독자를 늘릴 수 있는지 물었다. 글로벌 미디어사도 해내지 못한 문제를 내가 해결해낼 리는 만무했다.

한번은 회사 간부가 날 부르더니 기자를 대상으로 블로그 강의를 해달라고 했다. 강의료까지 준다고 해서 흔쾌히 응했다. 며칠 후 강의하는 날, 회의실에는 약 10여 명의 기자들이 앉아 있었다. 여러 매체에서 적게는 수년, 많게는 십 년도 넘게 근무한 베테랑 기자들이었다. 블로그는 어디서 시작하면 좋을지, 각 서비스의 장단점과 어떤 식으로 운영하면 좋을지를 설명했다. 회사 선배라고 할 수 있는 사내 기자들, 그것도 베테랑 기자들 앞에서 교육을 하려니 떨리면서도 으쓱한 기분이 들었다.

#1

이밖에 외부 기업이나 단체에서도 행사 참석 및 자문 섭외 요청이 오기도 한다. 국내 IT기업 전략회의에 자문단으로 초대를 받은 적이 있었는데 그룹 임원들과 함께 한 자리에는 이찬진 드림위즈 대표님처럼 유명한 분들도 계셨고 TV에서 뵌 임원분도 계셨다. 향후 서비스 전략에 대해 자문을 구하는 자리였다. 국내 IT산업을 주도하는 기업의 임원들과 함께 한 자리여서일까? 가슴이 두근거렸다. 몇 차례의 회의에 참석하며 참신한 아이디어도 듣고 리더들의 고급 매너도 배울 수 있었다. 자문회의 참석비 역시 두둑했다.

해양수산부의 뉴미디어 홍보를 주관하는 홍보 에이전시에서도 제안 메일을 받았다. 해양수산부 뉴미디어 홍보 자문위원으로 활동하기를 권유하는 내용이었다. 정부부처 자문위원이라니! 총 5인으로 구성된 자문위원들은 해양수산부의 향후 홍보방향을 자문하는 일을 했다. 대학의 광고홍보학과 교수 두 분, SNS 홍보대행사 대표 두 분과 함께 내 이름도 올라 있었다. 그분들과 나란히 적혀 있는 내 이름을 보니 감동이 밀려왔다. 교수님들은 말할 것도 없고 홍보대행사 대표 두 분 역시 SKY출신이었다. 지방의 이름 없는 대학을 나왔고 박사학위도 없고 사회적인 직함도 후줄근한 나에게는 무척이나 영광스러운 일이었다.

이렇게 기업이나 단체뿐만 아니라 개인을 대상으로도 블로그 컨설팅을 진행한 적이 있다. 한번은 직장에 다니는 친구의 블로그를 컨설팅했는데 그는 자신이 가진 노하우를 블로그에 올리고 상품을 판매하고 싶다고 했다. 평소에 책을 보거나 글을 쓰는 것보다는 사람들을 만나 술을 마시고 어울리는 데 소질이 있는 친구였다. 그는 블로그를 만들고 파워블로거가 되겠다고 큰소리 쳤지만 약 두 달에 걸쳐 10개의 글을 올리고 블로그를 접었다. 블로그 운영을 만만하게 생각하던 친구는 "네가 존경스럽다"며 블로그 운영을 꾸준히 하는 나를 보며 혀를 찼다.

친구의 사례를 보며 느낀 점이 한 가지 있다. 블로그를 잘 운영하는 사람들에게는 공통된 성향이 있다는 것이다. 평소에 인터넷 카페나 커뮤니티에 글 남기는 것을 좋아하고 자신의 생각을 글로 보여주는 것을 좋아하는 사람들이 블로그도 꾸준하게 운영한다. 반면 컴퓨터 앞에 앉아 있는 걸 싫어하는 사람에게는 블로그 운영이 고역이 될 수 있다. 기록하는 것을 즐기는 사람, 컴퓨터와 친하게 지내는 사람이야말로 파워블로거가 될 소질을 가진 사람이다. 파워블로거 간담회, 기업 체험단 발대식 등의 블로그 행사에서 유명 블로거들을 만나보니 예전에 자주 가던 인터넷 카페의 주인, 대형 커뮤니티 운영자, PC통신 시절부터 커뮤니티 생활을 해온 사람들이 많았다. 따라서 블로그를 개설하기 전에는 반드시 자신의 적성을 꼼꼼히 따져보기를 바란다. 그래야 시행착오를 줄일 수 있다.

블로그 운영에 타고난 소질을 지닌 사람들의 유형

- 말로 하는 것보다는 기록하는 것을 즐기는 사람
- 인터넷 카페 혹은 커뮤니티에 가입해 글을 보거나 남기는 걸 즐기는 사람
- 남한테 보여주는 것을 즐기는 사람
- 내성적인 성향을 가진 사람
- 무언가에 빠지면 좀처럼 헤어나기 힘든 사람
- 혼자 있는 시간을 즐기는 사람

블로그를 금방 그만두는 사람들의 유형 #1

- 글을 쓰는 게 죽기보다 싫은 사람
- 온라인 세상 혹은 컴퓨터와 친하지 않은 사람
- 혼자 있는 시간이 익숙하지 않은 사람
- 친구가 많고 술자리가 많은 사람
- 사생활 노출을 극도로 꺼리는 사람

Blogger Tip
현실 속 블로거들의 진짜 이야기 '블로그 세상의 말말말'

여행 블로거와
물속에서 발길질하는 오리

아시아나항공에서 자카르타 노선을 신규취항하면서 이벤트를 열었다. 5명의 블로거를 선발해 4박 6일 일정으로 자카르타 여행을 보내주는 행사였다. 이벤트에는 응모했지만 여행 블로거가 아니었던 나는 마음을 비우고 있었다. 이벤트에 응모한 사실조차 깜박 잊고 있었다. 당첨자 발표일이 며칠이나 지나 홈페이지에 들어갔다가 당첨자 명단 1번에 내 이름이 있는 걸 보고 소리를 질렀다. 그렇게 4명의 네이버 여행 블로거와 함께 자카르타로 출발했다. 현지에 도착한 후 저녁 휴식시간에 함께 간 블로거들과 차를 마시는 시간을 가졌다.

네이버 여행 블로거들은 항공사 협찬을 받아 무료여행을 다녀오는 줄로 알았는데 실상은 그렇지 않았다.

"협찬? 그런 거 거의 없어. 하루에도 몇 번씩 항공사와 여행사 홈페이지에 들어가서 좋은 소식이 있는지 살펴봐야 해. 여행 체험단에 많이 지원할수록 당첨될 확률이 높아", "트라이를 계속 해. 여행 블로그를 운영하고 있는데 협찬을 해줄 수 있는지 물어보는 거지"라며 항공사와 여행 홈페이지를 수시로 확인해야 기회가 많아진다고 그들은 입을 모았다.

그 말을 듣고 물 위에 떠 있는 오리가 떠올랐다. 물 밖에서 보면 우아해 보이지만 정작 오리는 물 위에 떠 있기 위해 쉼 없이 발길질을 해대는 모습을 상상했다.

#1 잊지 못할
블로그 운영의 추억

"나 파워블로거인데, 나 몰라요?"
잘난 척하는 아줌마와 아저씨

대기업의 공장 팸투어(사전답사여행, Familiarization Tour의 약자로 기업 또는 관공서가 기자나 블로거를 초청해 무료로 답사 프로그램을 진행하고 기업 또는 관공서의 홍보를 도모하는 것)에 참가했을 때의 일이다. 팸투어에 초청된 블로거들끼리 아침 일찍 모여 기업에서 대절한 버스를 타고 공장으로 가는 일정이었다. 버스에 오르기 전에 다른 블로거들과 인사할 일이 있었다. 그때 어느 중년 블로거가 내게 다가오더니 자신의 블로그 명함을 건넸다. "반갑습니다" 하고 인사했더니 그는 "혹시 내 블로그 모르세요? 티스토리 우수블로그에도 선정됐는데" 하며 사뭇 진지한 표정으로 물었다. 뭐라고 답해야 할지 난감했다. 자신이 유명 블로거인데 몰라준다며 섭섭해하고 있었다. 연세가 있는 분께서 그러니 더 곤혹스러웠다.

이와 비슷한 경우로 블로그 팸투어에서 생긴 에피소드도 있다. 어느 주부 블로거는 대한민국 블로그 컨퍼런스에서 강의를 한 요리 블로거와 친분이 있다며 자신의 인맥을 자랑했다. 나도 블로그 컨퍼런스에서 강연을 했었는데 그녀는 나를 알 턱이 없었다. 안타깝지만 그런 말을 하고 있는 그분이 너무 없어 보였다. 얼마나 내세울 게 없으면 유명 블로거를 안다는 걸로 자랑을 할까 하는 생각까지 들었다.

여행 블로거들의 파벌 싸움

지자체에서 진행하는 팸투어에서 들은 이야기다. ○○라는 블로거가 어느 여행 관련 홍보대행사에서 일하며 블로거들의 연락처를 빼내 카페를 만들고 팸투어를 진행하면서 몰래 수익을 챙긴다는 것이었다. 게다가 수익의 대부분을 자신이 가져가면서 함께했던 블로거들의 반발을 샀고 이 시스템이 부당하다고 생각하는 블로거들이 따로 나와 카페를 만들었다고 한다. 블로거를 이용해 돈을 버는 블로거 이야기는 여전히 전설처럼 떠돌아다니고 있다.

어느 홍보대행사 직원의 고백

"주부 블로거랑 일하기 무서워요." 어느 홍보대행사 직원에게 들었던 말이다. 기업 체험단 건이 있어 유명 주부 블로거와 통화를 했던 일화를 들려줬다. 체험단으로 활동해줄 수 있냐고 묻자 주부 블로거는 다짜고짜 "얼마나 줄 수 있어요? 난 건당 ○○만 원 이상 주셔야 돼요" 하며 돈부터 요구했다고 한다.

홍보대행사 직원은 혀를 내둘렀다. 체험단 혜택으로 고가의 제품을 무상으로 증정하기로 되어 있었는데 주부 블로거가 무리하게 돈을 요구하는 바람에 난처했다고 했다. 돈 너무 밝히지 말자.

방문자수 조작하는 네이버 파워블로거들

재미도 없고 감동도 없고 정보도 없는데 하루 방문자만 수만 명에 달하는 네이버 블로그를 본 적이 있다. 호기심이 생겼다. 블로그 글들을 꼼꼼히 읽어봤다. 방문자가 많다면 댓글도 어느 정도 달려 있는 게 보통인데 이상하게 이 블로그에는 스팸 댓글만 보였다. 우연히 방문한 블로그에서 그 진실을 알게 됐다. '작은자동방문'이라는 프로그램을 이용하면 누구나 손쉽게 네이버 방문자수를 조작할 수 있었다. 일부 유명 네이버 블로거들이 이 프로그램을 사용한 것으로 파악됐다고 했다. 양심 없는 사람들이다.

블로그 방문자수를 조작하는 프로그램이 활개를 치면 그로 인해 생기는 피해는 고스란히 블로거와 블로그 방문자의 몫이 된다. 기업에서 체험단 등의 이벤트를 열고 블로거를 모집할 때 방문자수가 중요한 선정기준이 되는데 기업의 담당자들은 조작된 방문자수에 혹하기 쉽다. 결과적으로 자신의 콘텐츠를 열심히 만들고 공유했던 블로거들의 기회가 사기꾼들에게 넘어갈 수 있다.

또 네이버 블로그의 신뢰도에도 문제가 생긴다. 네이버 블로거들이 작성한 글을 보며 맛집을 찾고 각종 노하우를 얻었던 블로그 방문자들이 방문자 조작 프로그램이 있다는 걸 알게 된다면 어떤 일이 생길까? 블로그 콘텐츠도 덩달아 신뢰를 잃게 될 것이다. 사기꾼 네이버 블로거들에 대한 네이버의 자구적 단속이 절실하다.

#2

네이버 블로그, 티스토리 블로그, 싸이월드 블로그, 다음 블로그, 이글루스 블로그, 워드프레스까지! 막상 블로그를 만들려니 어디서 시작해야 할지 모르는 게 당연하다. 블로그 서비스마다 고유의 장단점을 가지고 있기 때문이다. 자신이 어떤 목적으로 블로그를 활용할지 미리 생각해보고 고르는 게 제일 좋다.

"블로그에 방문자가 많았으면 좋겠어요."

블로그를 시작하는 사람들은 보통 블로그에 작성한 글을 많은 사람들이 봐주길 원한다. 먼저 내 블로그 방문자들이 어떻게 유입되는지를 살펴봐야 한다. 블로그 방문자의 80퍼센트 이상은 네이버, 구글과 같은 검색엔진을 통해 들어온다.

내 블로그에 김치찌개 끓이는 법을 올려놓았다고 가정해보자. 네이버에서 김치찌개, 김치찌개 조리법 등의 검색어를 입력하고 나타난 검색결과에서 내 블로그 게시글을 클릭하고 내 블로그에 들어오는 사람이 블로그 검색 유입의 절대 다수다. 내 블로그 주소(URL)를 클릭하고 들어오는 사람의 수는 극히 적다.

한국인들이 가장 많이 사용하는 검색엔진은 네이버. 10명 중 7~8명은 원하는 정보를 얻기 위해 네이버 검색을 이용한다. 네이버 검색결과에 잘 나타나야 내 블로그 방문자도 덩달아 방문자가 많아진다는 얘기도 된다. 방문자수의 관점에서 보면 네이버에서 시작하는 것이 좋은 선택일 수 있다. 그렇지만 단지 방문자수만 보고 블로그를 시작할 수는 없는 법, 블로그 서비스들이 가진 장단점을 샅샅이 살펴보고 자신에게 가장 적합한 것을 선택하자.

1 쉽게 만들고 다양한 사람들과 교류하고 싶다면, 네이버 블로그

"티스토리는 모르지만 네이버 블로그는 알아. 그냥 네이버 블로그에서 하면 되는 거지?" 블로그를 시작하고 싶다는 친구가 내게 한 말이다. 티스토리, 이글루스 블로그와 달리 네이버 블로그는 네이버를 사용하는 거의 모든 사람들이 알고 있다. 그만큼 많은 사람들이 이용하고 있다는 말이다. 쉽고 간편한 블로그 서비스를 찾는 이들에게 꼭 맞는 네이버 블로그의 장단점을 샅샅이 뒤져보자.

네이버 블로그의 장점

① 누구나 손쉽게 개설할 수 있는 가입 환경

컴퓨터와 친숙하지 않은 사람이라 할지라도 네이버에 가입만 하면 나만의 블로그가 자동으로 생성된다. 내 블로그에 들어가서 글만 쓰면 바로 시작할 수 있어 컴퓨터를 잘 모르는 사람도 손쉽게 만들 수 있다.

② 네이버 검색을 통한 많은 방문자 유입

한번은 직장동료가 네이버에 블로그를 만들었다. 일주일도 안 됐는데 하루에 방문자가 200명이 들어왔다고 했다. 야구에 관한 글을 블로그에 작성했는데 모 감독의 이적 이슈와 블로그에 작성한 글이 맞물려 네이버 검색결과 첫 페이지에 노출되고 있었다. 네이버에서 블로그를 만들면 굳이 파워블로그에 선정된 블로그가 아니더라도 이슈가 되는 키워드가 삽입된 글을 작성했을 때 뜻밖의 대량 방문자 유입을 기대할 수 있다.

③ 무료로 제공되는 다양한 퍼스나콘과 폰트

네이버 블로그에서는 아기자기한 모양의 다양한 글씨체를 사용할 수 있으며 퍼스나콘이라 불리는 블로그 아이콘도 얻을 수 있다. 다른 블로그 서비스와는 비교도 되지 않는 방대한 양의 아이콘과 폰트가 모두 무료다.

④ 일반인들이 만든 예쁘고 귀여운 스킨들

일반인들이 만든 다양한 스킨을 적용할 수 있는 것도 네이버 블로그의 장점이다. 물론 티스토리 역시 일반인들이 만든 스킨을 모아 소개하고 있다. 하지만 양적으로 비교도 되지 않을 만큼 방대한 양의 스킨들을 무료로 사용할 수 있다.

네이버 블로그의 단점

① 게티이미지 무료 이미지 사용 불가

게티이미지를 이용하면 저작권 위반 걱정 없이 블로그 글에 이미지를 삽입할 수 있다. 특정 소스코드를 HTML 편집창에 붙여 넣는 방식으로 이미지를 사용할 수 있다. 네이버 블로그는 특정 HTML태그(iframe)를 차단해 놓아 게티이미지가 보이도록 할 수 없다. 사실상 게티이미지 사용이 불가능하다.

② 구글 애드센스 광고 설치 불가

애드센스는 구글이 운영하는 광고프로그램이다. 블로그 운영자가 애드센스에 가입해 애드센스 광고를 설치해두면 방문자에 의해 광고 클릭이 일어나게 되고 구글이 광고주로부터 받은 광고수익을 블로그 운영자에게 나눠준다. 광고 클릭으로 수익을 얻는 방식의 수익프로그램 중에서 가장 높은 수익률을 자랑한다. 안타깝게도 네이버 블로그에는 구글 애드센스를 설치할 수 없다.

③ Addthis 등 블로그 위젯 설치 불가

Addthis 서비스를 이용하면 블로그에 페이스북, 트위터, 구글플러스 등 다양한 디자인의 소셜쉐어링(방문자가 다양한 소셜미디어에 블로그 글을 공유할 수 있도록 해주는 기능) 버튼을 달아놓을 수 있다. 또한 방문자에게 다른 글을 추천해주는 기능도 삽입할 수 있어 무척 유용하다. 하지만 네이버 블로그는 Addthis를 설치할 수 없다. 네이버 블로그는 다른 블로그 서비스에 비해 폐쇄적인 환경을 제공하고 있다. 블로그의 자유도를 완전히 보장하지 않는다는 점이 네이버 블로그가 가진 약점이다.

④ 저품질 현상이라는 이름의 블로그 사망선고

저품질 현상이란 블로그에 작성한 글이 어느 날 갑자기 네이버 검색 결과에서 누락되는 현상을 말한다. 블로그 검색유입은 대부분 네이버, 다음, 구글 등의 검색엔진을 통해서 이뤄진다. 게다가 네이버 블로그에 작성한 글은 구글에서 잘 보이지 않는다. 그렇기 때문에 네이버에서 블로그의 글이 검색되지 않는다는 건 블로그 사망선고와 다름없다. 주로 홍보성, 광고성 글을 양산하는 블로그가 저품질의 대상이 되는 것으로 알려져 있다.

네이버 블로그를 운영하다가 저품질에 걸려 방문자수가 3분의 1로 떨어진 사람들도 있고 네이버 고객센터의 기계적인 응답의 반복에 질려 다른 블로그 서비스로 이동한 사람들도 있다.

> **? 궁금해요**
>
> **네이버 블로그가 다른 블로그 서비스보다 유입이 많을까?**
> 결론부터 이야기하면 그렇지 않다. 대량 방문자 유입을 기대하고 네이버 블로그를 만들었다가 주목을 받지 못하고 티스토리로 옮겨온 사람들도 적지 않다. 블로그 유입량은 블로그 서비스가 아니라 블로그 운영자의 콘텐츠 생산 능력, 홍보력, 감각 등 운영자 개인의 역량에 달려 있다.

2 전문적인 블로그를 만들고 싶다면, 다음카카오 티스토리

다음과 카카오가 합병한다는 소식에 기대가 컸다. 다음의 소유였던 티스토리에도 많은 개선이 있을 줄 알았다. 그런데 막상 뚜껑을 열어보니 다음카카오 출범으로 티스토리 블로그의 변화는 없었다. 단지 카카오 스토리로 글 보내기 버튼만 하나 더 생겼을 뿐이다. 그렇지만 아직 합병한 지 얼마 되지 않았기 때문에 실망은 이르다(2014년 10월 공식 출범).

네이버 블로거에 OO맘들이 많다면 티스토리 블로거에는 OO아빠들이 많다. 남성들이 관심 있는 스마트폰, DSLR 카메라 등 IT기기를 전문적으로 리뷰하는 블로거도 많다. 실제로 IT기업의 블로거 초청 행사에서 본 블로거 중 상당수가 티스토리를 운영하고 있는 중년 남성들이었다. 그렇다고 해서 자신의 성별에 맞춰 블로그 서비스를 선택할 필요는 없다.

티스토리 블로그의 장점

① 내 마음대로 뚝딱뚝딱 고칠 수 있는 스킨

티스토리에서 기본적으로 제공하는 스킨 이외에도 다른 사람들이 만들어 무료로 배포하는 스킨을 적용할 수 있다. 우수한 품질의 스킨을 만들어 유료로 배포하는 경우도 있다. 가격은 보통 1~2만 원대이다.

티스토리 블로그는 네이버 블로그와 달리 'HTML/CSS 편집창'을 제공한다. 그래서 각양각색의 블로그 위젯(블로그 내에서 시계, 달력, 날씨 등의 기능을 이용할 수 있도록 만든 미니 응용프로그램)을 자신의 입맛대로 삽입할 수도 있고 스킨의 일정 부분만 내 마음대로 바꿀 수도 있다. 블로그인지 홈페이지인지 구분하기 어려울 정도로 스킨을 완전히 변형하는 것도 가능하다.

> **! 토막팁**
>
> **HTML/CSS란?**
> - **HTML** : HyperText Markup Language의 약자로 인터넷의 하이퍼텍스트를 표현하기 위한 언어
> - **CSS** : Casting Style Sheet의 약자로 웹페이지의 다양한 표현을 쉽게 지정하고 HTML 코딩 방식보다 제어하기 쉽게 만든 문서 시트

② 구글 애드센스 광고프로그램 참여

다른 클릭 광고프로그램에 비해 높은 수익을 보장하는 구글 애드센스 광고를 설치할 수 있다. 블로거팁닷컴에도 애드센스를 설치해뒀는데 매달 수십만 원씩 광고수익을 벌어들이고 있다. 사용법은 구글 애드센스에 가입하고 코드를 발급받은 후에 HTML/CSS 편집창에 넣어주기만 하면 된다. 구글이 제공하는 애드센스 앱을 설치하면 스마트폰에서도 실시간으로 광고수익을 확인할 수 있다.

③ 게티이미지 무료 이미지 사용

스톡이미지 판매업체인 게티이미지(www.gettyimages.com)에서 저작권 위반에 대한 두려움 없이 무료로 이미지를 얻을 수 있다. 소셜미디어에 올릴 수 있는 5천만 장의 이미지를 무료로 제공하고 있기 때문이다. iframe 태그를(HTML 문서 내에서 또 다른 HTML 문서를 보여주는 내부 프레임) 사용하는 방식을 취하고 있기 때문에 네이버 블로그에서는 이용할 수 없는 데 반해 티스토리 블로그에는 얼마든지 삽입할 수 있다.

④ 구글 애널리틱스로 블로그 세부통계 파악

블로그 방문자 카운터는 거짓말쟁이다. 블로그에 방문했을 때 보이는 방문자수에는 허수가 포함되어 있다. 순방문자수$_{UV}$를 측정하려면 통계분석 서비스인 구글 애널리틱스나 네이버 애널리틱스를 사용하면 된다. 티스토리 블로그는 자유롭게 통계 추적코드를 삽입할 수 있기에 구글 애널리틱스와 네이버 애널리틱스를 자유자재로 이용할 수 있다. 현재 블로그에 몇 명이 접속해 있는지 실시간으로 파악할 수 있으며 어떤 경로로, 즉 어떤 휴대폰과 태블릿PC를 이용해서 내 블로그에 방문했는지도 파악할 수 있다. 이처럼 방문자들의 블로그 방문 형태를 면밀히 들여다볼 수 있는 것도 티스토리의 강점이다.

티스토리 블로그의 단점

① 네이버 검색결과 노출에 불리

한국인 10명 중 7~8명은 네이버 검색을 이용한다. 10명 중 7명이 네이버에서 궁금한 정보를 검색한다는 이야기다. 네이버는 자사 블로그 서비스를 이용하는 블로그 운영자들이 작성한 글을 첫 페이지 상단에 노출시킨다. 인기 없는 키워드는 다른 블로그 서비스에서 작성된 글이 네이버 블로거의 글보다 위에 보이기도 하지만 대부분의 키워드 검색결과는 네이버 블로그에서 작성된 글들이 상위에 노출된다. 티스토리 블로그에서 작성한 글은 네이버 블로그에서 작성한 글에 밀려 뒤쪽에 보이는 경우가 허다하다.

② 까다로운 가입절차

티스토리는 다른 블로그 서비스와는 달리 초대장이 있어야만 가입할 수 있다. 처음 블로그를 시작할 때 초대장을 배포하는 사람들의 글에 초대장을 받을 이메일주소를 적어놓으면 블로그 운영자가 초대장을 발송

한다. 이메일로 초대장을 받아야만 블로그를 시작할 수 있다.

> **! 토막팁**
>
> **티스토리 초대장 빠르게 받는 방법**
>
> 티스토리 초대장 페이지(tistory.com/invitation)로 이동하자. 초대장을 배포하고 있는 티스토리 블로거들의 글을 한 곳에서 확인할 수 있다. 초대장을 배포하는 여러 블로그에 방문해 비밀 댓글로 초대장 신청 메시지와 이메일주소를 남겨두자. 이렇게 하면 한 곳에서만 초대장 신청을 하는 것보다 훨씬 더 빠르게 초대장을 받을 수 있다.

3 컴퓨터와 친숙하고 다양한 기능을 사용하고 싶다면, 워드프레스

#2

 나는 블로그 운영 경력을 인정받아 중견기업의 웹마케팅 팀장으로 입사했다. 워드프레스로 영문 블로그를 만들고 영문 콘텐츠를 만들어 올리는 일을 했다. 콩글리쉬(엉터리 영어)도 많이 사용했지만 블로그를 보고 회사와 제휴를 맺고 싶다는 메일을 받기도 했다. 유료 테마(블로그 스킨), 웹호스팅, 도메인 구입비용까지 전부 30만 원도 안 들었다.

 기업이 아니라면 '내 글은 나만 보면 된다'는 생각을 가진 사람에게만 워드프레스를 추천한다. 해외에서 만들어진 서비스인 만큼 국내 검색엔진에서는 검색이 잘 되지 않기 때문이다. 구글에서는 검색이 잘 되는 편이다.

워드프레스의 장점

① 전 세계 개발자들이 만든 수많은 플러그인

플러그인은 네이버 블로그의 위젯과 비슷하다. 네이버 블로그는 관리자 화면에서 시계, 달력 등을 뗐다 붙였다 할 수 있는 위젯 기능을 제공한다. 네이버 블로그는 이미 네이버에서 만들어 놓은 위젯을 제공하지만 워드프레스는 전 세계 개발자들이 플러그인을 개발하고 공유한다. 워드프레스 이용자들은 무료로 배포되는 플러그인을 내려 받아 설치할 수 있다. 블로그 방문자가 운영자에게 연락을 할 수 있는 연락 폼도 플러그인으로 설치할 수 있으며 방문자들이 자유롭게 질문할 수 있는 Q&A 게시판도 무료로 설치할 수 있다.

② 화려한 디자인과 다양한 기능의 유료 테마

아마추어 웹디자이너부터 워드프레스 테마만 전문적으로 제공하는 에이전시에 이르기까지 전 세계의 웹디자인 전문가들이 유료 테마를 만들고 판매한다.

테마포레스트(themeforest.net)와 같은 사이트에 올려져 있는 유료 테마를 구입하면 테마 파일을 내려 받아 워드프레스에 설치할 수 있다. 50~60불의 저렴한 가격으로 유료 테마를 구입해 적용할 수 있으며 기업용으로 사용할 수도 있다. 한 번 구입한 테마는 평생 사용할 수 있다. 블로그용, 포트폴리오용, 교육 사이트용, 사진 사이트용 등 주제별로 테마를 구경한 후 구입할 수도 있다. 테마포레스트에서는 테마와 관련한 궁금증을 Comment란에 남기면 테마 제작자가 실시간으로 답변해준다. 궁금한 점은 답변을 바로 받을 수 있다는 점도 유료 테마 구입의 장점이다.

워드프레스의 단점

① 국내 검색사이트 노출에 불리

워드프레스에서 작성한 글은 구글에서는 잘 보이는 편이지만 네이버와 다음에서는 거의 노출되지 않는다. 영문으로 블로그를 운영해 구글을 이용하는 외국인과 소통할 목적이거나 글로벌 비즈니스 용도로 만드는 게 목적이라면 워드프레스가 유리하다. 하지만 우리나라 사람들과의 소통을 위한 개인 용도의 블로그 서비스로는 적절하지 않다.

② 어려운 블로그 개설 과정

포털형(가입형) 워드프레스는 네이버 블로그처럼 회원가입만 하면 만들 수 있지만 설치형 블로그 서비스인 워드프레스는 개설절차가 복잡하다. 워드프레스 설치파일을 내려 받아 웹서버에 올린 후 설치해야 하는데 초보자들은 어려움을 느낄 수밖에 없다.

설치에 어려움을 느끼는 이들은 가입형 워드프레스를 이용하면 된다. 그러나 가입형 워드프레스는 국내 블로그 서비스에 비해 딱히 나은 게 없다. 가입형 워드프레스를 이용할 바에는 국내 블로그 서비스를 이용하는 것이 낫다.

> **! 토막팁**
> 워드프레스는 가입형(wordpress.com)과 설치형(wordpress.org) 서비스를 따로 제공한다. 워드프레스가 갖는 고유의 장점들을 모두 이용하려면 설치형 서비스를 이용하는 게 좋다.

③ 1년에만 십만 원이 넘는 부담스러운 운영비

네이버 블로그, 티스토리 블로그는 포털이 서버를 가지고 있고 서버 공간을 무료로 제공하기 때문에 블로그 이용자들이 따로 서버 임대 비용을 부담하지 않아도 된다. 반면 워드프레스는 개인이 서버를 갖고 있지 않다면 웹호스팅 서비스를 구입해 웹서버에 파일을 올리는 방식으로 운영해야 한다. 서버 용량에 따라 비용도 천차만별이지만 개인인 경우에는 부담스러운 수준의 금액을 매년 지불해야 한다. 유료 테마나 도메인을 구입할 때에도 추가 비용이 발생한다.

> **? 궁금해요**
> **모바일 검색량의 증가만 믿고 워드프레스를 선택해도 되는 걸까?**
> 미국은 애플의 iOS를 운영체제로 하는 아이폰과 구글의 안드로이드를 운영체제로 하는 스마트폰의 비율이 거의 반반이라고 한다. 우리나라는 안드로이드를 운영체제로 하는 스마트폰의 비율이 압도적으로 많다. 안드로이드를 운영체제로 하는 스마트폰에는 기본적으로 구글 검색이 깔려 있다. 소수의 전문가들은 모바일 검색량의 증가로 구글 검색량이 눈에 띄게 증가했기 때문에 워드프레스를 개설해도 좋다고 하지만 내 생각은 다르다. 워드프레스는 기업에서 저렴한 비용으로 우수한 성능의 웹사이트를 운영하고자 할 때 활용하기에는 좋지만 네이버와 다음의 검색 유입이 중요한 국내에서 블로그를 목적으로 이용하기에는 부적절하다.

블로그 서비스별 장단점

	장점	단점
네이버 블로그	• 누구나 쉽게 가입할 수 있다 • 네이버 검색을 통한 방문자 유입이 많다 • 네이버에서 무료로 제공되는 퍼스나콘과 폰트가 있다 • 일반인이 만든 다양한 스킨을 사용할 수 있다	• 저작권에 위반되지 않는 게티이미지를 사용할 수 없다 • 구글 애드센스 광고 설치 불가 • 블로그에 위젯 설치 불가(네이버에서 제공하는 기본 위젯 외의 위젯은 설치가 안 되는 경우가 많음) • 저품질 블로그에 걸리면 서비스 이용에 제한을 받는다
추천 이유	쉽고 간편한 블로그	
다음카카오 티스토리	• 기본 스킨 외에도 각양각색의 스킨을 적용할 수 있다 • 다양한 위젯 설치가 가능하다 • 구글 애드센스 광고 프로그램에 참여할 수 있다 • 게티이미지의 공개 이미지를 무료로 사용할 수 있다 • 자유롭게 통계 추적 코드(구글 애널리틱스 등)를 삽입할 수 있어 통계 파악이 가능하다	• 네이버 블로그에 비해 네이버 검색 결과 노출에 불리하다 • 가입절차가 까다롭다
추천 이유	전문적인 내용의 블로그	
워드프레스	• 전 세계 개발자들이 개발한 다양한 기능의 플러그인을 무료로 사용할 수 있다 • 화려한 디자인과 다양한 기능의 유료 테마(블로그 스킨)가 있다	• 블로그 개설 과정이 어렵다 • 블로그 운영비가 많이 든다
추천 이유	비즈니스(기업) 용도에 적합한 서비스	

Blogger Tip
블로그 서비스가 선정한 한국의 파워블로그

네이버 파워블로그, 티스토리 우수블로그, 이글루스 대표블로그까지, 포털은 저마다 고유의 타이틀을 걸고 매년 우수블로그를 선정하고 발표한다. 파워블로그 엠블럼이 갖는 상징성과 자부심, 우수블로거만의 혜택 때문일까? 우수블로그에 선정된 블로거들이 "저 우수블로그에 선정됐어요. 축하해주세요"라는 식의 글을 올리고 이웃 블로거들이 축하 댓글을 줄줄이 달아주는 모습은 연말이면 으레 볼 수 있는 풍경이다.

파워블로그 엠블럼이 오죽 부러웠으면 포토샵으로 엠블럼을 만들고 블로그에 달아놓는 방법을 강좌글 형식으로 올려놓은 블로거도 생겼다. 그러나 우수블로그 엠블럼이 아무리 부럽다고 한들 절대 따라하지 말자.

블로그를 이제 막 시작했거나 그동안 크게 신경 쓰지 않았다면, 이제부터라도 제대로 블로그를 운영해봐야겠다고 생각하는 독자라면 반드시 우수블로그에 방문해 볼 것을 권한다. 블로그가 개인미디어이다 보니 '내가 최고야'라는 생각으로 타인의 블로그는 거들떠보지 않는 블로거들도 있다.

우수블로그로 선정된 블로그에는 저마다의 강점이 있다. 독창적인 콘텐츠로 전문성을 뿜내는 블로그, 나만의 검색능력과 정보력으로 책보다 나은 정보를 전달하는 블로그, 소설가보다 재밌는 글쓰기로 수만 명의 독자를 보유한 블로그까지, 다른 블로그와는 차별화된 모습으로 형형색색 매력을 뿜낸다.

각 포털이 선정한 우수블로그에 들러 구경하는 것만으로도 앞으로 자신의 블로그 운영 방향, 포스트 소재, 블로그 디자인 등 참고할 만한 요소들을 캐치할 수 있다. 다음은 인기 블로그 서비스에서 선정한 우수블로그 목록이다.

우수블로그 목록

- 네이버 파워블로그

section.blog.naver.com/sub/PowerBlogList.nhn

- 티스토리 우수블로그

www.tistory.com/thankyou

- 다음 우수블로그

blog.daum.net/_top/blog/vip

- 이글루스 대표이글루

valley.egloos.com/event/award/2013/announce.php

- 싸이월드 TOP100블로그

blog.cyworld.com/section/top100/2013

bloggertip.com

천만 방문자를 부르는
글쓰기의 기술

#3

#3

신문이나 잡지 등에 실린 칼럼처럼 논리정연하고 군더더기 없는 글을 쓸 수 있다면 얼마나 좋을까? 기자, 문인, 교수들로 구성된 필진들의 글을 보며 나도 저렇게 쓰고 싶다고 생각할 때가 있었다. 좋은 글은 따로 모아뒀다가 베껴 쓰기(필사)도 했고 현직 기자에게 글 잘 쓰는 방법에 대해 자문도 구했다. 글쓰기에 관한 책들도 여러 권 읽었다. 하나 막상 블로그에 적용하려니 잘 써지지도 않을 뿐더러 흉내 내기에 그치는 일이 다반사였다.

"어떻게 하면 블로그에 좋은 글을 쓸 수 있나요?"라고 질문하는 사람들에게 "쓰고 싶은 걸 솔직담백하게 그냥 적어보세요. 글을 잘 써야 한다는 부담부터 버리는 게 우선입니다"라고 답하기 시작한 것도 최근의 일이다. 신문과 잡지 기자, 소설가와 시인은 직업으로 글을 쓰는 글쓰기 전문가들이다. 수년에서 수십 년씩 갈고 닦아온 그들의 글쓰기 실력을 하루아침에 따라잡으려는 건 욕심일 뿐이다.

글쓰기의 전문가들처럼 블로그에서마저 논리정연하고 완벽한 글을 적으려고 하지 말자. 오히려 일기처럼 편하게 작성한 글이 블로그에서는 더 잘 통한다는 것을 나는 직접 경험했다. 빈틈이 없어 다가가기 힘든 사람보다는 실수도 하고 조금은 어리숙하고 엉뚱하더라도 사람 냄새가 나는 사람에게 한 번 더 눈길이 가는 것과 같은 이치라 할 수 있다.

나는 오히려 잘 쓰려고 애쓰지 않아도 되고 그냥 쓰고 싶은 대로 쓰라고 조언하고 싶다. 마음 가는 대로 쓰고 싶은 걸 블로그에 적어보자. 독자의 마음을 움직이는 진정성 있는 글은 편안하고 고요한 내면에서 비롯되기 때문이다.

1 장문 한 개보다
단문 여러 개가 낫다

어느 블로거가 쓴 장문의 글을 보고 '좀 있어 보인다'고 생각한 적이 있다. 그러나 조금 읽다 보니 슬슬 지겨워지기 시작했다. 블로그의 긴 글을 읽는 게 지겨워 블로그를 닫고 포털 뉴스기사를 읽기 시작했다. 그렇다, 긴 글은 쉬이 읽히지 않는다. 보고만 있어도 지루하다.

글을 쓰는 사람에게는 분명한 한계가 존재한다. 글을 쓸 때에는 대부분 자신의 입장에서 글을 쓴다. 이는 자연스러운 일이다. 자기가 쓰고 싶은 걸 쓰다 보니 다른 사람이 원하는 정보라기보다는 자신의 이야기를 하게 되는 것이다.

블로그 방문자의 대부분은 검색엔진에서 자신이 원하는 정보를 얻기 위해 특정 검색어를 입력하고 나타난 결과를 타고 당신의 블로그를 방문한다. 따라서 하나의 키워드만 고집하기보다는 여러 개의 키워드를 쓰는 게 홍보에 도움이 되는 건 당연하다. 긴 글 하나에 목매달지 말자. 긴 글 하나 쓸 시간에 짧은 글 2~3개를 쓰는 게 훨씬 유리하다.

또한 블로그는 책이 아니라는 사실을 명심해야 한다. 블로그 방문자는 내 블로그의 글을 순서대로 읽지 않으며 방문자 중 다수가 검색엔진을 타고 들어와 한 페이지만 읽고 나간다.

블로그 방문자 평균 체류시간은 15초 이하

블로그에 글을 길게 쓸 필요가 없는 이유가 또 있다. 블로그 방문자의 체류시간이 우리가 생각하는 것보다 더 짧기 때문이다. 미국의 시사잡지 〈타임Time〉에 실린 데이터 분석 전문가 토니 헤일Tony Haile의 말에 따르면 55퍼센트의 웹사이트(블로그 포함) 방문자들이 15초 이하만 머물다 나간다고 한다.

우리가 네이버에서 원하는 정보를 검색하는 방식을 떠올려보자. 맛집을 검색하려고 네이버 블로거의 글을 읽을 때 소요하는 시간은 얼마나 걸리는가? 아무리 길어도 1분을 넘지 않는 게 보통이다. 화면을 쓱쓱 올려 요리 사진 좀 보고 메뉴도 좀 보고 글을 빠져나온다. ==15초도 기다리지 않는 성질 급한 방문자들에게 15분 동안 읽어도 다 못 읽을 만큼 긴 글을 작성하는 건 바보짓이다.==

잡지 기자 회식자리에서 들은 단문의 위력

한번은 잡지 기자들이 모인 술자리에 합석한 적이 있다. 취재기자 생활만 20년이 넘은 한 선임기자는 새파란 후배 기자들에게 짧고 굵게 조언했다. "짧게 써라. 짧게 쓴 글이 힘 있는 글이고 곧 좋은 글이다"라고.

『칼의 노래』로 유명한 베스트셀러 작가 김훈을 예로 들어보자. 그는 한겨레신문 기자로 있을 때 사회면에 '거리의 칼럼'이라는 이름으로 짧은 분량의 칼럼을 연재했다. 그 글에서 김훈 특유의 간결하고 함축적인 문장력을 엿볼 수 있다. '거리의 칼럼' 중 하나인 〈라파엘의 집〉 일부를 발췌해보면 다음과 같다.

> '라파엘의 집' 한 달 운영비는 1,200만 원이다. 착한 마음을 가진 가난한 사람들이 1천 원이나 3천 원씩 꼬박꼬박 기부금을 내서 이 시설을 16년째 운영해오고 있다. 후원자는 800여 명이다. '농부'라는 이름의 2천 원도 있다. 바닷가에서 보낸 젓갈도 있고 산골에서 보낸 사골 뼈도 있다. 중복 장애아들은 교육이나 재활이 거의 불가능하지만 안아주면 온 얼굴의 표정을 무너뜨리며 웃는다.
> 인사동 '라파엘의 집'은 술과 밥을 파는 식당으로 바뀌었다. 밤마다 이 식당에는 인사동 지식인들이 몰려든다.

모든 문장이 한 줄을 넘어가지 않는다. 장문의 글을 쓰려고 하면 갖은 수식어를 가져다 붙이게 된다. 자신도 모르게 멋있게 쓰려고 애쓰다 보니 말하려는 논지가 흐려지기 쉽다. 블로그 글은 분량도 문장도 짧은 게 좋다.

긴 글이 블로그 운영에 독이 되는 이유

늘 단문만 쓸 수는 없다. 캡처 이미지가 등장하는 노하우 공유글, 여행기, 리뷰글은 글의 분량이 늘어나게 마련이다. 그런데 글을 길게 쓰다 보면 어느새 블로그 글쓰기에 대한 두려움 혹은 압박감을 느끼게 된다. 재미로 시작한 블로그가 마치 숙제처럼 느껴지기 때문이다. 분량을 짧게 쓰면 글에 많은 시간을 투자하지 않아도 되기 때문에 글쓰기에 대한 부담감을 덜 수 있다. 글을 정성스럽게 쓰는 건 좋다. 단지 짧게 쓰는 습관을 들이면 블로그를 꾸준히 운영하는 데 보탬이 된다.

2 키워드에 맞춰! 트렌드에 맞게!

매력적인 제목 뽑기

한겨레 기획취재팀장을 지낸 故 구본준 기자는 글에서 제목은 나침반 같은 것이라고 했다. 처음에는 누구나 글을 즐겁게 쓰지만 글을 쓰다 보면 주제를 벗어나기도 하고 막 꼬이기도 한다. 방향을 잃고 엄한 길로 가기 쉽다. 이럴 때 제목이 글쓴이가 원래 목적했던 주제로 데려다주는 역할을 한다.

블로그 글은 제목이 더 중요하다. 블로그 검색결과에서 가장 먼저 눈에 들어오는 게 글 제목이기 때문이다. 어떻게 하면 매력적인 제목을 정할 수 있는지 제대로 알아보자.

내가 쓰려는 글이 이미 있는데 어떡하죠?

지금은 누구나 글을 쓰는 시대다. 메모지를 살 필요도 없이 블로그에다 자신만의 생각과 경험, 노하우를 올릴 수 있다. 블로그에 글을 쓰는 사람들이 많아지면서 내가 쓰고자 하는 주제의 글이 이미 인터넷상에 올라와 있는 경우가 부지기수다.

라면을 맛있게 끓이는 나만의 노하우를 블로그에 올려보고 싶다고 가정해보자. 네이버 검색창에 '라면 맛있게'라는 키워드를 입력하고 연관검색어를 읽어보자. 말 그대로 키워드와 관련해 사람들이 많이 검색한 검색어들이 펼쳐진다. '라면 맛있게 끓이는 방법'이 제일 위에 표시되는 걸 볼 수 있다. 이런 경우 '라면 맛있게 끓이는 방법'이라는 키워드를 포함해 단어 한두 개를 덧붙이는 식으로 제목을 작성하면 된다. 예를 들면 '자취생이 알려주는 라면 맛있게 끓이는 방법', '라면 맛있게 끓이는 방법 1편: 너구리' 등으로 응용해보자.

● 네이버에서 '라면 맛있게'를 검색한 화면

고민하기 싫은 귀차니스트는 당장 책상 위에 꽂혀있는 책이나 잡지를 펼쳐보라. 목차를 쭉 읽어보고 프로들의 제목 짓기를 따라하는 것도 좋은 방법이다. 그리고 왠지 유익한 정보가 있을 것만 같은 노하우 성격의 제목을 사용하는 방법도 있다.

'~하는 (방)법, ~하는 이유, ~하기, ~3가지, ~하는 노하우, BEST 10' 등 자신만의 노하우를 전달하는 성격의 제목이 좋다. 블로거팁닷컴에 블로그 운영에 도움이 되는 글 100개를 추려 포스팅 (bloggertip.com/2334)했다. 글 제목을 어떻게 지을지 아리송할 때 참고하면 좋다.

적절한 제목 키워드 고르는 방법, 네이버 트렌드

네이버의 검색 점유율은 76.69퍼센트로 한국인 10명 중 7~8명은 네이버에서 원하는 정보를 검색한다. 네이버 블로그가 아닌 다른 블로그 서비스로 블로그를 운영하더라도 네이버 검색을 신경 써야 하는 이유가 이 때문이다. 네이버에서 검색되는 특정 키워드의 검색량을 확인할 수 있는 서비스가 있다.

글 제목을 정할 때 이 단어를 써야할지 저 단어를 써야 할지 헷갈릴 때가 있다. 자주 가는 홍대 커피숍을 소개하는 글을 쓴다고 해보자. 제목에 들어갈 키워드로 '홍대 커피숍'이 좋을지 '홍대 카페'가 좋을지 적당한 키워드를 고르기 힘들 때는 네이버 트렌드(trend.naver.com)에 방문하면 된다. 특정 기간을 선택해 얼마나 많은 검색이 이뤄졌는지 확인할 수 있으며 PC와 모바일로 나눠 기기별 검색량도 확인할 수 있다. 지난 1년간 '홍대카페'가 '홍대커피숍'보다 압도적으로 많이 검색되었다는 것을 알 수 있다. '홍대카페'를 글 제목에 넣는 게 더 유리한 것은 두말하면 잔소리다.

● 네이버 트렌드에서 '홍대커피숍'과 '홍대카페'의 검색량을 조회한 화면

3 이미지 삽입으로 180도 달라진 글

#3

저작권 위반 걱정 없는 이미지 구하기

글자만 빼곡한 블로그 글은 지루하다. 재미도 없고 감동도 없다. 글의 주제를 잘 나타내주는 이미지 1개만 넣어줘도 글의 전체적인 분위기가 산다. 사진이라면 직접 찍어서 올리는 것이 제일 좋지만 시간과 비용을 생각하면 모든 글에 직접 찍은 사진을 올리는 건 불가능하다. 여행 블로거, 맛집 블로거는 예외다. 여행지의 풍경과 식당의 요리 사진을 주로 찍어 올리는 이들은 자신이 직접 찍은 사진만으로도 충분히 블로그에 글을 쓸 수 있기 때문이다. 갖가지 상품을 써보고 후기를 올리는 리뷰 블로거들도 마찬가지다. 하지만 자신의 머리에서 글을 창작해내는 블로거는 다르다.

실제로 포털에서 검색한 이미지를 섣불리 사용했다가 법무법인으로부터 저작권 소송 관련 내용증명을 받고 수십만 원의 벌금을 낸 블로거의 이야기는 더 이상 특별한 이야깃거리가 안 된다. 구글, 네이버, 다음

할 것 없이 포털에서 검색한 이미지는 절대 함부로 사용해서는 안 된다. 모든 사진을 손수 촬영하는 것도 어렵고 포털에 있는 이미지를 사용하기에는 저작권이 무서운, 이런 사람들이 알아두면 좋은 방법을 소개한다.

CC Search 사이트에서 이미지를 얻는 방법으로, 이 사이트에서 크리에이티브 커먼즈 라이선스가 있는 이미지를 검색하여 사용하면 된다. 보통 줄여서 CCL이라고 부르는데 동영상, 사진 등의 저작물을 저작권자의 동의를 받아 누구나 이용할 수 있도록 하는 규약을 말한다. 이 사이트에서 CCL 저작물만 검색하여 검색한 이미지를 내려 받아 편집하거나 그대로 블로그 글에 넣은 후에 사진을 받은 URL주소를 링크로 넣어주면 된다. 다만 이미지를 내려 받기 전에 CCL이 적용되고 있는 이미지인지 한 번 더 확인해야 한다. CCL Search 사이트도 검색결과물의 저작권에 대해 제어 권한이 없기 때문이다.

이미지를 블로그에 삽입하는 방법

① CC Search 사이트(search.creativecommons.org)에 접속하고 ❶의 'Flickr'를 선택하자. ❷의 '개조, 수정 또는 빌드'에 꼭 체크해야 한다. 그래야 편집 가능한 이미지가 검색된다. ❸의 검색창에 이미지를 나타내는 단어를 입력하자. 글쓰기에 대한 글을 쓴다고 가정하면 글을 쓰는 모습이 담긴 사진을 찾으면 된다. '글을 쓰는'이라는 뜻의 'writing'을 ❸에 입력하고 검색한다

!토막팁

CCL의 정의

CCL이란 Creative Commons License의 약자로 '창작물에 대해 일정한 조건 하에 다른 사람의 자유로운 이용을 허락하는 표시 방식'이다. 누구나 저작물을 이용할 수 있도록 공동 자산화하자는 개념으로 보면 쉽다.

② 글쓰기와 관련된 사진들이 나타났다. 첫 번째 사진을 사용하려면 사진에 마우스를 대고 클릭한다.

③ 사진 상세 페이지가 나타나면 하단 우측에 있는 '일부 권리가 보호되어 있습니다' 라는 파란색 글씨를 클릭해 사용범위를 알아봐야 한다.

#3 천만 방문자를 부르는
글쓰기의 기술

④ ❶과 ❷를 모두 읽어보는 게 좋다. ❶에는 어떤 형태로든 사진을 복제하고 사용할 수 있으며, 변형시킬 수도 있고, 상업적으로도 사용할 수 있다고 나와 있다. ❷에서는 사용조건을 알 수 있다. 저작권에 대한 링크를 반드시 제공해야 한다고 되어 있다.

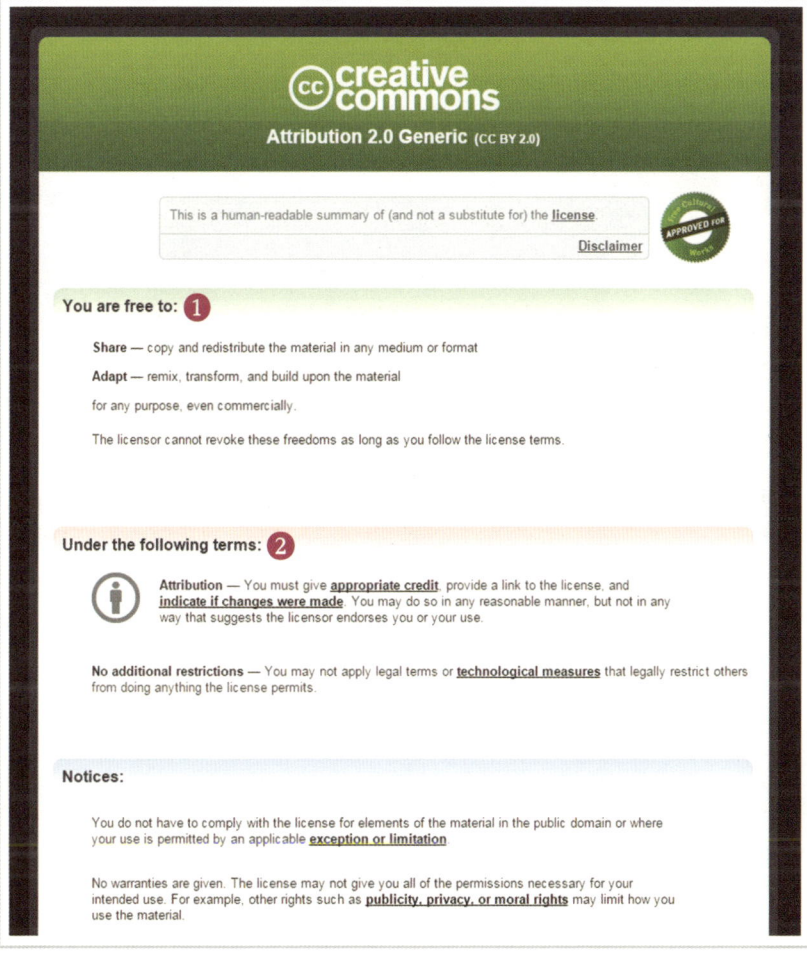

⑤ 이미지가 나온 페이지로 돌아가서 우측 하단의 마지막 아이콘을 클릭하자. 사각형, 작게, 중간, 크게, 원본, 모든 크기 보기까지 다양한 이미지 다운로드 옵션이 나온다. 자신이 원하는 사이즈를 선택한 후 클릭하면 사진을 내려 받을 수 있다.

⑥ ❶의 저작권자 이름과 ❷의 사진 주소(URL)를 복사해두자.

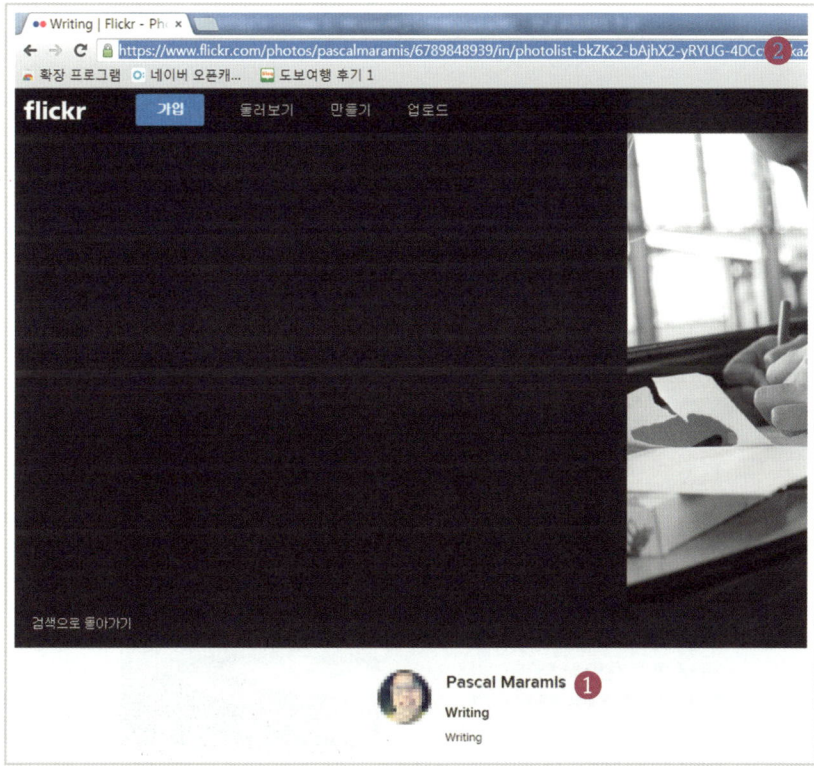

⑦ 블로그 글쓰기 화면에 내려 받은 사진을 넣었다. ❶에 사진 저작권자의 이름을 입력하고 마우스로 블록을 씌우자. 나는 사진, 이름순으로 했지만 표시형식은 자유롭게 하면 된다. ❷의 'URL' 메뉴를 클릭한 다음 전 단계에서 복사한 이미지의 페이지 주소를 붙여 넣고 '적용' 버튼을 클릭해 글을 저장하자.

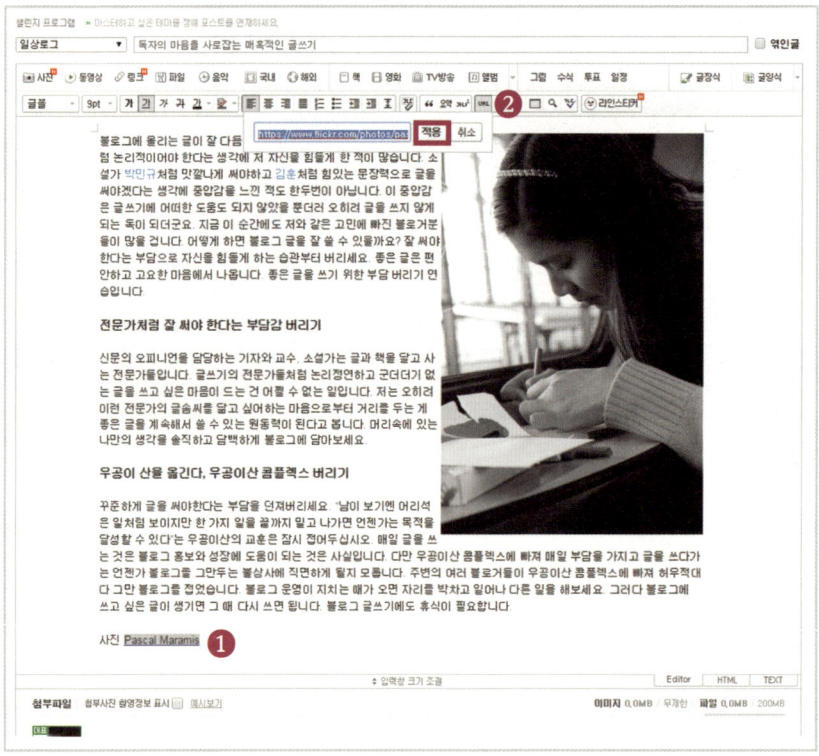

⑧ 이미지 저작권자의 링크가 제대로 삽입된 것을 확인할 수 있다.

4 글의 신뢰도를 높이는 링크 삽입

블로그가 책과 다른 점을 물으면 "책은 한 번 인쇄하면 수정이 어렵지만 블로그는 언제든지 수정할 수 있어요"라고 답하는 게 보통이다. 그런데 수정이 용이한 것 말고도 다른 점이 또 있다. 종이책과 달리 블로그에는 다른 웹페이지를 보여줄 수 있도록 링크를 삽입할 수 있다. 블로그 방문자는 링크 삽입을 통해 추가적인 정보를 얻을 수 있다. 이러한 링크 삽입은 글을 뒷받침해주는 근거가 되기 때문에 글의 신뢰도를 올려준다. 그러나 적절치 못한 링크를 사용한다거나 링크를 너무 많이 삽입하면 오히려 역효과가 날 수 있으니 제대로 활용해야 한다. 먼저 링크의 유형부터 알아보자. 링크 삽입 유형은 5가지 유형으로 나뉜다.

① 다른 블로거의 글을 인용할 때

다른 블로거가 작성한 글을 인용하고 싶을 때는 링크를 삽입하는 게 좋다. 부분 인용은 괜찮다고 생각하는 사람도 있는데 이는 위험한 발상이다. 글을 작성한 원저작자가 인용에 관한 라이선스 내용을 명시해두는 경우도 있지만 그런 경우는 극히 드물다.

따라서 글 제목, 바로가기 주소, 부연설명을 적어두는 것이 좋다. 이렇게 하면 글쓴이와의 시비를 미연에 방지할 수 있다.

 예) 추천 글 '일할 때 필요한 것'
by 열매맺는 나무(www.fruitfulife.net/1166)

② 내 블로그에 작성한 과거의 글을 인용할 때

블로그에 글을 쓰다 보면 과거에 쓴 내 글을 인용하는 일도 생긴다. 이럴 때는 과거에 작성한 글의 제목과 주소를 적어두면 된다.

 예) 관련 글 '스마트한 국내여행을 돕는 추천 앱 10'
by 블로거팁닷컴(bloggertip.com/4394)

③ 글 속에 등장하는 인물이나 기업의 홈페이지를 소개할 때

드라마 〈미생〉에 관련된 글을 쓴다고 치자. 내 글을 읽는 독자들은 〈미생〉이 뭔지 모르는 사람이 있을 수 있다. 또 〈미생〉이라는 드라마가 어떤 드라마인지 좀 더 자세히 알고 싶은 독자도 있다. 이들에게 정보를 제공하는 또 하나의 방법으로 홈페이지 바로가기 주소(링크)를 적어두는 것이다.

 예) 드라마 '미생(program.interest.me/tvn/misaeng)'을 보셨나요?

④ 좋아하는 블로그를 소개하고 싶을 때

아무 이유 없이 좋은 블로그가 있다. 방문할 때마다 유익한 정보를 주는 고마운 블로그도 있다. 이들을 블로그에 소개하고 싶을 때 링크를 사용하자. 방문자들이 내 글에 들어간 링크를 클릭하면 내가 좋아하는 블로그의 관리자 페이지 유입경로에 자동으로 기록된다. 내가 좋아하는 블로거는 내가 링크한 사실을 알게 되고 고마움을 느끼게 될 것이다. 이렇게 링크를 삽입하게 되면 좋은 블로그 친구를 사귈 수도 있다.

 예) 관련 글 '파워블로거가 되고 싶다면 꼭 방문해볼 만한 블로그'
by 블로거팁닷컴(seo-apl.tistory.com/5)

세오라는 블로거가 작성한 글에 블로거팁닷컴의 주소(bloggertip.com)가 링크된 것을 확인한 적이 있다. 블로그 관리자 페이지에서 유입경로(리퍼러로그)를 보다가 세오님의 블로그 글을 확인하게 된 나는 세오님께 고마운 감정을 느꼈으며 블로그 친구가 됐으면 좋겠다는 생각이 들었다.

> **[당신의 블로그] Zet님의 '블로거팁닷컴' - 파워블로거가 되고 싶다면 꼭 방문해볼만한 블로그**
>
> 블로그/당신의 블로그 14. 11/13
>
> **[당신의 블로그]**
> **Zet님의 '블로거팁닷컴'(www.bloggertip.com)**
> **- 파워블로거가 되고 싶다면 꼭 방문해볼만한 블로그**
>
> '당신의 블로그'에서 소개할 첫 번째 블로그는 바로 Zet님의 '**블로거팁닷컴(www.bloggertip.com)**' 이다. 필자가 네이버 블로그에서부터 개인블로그를 티스토리 블로그로 처음 시작해야겠다고 마음먹을 수 있게 된 결정적 계기를 제공해준 아주 감사한 블로그이기도 하다. '블로거팁닷컴'은 블로그 이름에서도 어필하듯 블로거라면 필요한 굉장히 다양한 정보와 팁들을 제공한다. 2007년 7월부터(무려 7년 이상을 운영해오셨다니..) 운영된 이곳은 **블로그를 포함해 SNS에 대한 Zet님의 무수한 경험과 그동안 수집해온 정보들을 알기 쉽게, 그리고 자세하게 소개**하고 있다.
>
> **1. 『당신의 블로그』 첫번째, Zet님의 '블로거팁닷컴'**
>
> - 블로그 이름 : 블로거팁닷컴(Zet)
> - 블로그 주소 : http://www.blooggertip.com/
> - 블로그 주제 : 블로그 운영팁, 디지털 마케팅, IT, 블로그 서포터즈 정보
> - 특이사항 : 2007년~2011년 5년 연속 티스토리 우수블로그 선정
>
> ● 세오님께서 블로거팁닷컴을 '파워블로거가 되고 싶다면 꼭 방문해볼 만한 블로그'로 추천한 글
>
> 출처: 네이버 블로그 '세오의 어필로그'

#3

⑤ 뉴스 기사를 인용하고 싶을 때

블로그에 글을 작성할 때 각종 통계나 수치를 알고 싶을 때가 있다. 이럴 땐 보통 네이버 뉴스 검색으로 관련 내용을 검색해보고 해당 기사를 읽어본 후 인용하면 된다. 기사를 그대로 베껴서 쓰라는 것은 아니다. 기사 내용 중에 나온 통계나 수치를 인용하고 인용한 글 옆에 기사 바로가기 주소를 남겨주면 된다. '아동의 삶의 만족도'를 주제로 글을 쓴다고 할 때 달랑 "최하위래요"라고 하는 것보다는 기사 인용 사실과 함께 바로가기 링크를 넣어주면 글에 설득력을 실어줄 수 있다.

예) 중앙일보(article.joins.com/news/article/article.asp?total_id=16330601)에 따르면 한국 아동의 삶의 만족도는 OECD 국가 중 최하위라고 한다.

블로그 글에 뉴스 기사를 링크하는 방법

이미지의 ❶처럼 우선 링크하고 싶은 부분을 마우스로 선택해 블록을 지정한다. ❷의 'URL' 버튼을 클릭하고 ❸의 빈칸에 인용한 기사의 URL을 붙여 넣고 '확인' 버튼을 클릭한다. 글을 저장하면 링크가 삽입된 모습을 확인할 수 있다.

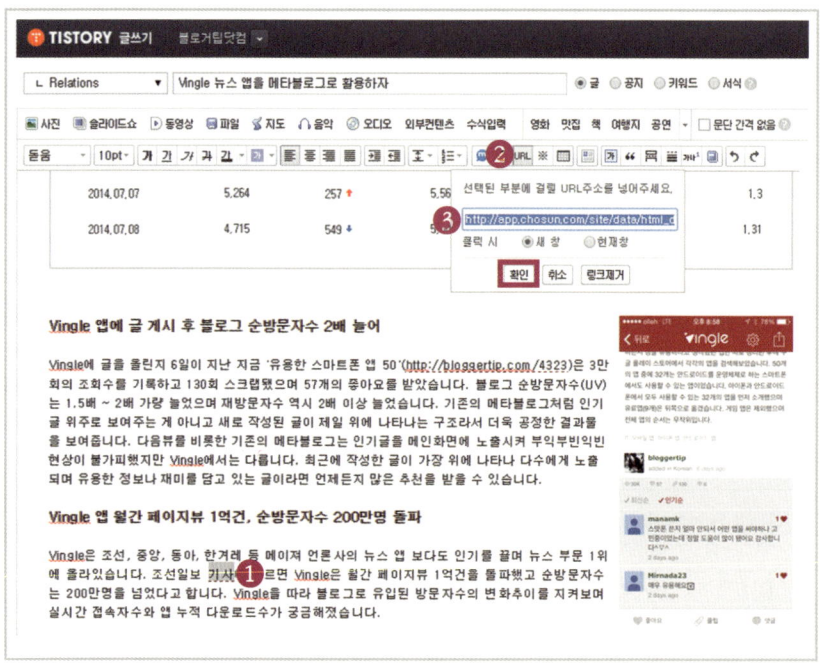

5 다 쓴 글도 다시 보는 STEP 5

글을 모두 작성했으면 우선 비공개 상태로 저장하는 게 좋다. 티스토리 블로그는 글을 쓰는 중간 중간 자동으로 임시저장이 되지만 그렇다고 해서 자동저장만 믿었다가 오랜 시간 정성껏 쓴 글을 통째로 날릴 수 있다. 따라서 비공개 상태로 저장한 후 수정 버튼을 눌러 편집하는 것이 좋다. 총 5단계를 거쳐 글이 잘 작성되었는지 확인해보자.

STEP 1. 오타 및 띄어쓰기 확인

맞춤법이 틀리지는 않았는지, 띄어쓰기가 잘 됐는지, 독자가 불쾌해할 수 있는 비속어가 쓰이지는 않았는지 등을 꼼꼼히 들여다보자. 한 번만 다시 훑어봐도 꽤 많은 오류를 발견할 수 있다.

네이버의 '우리말 바로 쓰기'를 참고하여 확인하는 것도 하나의 방법이다. 국립국어원 누리집의 '온라인 가나다'에서는 한글 맞춤법을 비롯해 우리말에 대해 궁금한 점을 묻고 답한 내용을 제공하고 있다.
참고 사이트 우리말 바로 쓰기(krdic.naver.com)

STEP 2. 단락 나누기

긴 글은 단락을 나누어 작성하는 것이 읽기에 좋다. 다닥다닥 붙은 문장들을 읽으려면 피로함과 따분함을 느낄 수 있기 때문이다. 다음의 예시에서 직접 비교해보자.

예) 단락을 나누기 전

여행지에서 여권을 잃어버리는 게 쉬운 일은 아니다. 여권을 잃어버리는 일은 소설책에도 거의 등장하지 않을 정도로, 몸과 마음을 놔버리지 않는 한 불가능한 일이다. 보라카이 여행에 동행한 실장님은 섬세한 성격의 소유자였다. 예를 들면, 아침에 일어나서는 반드시 화장실에 가서 일을 봐야 하는 디테일함의 소유자였던 것이다. 함께 여행하기에 이보다 더 좋은 동성 친구도 없을 거다. 꼼꼼하고, 세심한 성격의 소유자와 여행을 한다는 것은 만족스러운 일이지만 한편으로는 문제를 일으킬 공산이 큰 일이기도 했다. 엄마보다 섬세한 실장님 덕에 되려 정신줄을 놓아버린 것이다. 의도적으로 그렇게 해야겠다고 생각한 것은 아니지만 나도 모르게 덤벙대는 캐릭터가 되어버렸다.

단락을 나눈 후

여행지에서 여권을 잃어버리는 게 쉬운 일은 아니다. 여권을 잃어버리는 일은 소설책에도 거의 등장하지 않을 정도로, 몸과 마음을 놔버리지 않는 한 불가능한 일이다. 보라카이 여행에 동행한 실장님은 섬세한 성격의 소유자였다. 예를 들면, 아침에 일어나서는 반드시 화장실에 가서 일을 봐야 하는 디테일함의 소유자였던 것이다. 함께 여행하기에 이보다 더 좋은 동성 친구도 없을 거다.

꼼꼼하고, 세심한 성격의 소유자와 여행을 한다는 것은 만족스러운 일이지만 한편으로는 문제를 일으킬 공산이 큰 일이기도 했다. 엄마보다 섬세한 실장님 덕에 되려 정신줄을 놓아버린 것이다. 의도적으로 그렇게 해야겠다고 생각한 것은 아니지만 나도 모르게 덤벙대는 캐릭터가 되어버렸다.

STEP 3. 소제목 써주기

본문 중간중간에 소제목을 넣어 독자들이 읽기 편하도록 배려해보자. 소제목은 글자크기를 좀 더 크게 하거나 색상을 넣어주면 읽기가 훨씬 수월하다.

STEP 4. 문장 절반으로 끊기

철학자이자 수필가였던 몽테뉴는 "싫증나는 문장보다 배고픈 문장을 쓰라"고 했다. 두 줄 이상인 문장을 찾아 절반으로 끊자. 이렇게 하면 문장에 힘을 더할 수 있다. 독자의 입장에서는 글이 술술 읽히게 된다. 얼마나 잘, 멋지게 썼는지 고민하지 말고 얼마나 줄일 수 있는지 한 번 더 확인하자.

STEP 5. 글 제목, 본문 앞머리, 태그 확인하기

검색엔진 검색결과 화면에서 첫 페이지 상단에 내 글이 보일수록 내 글이 클릭될 확률이 높아진다. 덩달아 방문자도 늘어난다. 이렇게 검색엔진에 내 글이 잘 보이도록 하는 작업을 검색엔진최적화SEO라고 한다.

그렇다면 내 글을 보는 사람들은 검색엔진에서 어떤 키워드로 검색할까? 자신이 어떤 주제로 블로그에 글을 올릴 것인지 정해졌다면 그에 맞는 키워드가 제목, 본문 앞머리, 태그에 들어갔는지 확인해야 한다.

예를 들어 홍콩여행을 갈 때 필요한 준비물에 관한 글을 작성한다고 해보자. 당신이라면 어떻게 검색해서 글을 볼 것인가? 보통은 키워드 '홍콩여행 준비물'로 검색할 확률이 높다. 따라서 필수 키워드는 '홍콩여행'과 '준비물'로 정했다. 제목에 키워드가 들어갔는지 확인해보자. 본문 앞머리에도 '홍콩여행'과 '준비물'이라는 단어가 들어갔는지, 태그에도 '홍콩여행'과 '준비물'이 들어갔는지 확인해보자.

5단계를 모두 거쳤다면 공개하기 버튼을 눌러 만천하에 내 글을 공개하자.

> **! 토막팁**
>
> **검색엔진최적화(SEO) 불변의 법칙**
>
> **검색엔진의 검색 결과 표시 원리 이해하기**
> 검색엔진은 다른 사이트로부터 많은 링크를 받은 사이트일수록 더 중요한 페이지라고 인식한다. 중요한 정보, 다시 보고 싶은 정보를 담은 글은 다른 블로그 글에 비해 더 많은 링크를 받게 되기 때문이다. 내가 블로그에 작성한 글을 방문자가 보고 유용하다고 생각해 자신의 블로그, 자신이 가입한 카페, 인터넷 커뮤니티 등에 글 주소와 바로가기 링크를 삽입해 소개하는 일이 많아질수록 내 블로그 글의 신뢰도도 덩달아 올라간다. 페이지랭크의 원리는 반드시 기억해두자.
>
> **블로그 나이와 검색엔진최적화의 상관관계**
> 오래 알고 지낸 친구일수록 더 믿음이 가는 법. 블로그도 마찬가지로 오래된 블로그일수록 검색엔진의 신뢰를 받는다. 블로그를 개설한 지 한 달도 되지 않았으면서 검색엔진에서 왜 내 글이 잘 보이지 않느냐고 하소연하는 사람들이 종종 있다. 새로 사귄 지 한 달 된 친구가 하는 말과 십년지기 친구가 한 말을 비교했을 때 누구의 말에 더 믿음이 갈까? 블로그의 나이(Age)도 검색엔진최적화 지수를 높이고 낮추는 결정적인 요인 중의 하나다.

6 빈틈 있게 쓰자

재미있게 본 범죄스릴러 영화 50개를 리스트로 만들어 블로그에 올린 적이 있다. 글을 공개하기 일주일 전부터 MS워드 문서로 리스트를 만들어 수정한 결과물이니 일주일 이상 걸려 작성한 글이었다. 구글 검색과 유입경로를 통해 해당 글이 얼마나 많은 곳에 전파되었는지 추적해봤다.

8개의 커뮤니티와 2개의 대형 카페, 2개의 인기 페이스북 페이지에 공유돼 높은 조회수(48,030명)를 기록 중이었다. 페이스북 페이지의 경우 관리자가 아닌 이상 조회수를 측정할 수 없어 페이스북 페이지에서 공유(좋아요 538회, 공유 158회)된 수치로 알아봤다. 이렇게 조회 및 공유된 수치를 추산하면 약 5만여 명이 넘는 이들이 '죽기 전에 봐야 하는 범죄스릴러 영화 50'을 조회한 것으로 추정할 수 있다.

이틀 동안 단일 포스트가 약 5만 이상의 조회를 기록하기는 쉽지 않다. 네이버나 다음 등 포털 메인에 노출돼 하루에 몇 만 명씩 들어오는 경우를 제외하면 그렇다. 8년간 블로그에 작성한 1,800여 개의 글 중에서도 이렇게 단시간에 뜨거운 호응을 일으킨 글은 열 손가락에 꼽고 남을 정도로 적다.

구글 검색으로 해당 글이 어디에서 공유되고 있는지 추적하고 게시글에 달린 댓글을 보며 뿌듯한 마음이 들었고 블로그를 운영하는 분들께 노하우를 공유하고 싶어졌다.

#3

열을 알고 있으면 8~9개만 담고 1~2개는 모르는 척하기, 도광양회

본격적인 글쓰기 전략에 대해 이야기하기에 앞서, 잠시 사자성어 '도광양회韜光養晦'에 얽힌 이야기를 들여다보자. 도광양회란 '자신이 가진 것을 밖으로 드러내지 않고 인내하고 기다린다'는 의미이다. 『삼국지』에서 유비가 조조의 식객으로 신세를 질 때 일부러 몸을 낮춰 어리석은 사람 행세를 하며 경계심을 푼 데서 유래했다.

'죽기 전에 봐야 하는 범죄스릴러 영화 50개' 목록에 〈파이트 클럽〉이나 〈세븐 데이즈〉 등 스릴러영화 마니아라면 누구나 알 만한 영화를 고의로 빼고 〈세이예스〉 〈실종〉 〈구타유발자〉 등 호불호가 갈리는 영화를 집어넣었다. 또한 범죄스릴러보다는 드라마라는 장르로 알려진 김기덕 감독의 영화 〈시간〉도 넣었다. 〈시간〉이라는 영화는 전체적으로 으스스하고 오싹한 느낌이 깔려 있고 이 또한 하나의 논쟁거리가 될 것이라 판단했다. "왜 범죄스릴러 영화 목록에 '시간'이 들어간 건가요?"라는 댓글을 예상했다.

글이 공유되고 있는 커뮤니티와 카페에 방문해서 댓글을 하나하나 읽어봤다. "세이예스는 저기 왜 들어가 있냐", "실종은 잔인하니 보지 마세요", "구타유발자는 에러임", "구멍들이 몇 개나 보이네요" 등 예상했던 지적들이 보였다.

지금까지의 블로그 경험에 비춰보면 완벽한 글보다는 빈틈이 있고 지적할 수 있는 글이 오히려 많은 피드백을 가져오는 경우가 많았다. 블로그 운영자라면 의외의 글이 인기가 좋았던 경험을 해보았을 것이다. 블로그에 정보성 글을 작성할 때에는 10을 알고 있더라도 1, 2개는 논란의 여지를 줄 수 있는 정보를 넣어보자.

7 호응을 유도하는 리스트, 목록 사용

#3

목록을 활용하여 리스트 형식의 글을 써보자. 블로그 방문자는 내가 작성한 글의 본문을 모두 읽지 않는 것이 보통이다. 글을 빠르게 훑어 내리면서 자신이 원하는 정보를 보고 블로그를 빠져 나간다. 그렇기 때문에 내 글의 핵심 메시지를 목록으로 만들어둘 필요가 있다. 소제목을 사용하거나 숫자를 사용해 본문의 핵심 내용을 소개하자. 예를 들어 재미있는 미드(미국드라마) 다섯 편을 소개한다고 했을 때, "나는 덱스터, 브레이킹 배드, 오즈, 소프라노스, 더킬링을 재밌게 봤다"라고 작성하는 것보다는 목록을 만들어 소개하는 것이 좋다.

추천하는 미국드라마 베스트 5

1. 덱스터
경찰 감식반 직원이자 연쇄살인범이 주인공이다. 좋게 말하면 투잡 뛰는 바쁜 직딩, 나쁘게 말하면 양의 탈을 쓴 늑대(외모만 놓고 본다면 양보다는 늑대) 혹은 싸이코패스다. 덱스터의 어둠을 집요하게 쫓던 직장동료이자 형사인 독스가….

2. 브레이킹 배드
브레이킹 배드 역시 쇼킹한 연출이 돋보인다. 주인공은 화학 선생님이다. 더도 덜도 말고 딱 화학 선생님처럼 생긴 대머리 아저씨다. 이 화학 선생님이 제자를 잘못 만났다. 불량 제자와 함께 마약을 제조하게 되면서 벌어지는 결코 평범하지 않은 해프닝을….

3. 오즈
강력범 수용소 오스왈드 감옥에서 펼쳐지는 엽기적인, 때론 너무도 현실적이기도 한 이야기를 어두운 스크린에 풀어놓는다. 스릴러/범죄물을 좋아하는 독자들에게 이만한 미드도 없다. 프리즌 브레이크는 우화 수준이다. 아이들 장난이다. 피부색으로 갈리는 인종 간의 원초적인 갈등부터….

4. 소프라노스
가디언을 비롯한 언론들이 역대 최고의 미국드라마로 선정한 것에는 나름의 이유가 있지 않을까. 집에서는 호구, 밖에서는 마피아 보스로 활약하며 가정과 범죄조직을 이끌어야 하는 피곤한 남자의 일상을 그렸다. 주인공 T(토니 소프라노)의 고된 일상을….

5. 더 킬링

"누가 로지 라슨을 죽였나?"라는 문장이 붉은 피로 새겨진 포스터에 보이듯 더 킬링은 한 소녀의 죽음을 수사하는 경찰과 주변인들의 이야기를 소재로 하는 범죄스릴러 드라마다. 1시즌이 나오고 다음 해를 기다려야 하는….

우리 동네 맛집, 재밌게 읽은 책, 좋아하는 가수를 하나의 글로 묶어 소개해보는 것도 좋다. 전국 맛집 정보가 실린 신문 기사가 SNS상에서 수백 회나 공유되는 것은 그리 놀랄 일이 아니다. 전국 맛집 정보까지는 아니더라도 내가 사는 지역의 맛집을 따로 소개한 글만으로도 지속적인 검색 유입과 호응을 기대할 수 있다.

참고하면 좋은 블로그

나의 식유기(blog.naver.com/cmykhc)

필명 배칠수 님이 운영하는 맛집 블로그 '나의 식유기'는 '서울 유명 맛집 BEST'라는 카테고리를 따로 가지고 있다. 식도락가인 운영자 자신의 경험을 바탕으로 서울 중국집 메뉴별 베스트 총정리, 서울 시내 평양냉면 맛집 베스트 25, 서울 시내 짬뽕 맛집, 서울 유명 이자카야 100, 서울 시내 떡볶이 맛집 베스트 40 등 리스트 형식의 글만 30편 이상 작성했다.

8 나만의 비법, 노하우 소개

여행사진을 잘 찍는 방법, 컴퓨터를 조립하는 방법, 맥주를 맛있게 즐기는 방법처럼 경험에서 알게 된 노하우를 글과 이미지로 풀어내보자. 메이크업 아티스트라면 연예인 메이크업 따라하기, 계절별 메이크업 노하우를 작성할 수 있다. 프리랜서 사진작가라면 인물사진을 잘 찍는 방법 5가지, 나만의 겨울 사진 찍는 법, 포토샵을 활용한 사진 보정방법을 소개할 수 있을 것이다. 당신이 헬스 트레이너라면 예쁜 엉덩이를 만드는 운동법, 몸짱으로 거듭나기 위한 삼시세끼 식단, 단기간에 식스팩을 만드는 복근 운동법을 올려볼 수 있다.

사람들은 노하우가 담긴 글을 좋아하며 유익한 정보는 지인들과 공유한다. ~하는 방법, ~관한 노하우 등의 글은 페이스북을 비롯한 소셜네트워크서비스를 통해 공유될 확률이 높아 블로그 글 홍보에도 도움이 된다.

노하우 글의 스타일은 어디서 참고하면 좋을까?

잡지에 실린 잡지 기자의 글은 잘 된 노하우 글의 표본이라고 할 수 있다. 블로거들의 글을 참고하는 것도 좋지만 좀 더 프로페셔널한 잡지 기자의 글을 읽어보는 게 노하우 글 작성에 도움을 준다. 잡지를 사러 서점까지 나갈 필요도 없고 인터넷 서점에서 잡지를 주문할 필요도 없다. 네이버 '매거진캐스트'에 가면 다양한 분야의 잡지 콘텐츠를 무료로 읽어볼 수 있다. 내가 운영하는 블로그 주제와 관련 있는 잡지 페이지를 즐겨찾기 해두고 방문하는 것도 방법이다.

● 네이버 매거진캐스트 메인화면   출처: 네이버 홈페이지

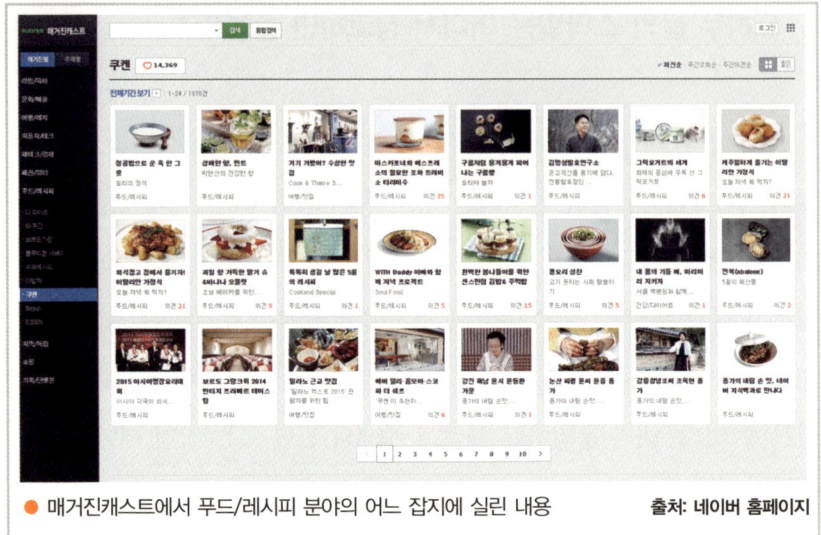

● 매거진캐스트에서 푸드/레시피 분야의 어느 잡지에 실린 내용   출처: 네이버 홈페이지

#3 천만 방문자를 부르는
글쓰기의 기술

9 소소하지만 소중한 독자(이웃)와의 인연 소개

#3

    내 블로그에 댓글을 자주 남겨주는 독자나 블로그 이웃을 소개하는 글을 작성하자. 확인할 방법은 없지만 칭찬은 고래도 춤추게 한다고 하지 않았던가? 블로그 이웃으로부터 도움을 받았다면 도움 받은 내용을 자세히 적어 블로그에 올려보자.

    과거에 나도 블로그에 자주 방문하는 이웃을 블로그 글에 자주 언급했다. '도깨비섬'이라는 닉네임을 가진 이웃 블로거는 블로그에 올린 우리집 강아지 사진을 보고 개 사료와 영화표, 빵 등을 집으로 보내줬다. 거리도 꽤 먼 거제도에서 보내온 선물 꾸러미를 보고 감동의 눈물을 흘릴 뻔했다. 나는 이때의 감동을 잊지 못해 '도깨비섬에서 온 감동의 선물(bloggertip.com/3140)'이라는 제목의 글을 블로그에 올려 사연을 소개했다.

    이처럼 이웃과 독자를 칭찬하는 글을 따로 작성해보자. 이웃 블로그 소개글에 블로그 링크를 넣는 것(바로가기 주소를 글에 삽입하는 일)도 놓치지 말자. 공들여 작성한 글 하나로 소중한 친구를 얻을 수 있다.

PC방에 갔는데 집 열쇠가 함께 묶여있던 USB 메모리카드를 컴퓨터 본체에 꽂아둔 채로 집에 온 적이 있다. 잠깐 들렀던 PC방이라 이름을 기억할 수도 없었다. PC방 옆에 있었던 아이스크림 가게가 생각이 났고 전화를 걸었다. 아이스크림 가게 점원에게 자초지종을 설명했다. 그 점원은 고맙게도 근처 PC방으로 가 열쇠가 달려 있던 USB 메모리를 찾아줬다. 너무 고마운 마음에 근처에 갈 일이 생겼을 때, 아이스크림 가게에 들러 음료수와 블로그 명함을 드렸다. 하지만 그것만으로는 모자라다고 생각했다. 이때의 사연을 소상히 블로그에 올려 소개했다. 인정이 느껴지는 사연(bloggertip.com/3320)이라 그랬는지 독자들의 반응이 뜨거웠다.

　　블로그에 정보를 얻으려고 들르는 사람이 대부분이지만 사람 사는 냄새가 물씬 풍기는 글에 구독 버튼을 누르는 이들도 적지 않다. 내 주변에서 일어난 소소한 추억을 블로그에 올리면 훌륭한 콘텐츠가 된다.

　　블로그에서 만난 온라인 인연, 블로그로 인연이 닿아 실제로 만난 오프라인 인연을 소개하는 글(bloggertip.com/3591)을 따로 작성하는 것도 좋다. 블로거 닉네임을 언급하면서 바로가기 링크를 넣었더니 한 이웃이 자신의 블로그 유입경로를 확인하다 알게 되었다며 고마움을 전해온 적도 있었다.

　　추억을 간직하기 위해 사진을 담는 것처럼 블로그로 만난 인연들과의 소중한 추억을 간직하고 싶다면 블로그로 만난 인연에 관한 글을 작성해 보자.

10 독자의 호기심을 자극하는 시리즈 연재

#3

정기적으로 올리는 시리즈 성격의 연재글은 독자들의 호기심을 자극할 뿐 아니라 독자들로 하여금 다음 시리즈를 보기 위해 블로그를 구독하거나 즐겨찾기 하게 만들어 블로그 구독 유도에 효과적이다.

좋아하는 분야에 관한 스토리를 시리즈물로 연재해보자. 야구를 좋아한다면 '전설의 야구선수 열전'을 연재할 수 있다. '야구선수 열전 1 선동열', '야구선수 열전 2 최동원', '야구선수 열전 3 박찬호'처럼 야구선수를 소개하는 글을 차례차례 소개하는 연재물을 만들 수 있다. 미스터리/공포물을 좋아한다면 미스터리 소재를 찾아 차례차례 연재해보는 것은 어떨까? 미스터리 블로그 이상한 옴니버스(blog.naver.com/medeiason) 운영자 메데아는 이상한 옴니버스 시리즈를 만들어 독자들의 뜨거운 호응을 얻었다. 블로그 연재글을 묶어 책을 내기도 했다.

이상한 옴니버스(132)	스크랩	엮인글	목록닫기
[이상한 옴니버스] 분석! 가평 UFO 사진	5	0	2015.04.05.
[이상한 옴니버스] 4주년 특별편 - 외계인으로부터 살아남는 법	6	0	2015.02.12.
[이상한 옴니버스] 시간 여행자 존 티토의 정체	8	0	2015.01.17.
[이상한 옴니버스] 나를 찾아줘	3	0	2015.01.07.
[이상한 옴니버스] 초능력을 보여주면 100만 달러를 드립니다	2	0	2015.01.03.
[이상한 옴니버스] 교황청 비밀창고에는 타임머신이 숨겨져 있다!	10	1	2014.12.16.
[이상한 옴니버스] Sacrifice	6	0	2014.10.19.
[이상한 옴니버스] 작전명 147	7	0	2014.10.01.
[이상한 옴니버스] 셜록 홈즈는 실존했다!	7	0	2014.06.11.

● '이상한 옴니버스' 블로그의 연재글 목록

전국에 있는 오락실에 직접 방문한 소감을 연재한 무화군의 오락실탐방도 볼만하다. 서울, 부산, 경기, 심지어 일본의 오락실도 있다. 찾아오시는 길, 전경사진&보유게임, 평점, 후기로 나눠 약 50개의 글을 블로그(blog.naver.com/rotorrl101)에 연재했다.

#3

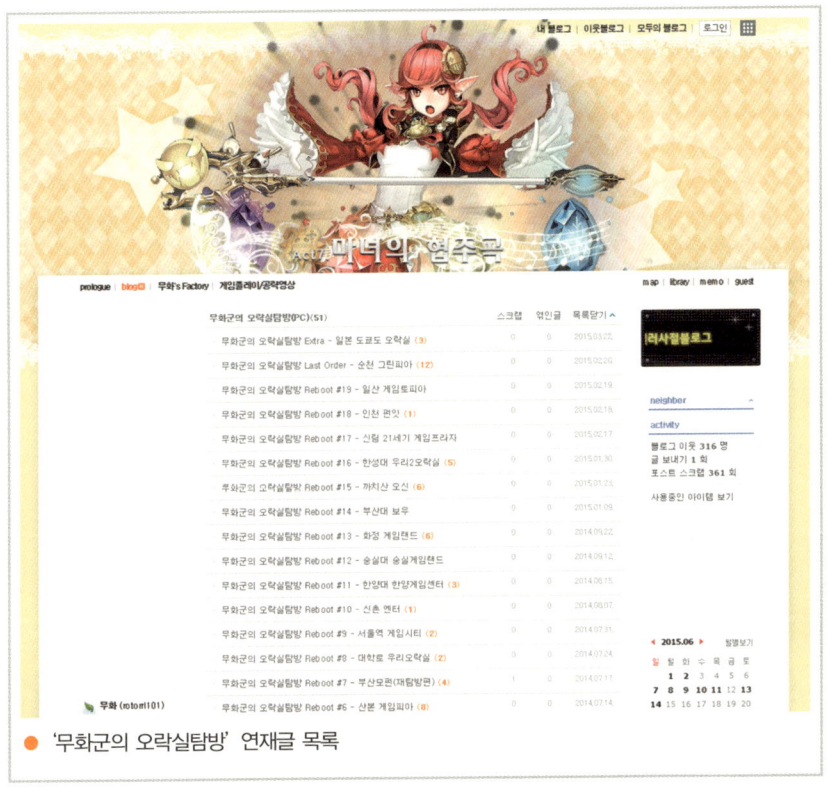

● '무화군의 오락실탐방방' 연재글 목록

11 앞사람과 이야기하듯이 써라

내 앞에 친구가 있다고 생각하고 편하게 말하듯이 써보자. 블로그 세상에는 격의 없고 일상적인 대화체의 글이 통한다. 평소에 대화하듯이 글을 쓰면 훨씬 인간미 있고 친근한 글이 된다. 글을 잘 쓰려고 하면 자신도 모르게 글에 힘이 들어가고 자칫 기교를 부리게 된다. 꾸밈없이 솔직하게 이야기하듯이 쓴 글은 독자가 읽기에도 편한 글이 된다.

주부 블로거들은 앞사람과 대화하듯 쓰는 일에 능하다. 헤아릴 수 없을 만큼 많은 주부 블로거들이 있지만 그중에서도 '송송의 여섯 번째 감성 (blog.naver.com/jakpoom1215)' 블로그를 추천하고 싶다. '마음의 면역력' 메뉴 안에는 삶에 대한 에세이 형식의 글이 많다. 마치 앞에 있는 사람을 보며 말을 걸 듯이, 대화를 나누듯이 쓴 글의 좋은 예라 할 수 있다.

[공지] 저의 다섯 번째 책, 하루 10분 입이 열리는 기적의 독학 중국어가 출간되었습니다 ^^ (144) 2014.05.24. 09:00
[공지] 3대가 함께 떠난 4박 5일 타이베이 가족여행 프롤로그 - 3대를 위한 맞춤 여행일정 및 경비 (113) 2014.01.29. 08:40
[공지] 꼼꼼하게 마음을 담아서 쓴 저의 네 번째 책, <디스 이즈 타이베이>를 소개합니다!!! (163) 2013.10.21. 23:02

마음의 면역력(153)	스크랩	엮인글	목록닫기
· 그 서늘함에 마음 베이겠소 (42)	0	0	2015.06.05.
· 외제차에 대한 내 마음의 허세 (88)	0	0	2015.04.24.
· 진실은 침몰하지 않았으면 좋겠습니다.	2	0	2015.04.16.
· 때로는 칭찬이 고래를 모래사장으로 내보낼 수 있다 (55)	0	0	2015.03.31.
· 미안할 때 미안하다고 말하기 (72)	0	0	2015.03.13.
· 분노를 표현하는 방법 (73)	1	0	2015.03.06.
· 눈치보는 사람 vs 배려하는 사람 (65)	4	0	2015.02.26.
· 예측 불가능하고 뜻대로 되지 않는 게 인생 (49)	0	0	2015.02.12.
· 찰나와 같은 시간 (54)	0	0	2015.02.08.
· 편집된 기억의 오류, 어떻게 하는 게 좋을까? (45)	1	0	2015.01.23.
· 결국은 소통과 적응, 그리고 사회적 관심이 답이다 (39)	0	0	2015.01.22.
· 긴장과 불안에 대처하는 방법, 자기애 (12)	2	0	2014.12.24.
· 모두가 갑이 되고 싶은 세상 (63)	0	0	2014.12.18.
· 내 일상의 행복할 거리 #01.	1	0	2014.12.11.
· 빼어난 외모 vs 명석한 두뇌, 둘 중 하나라면? (96)	1	0	2014.12.03.
· 나이가 들어간다는 것 (68)	0	0	2014.11.06.
· 사람과 사람 사이의 거리 얼만큼이면 될까? (63)	1	0	2014.10.30.
· 삶을 살아가는 방식에 대하여 - 우선순위 정하기 (68)	8	0	2014.10.24.
· 페이스북의 좋아요 버튼이 지닌 두리뭉실함의 매력에 대하여 (40)	2	0	2014.10.16.
· 스토리볼 여행 중국어 코너에 올라온 댓글들로 본 사람들의 심리 (47)	0	0	2014.10.07.

20줄 보기 ▼

● 앞사람과 이야기하듯이 쓴 글을 만날 수 있는 '송송의 여섯 번째 감성' 블로그

12 독자의 액션을 유도하는 문구 삽입

'유용한 글을 작성하면 독자들이 알아서 찾아와주고 구독해주겠지' 라는 생각은 블로그 초보자 10명 중 9명이 빠지는 착각이다. 나는 블로그 운영 초기에 구독자를 빠르게 모을 목적으로 모든 글 하단에 구독 권유 문구를 삽입했다. "블로그 글이 유용하다면 블로그를 구독해주세요♥"라 는 문구를 넣고 옆에는 구독 추가 버튼을 넣었다. 그렇게 했더니 하루에 적게는 10명, 많게는 수십 명이 구독해오기 시작했다. 블로그 구독자를 늘리고 싶다면 독자의 행동을 유도하는 문구를 삽입하자. 문구가 있는 것과 없는 것은 차이가 컸다. 독자는 생각보다 더 게으르다는 것을 명심하자.

독자의 액션을 유도하는 문구의 예

- 이 글이 도움이 됐다면 OOO 블로그를 구독하세요
- 악플보다 무서운 무플, 댓글은 블로그 운영에 큰 힘이 됩니다
- 새 글을 받은편지함에서 받아보고 싶다면 이메일로 구독을 신청하세요
- 공감 버튼을 꾹 눌러주세요. 글쓴이에게 힘이 됩니다
- 블로그 운영자 OOO와 페이스북 친구가 되어주세요

반드시 문구만 삽입해야 하는 것은 아니다. 적절한 이미지, 구독 추가 혹은 SNS 계정에 바로 접속할 수 있는 링크(인터넷 주소)도 좋다. SNS를 소개할 계획이라면 아예 위젯 형태로 본문 하단에 삽입하는 것도 좋은 방법이다. 컴퓨터에 관한 정보를 다루는 '씨디맨의 컴퓨터 이야기'는 본문 하단에 페이스북 페이지 팬을 확보할 수 있는 페이스북 플러그인(좋아요 상자)을 설치해뒀다. 씨디맨의 블로그 글이 도움이 됐다고 느낀 방문자가 페이스북을 사용하는 이라면 '좋아요'를 누를 것이고 그렇게 되면 씨디맨의 페이스북 팬도 덩달아 늘어나게 될 것이다.

● 본문 하단에 페이스북 플러그인을 삽입해 놓은 '씨디맨의 컴퓨터 이야기' 블로그

#3 천만 방문자를 부르는
글쓰기의 기술

13 역피라미드 구조를 파괴하라

#3

"가장 중요한 내용을 본문 최전선에 배치해라. 독자들이 뭔가 흥미를 가질 만한 내용을 글의 앞부분에 작성하는 게 중요하다."

어떻게 하면 글을 잘 쓸 수 있냐고 어느 기자에게 물었을 때 들었던 대답이다.

구글 코리아 사무실에서 구글 애드센스 포럼에 참석했을 때의 일이다. 구글 직원이 직접 '콘텐츠 전략'이라는 제목으로 블로그 글쓰기 노하우를 설파했다. 구글 직원은 가장 중요한 이야기를 글의 첫머리에 작성하는 두괄식 글쓰기를 권했다. 그 이유로 첫째, 사람들은 인쇄물보다 온라인 매체를 읽는 속도가 2배 이상 느리다고 했다. 둘째, 온라인상에서 사람들은 찾는 정보가 분명하다고 했다. 셋째, 순서대로 읽지 않고 먼저 전체를 훑어본다는 사실을 꼽았다.

정말이지 유익한 글쓰기 교훈이다. 그런데 나는 오히려 역피라미드 구조를 피하고 부담 없이 쓰는 게 더 중요하다고 이야기하고 싶다. 언론사에서 근무하면서 글쓰기에 대한 다양한 조언을 얻었다. 하지만 전통적인 저널리즘과 블로그와는 차이가 컸다. 객관적 사실을 최대한 간결하고 알기 쉽게 전달해야 하는 전통 저널리즘과 달리 블로그는 자신만의 스타일과 개성이 더 중요하다. 실제로 기자의 조언을 참고해 신문기사처럼 블로그 글을 쓰려고 몇 번이나 시도했었다. 그런데 글이 잘 써지기는커녕 머리만 아팠다. 글을 쓰는 흥미도 점점 잃어갔다. 블로그 운영자가 재미없다고 생각하며 쓴 글을 독자들이 재밌게 읽을 리는 없는 법, 독자들의 반응도 냉담했다.

==이제부터는 기자처럼, 작가처럼 쓰려고 하지 말자. 내가 정말로 쓰고 싶은 글을 마음 가는대로 블로그에 담는 게 블로그 글쓰기에서는 무엇보다 중요하다.==

14 다른 블로그의 콘텐츠를 큐레이션하라

#3

　블로그 운영 노하우를 블로그에 올리다 보니 다른 블로거들은 어떤 블로그 노하우를 작성하는지 궁금해졌다. '블로고스피어 위클리'라는 제목으로 한 주간 다른 블로거들이 작성한 블로그 운영에 관한 글을 소개한 적이 있다. 블로그 세상에서 일어난 해프닝도 함께 엮었다. 글 제목과 바로가기 주소(링크) 그리고 나의 생각이 담긴 요약글을 짤막하게 더했다. 기대 이상의 반응이었다. 다른 블로거의 유용한 글을 묶어 하나의 종착글을 만들어보는 건 어떨까?

큐레이션을 잘하는 블로거로 단연 '서울비'를 꼽고 싶다. 과거에는 개인 블로그에 '이것저것링크' 라는 이름으로 유용한 자료가 담긴 웹사이트 글, 블로그 글을 묶어 소개했다. 요즘은 에버노트, 페이스북, 트위터에 '이것저것링크' 라는 이름의 종착글을 올리고 있다.

〈서울비의 '이것저것링크'〉

 에버노트 www.evernote.com/pub/seoulrain/ththlink

 페이스북 www.facebook.com/seoulrainnet

 트위터 twitter.com/seoulrain

#3

● 서울비의 에버노트에 올라온 '이것저것링크'

Blogger Tip

블로그 세상에서 통하는 글쓰기 소재 10

블로그를 처음 시작했을 때만 하더라도
이것저것 올리고 싶은 게 많았다.
그런데 블로그를 시작한 지 몇 달도 채 안 됐을 무렵부터
블로그에 올릴 소재 찾기에 급급해졌다.
블로그를 운영하다 보면
뭘 올려야 할지 막막한 순간이 오게 마련이다.
그럴 때일수록 조급해하지 말고 가까운 주변을 둘러보자.
어머니가 차려준 아침밥,
친구 녀석의 얄미운 카톡메시지,
우리집 강아지 뽀삐,
퇴근길에 본 중고등학생들의 분주하고 쓸쓸한 뒷모습
모두 훌륭한 블로그 글감이 된다.

1. 책
책을 읽고 느낀 점을 독후감 형식으로 적어보자. 좋았던 구절을 발췌해 정리해두면 독자에게도 좋은 글이 되지만 자신에게도 좋은 공부가 된다. 읽으려고 구입한 책들을 카메라로 찍고 짤막한 소개 글을 더해 독서계획을 올리는 것도 좋다. 내가 좋아하는 작가를 소개해보는 건 어떨까? 글감이 떨어졌을 때는 서점으로 가자. 서점에 진열된 모든 책들이 무한한 소재를 던져줄 것이다. 책 제목만 읽어도 아이디어가 샘솟는 경험을 할 수 있다.

2. 가족
어머니, 아버지, 오빠, 누나, 형, 동생, 아들, 딸 할 것 없이 모든 가족 구성원이 훌륭한(?) 글감이 된다. 아버지의 진급소식, 오빠만 예뻐하는 엄마, 남동생의 특이한 버릇, 임신과 육아 이야기, 결혼하고 철든 누나 이야기 등 가족 이야기는 다른 사람들의 공감을 얻기에 좋은 소재다. 지나친 뒷담화는 가족의 불화를 초래할 수 있으니 삼가는 것이 좋다.

3. 직업
회사 이야기는 되도록 하지 않는 게 좋다. 회사에 대해 안 좋은 글을 블로그에 썼다가 해고된 해외 블로거의 사례가 있다. 대신에 직업에 관한 이야기를 하자. 회사원으로서 느끼는 고충이나 회의감도 좋은 글감이다. 회사에 다니다 자영업을 해보니 좋은 점/나쁜 점을 모아 소개하는 것도 좋다. 자신의 직업에 대해 꾸준히 이야기하는 것은 자신을 한 분야의 전문가로 브랜딩하기에도 좋다.

4. 영화
극장에서 본 영화, 집에서 본 영화에 대한 감상평을 올려보는 건 어떨까? 영화만 소개하는 영화 전문 블로그도 많다. 과거에 본 영화뿐만 아니라 나중에 볼, 기대되는 영화를 소개하는 것도 좋다. 영화에 등장하는 배우를 소개하거나 영화감독을 소개하는 등 영화에 관련된 인물들도 좋은 소재가 된다.

5. 애완동물

집에서 키우는 강아지, 고양이에 관한 이야기를 블로그에 올려보자. 사진을 찍어 올려도 좋고 애완동물에 대한 이야기 자체가 글감이 된다. 애완동물을 기를 때 참고하면 좋은 내용을 공유하거나 소소한 에세이를 올리는 것도 좋다.

6. 음악

자신이 좋아하는 노래를 올리고 좋아하는 이유를 올려보는 것도 좋다. 추천받은 노래를 듣고 감상평을 남겨보는 건 어떨까? 음원 서비스가 없는 티스토리와 달리 네이버는 음원을 구매해 포스트에 삽입할 수 있어 음악 블로그를 운영하기에 유리하다.

7. 요리

김치찌개 만드는 방법, 삼겹살 맛있게 굽는 방법, 국수 요리하는 방법 등 요리 레시피는 좋은 정보성 포스트가 된다. 맛집에 방문해 요리 사진을 찍고 맛을 평가하는 것도 좋다. 손수 요리를 해서 올린 블로그 포스팅 덕분에 요리 책을 내기도 한다.

8. 여행

가족과 함께, 친구와 함께 여행을 떠나기로 했다면 카메라를 꼭 챙겨가자. 여행을 하며 촬영한 사진과 후기는 훌륭한 블로그 글감이다. 여행기만 올리는 여행블로거도 많다. 여행블로그는 네이버에서 하는 게 훨씬 유리하다. 아시아나항공과 스쿠트항공의 해외 팸투어 블로거로 선발된 내 경험에 비추어보면 두 여행 모두 티스토리 블로거는 나 혼자뿐이었고 나머지는 전부 네이버 블로거였다. 그렇기 때문에 여행 블로그는 반드시 네이버에서 시작할 것을 추천한다.

9. 사진

내가 촬영한 사진을 블로그에 올리는 것만으로도 하나의 포스팅이 완성된다. 자신의 생각을 산문 형식으로 몇 줄 추가해주면 더욱 좋다. 사진을 촬영하고 보정하는 강좌를 연재해보는 건 어떨까? 존경하는 사진작가를 소개할 수도 있다. 포토샵으로 사진을 보정하는 방법을 시리즈로 묶어 소개하는 것도 좋다.

10. 리뷰

최신 스마트폰이 아니더라도 누구나 리뷰를 올릴 수 있다. 집에 있는 것부터 시작하자. 지금 쓰고 있는 스마트폰, 노트북, 심지어 화장품까지 집 안에 있는 모든 물건들이 리뷰 대상이 된다. 내 손에서 가까운 것부터 사진으로 찍어 사용기와 함께 올려보자. 전자기기를 전문적으로 리뷰하는 테크 블로거가 되어보는 건 어떨까?

bloggertip.com

6개월 만에
파워블로그 만들기

#4

#4

블로그를 처음 시작할 무렵 파워블로거라는 존재가 어쩜 그리도 멋져 보였는지 모르겠다. 글 하나에만 수십 개씩 달려 있는 댓글, 수천 명에 이르는 독자 수, 휘황찬란한 엠블럼에 주눅이 들기도 했다.

'나도 저 엠블럼 달고 말 테야!' 하는 마음으로 미친 듯이 블로그 운영에만 몰두했다. 남들에 비해 압도적으로 많은 시간을 블로그에 투자한 결과 블로그를 시작한 지 5개월이 되기도 전에 티스토리 우수블로그에 선정됐고 5년차가 될 무렵에는 우수블로그 엠블럼만 10개를 획득했다. "파워블로그 그깟 게 뭐 대수냐!" 외치며 쿨한 척할 수 있지만 초보 블로거들이 볼 때는 마냥 부러운 게 사실이다. 단기간에 우수블로그에 선정된 경험을 바탕으로 6개월을 2개월씩 3단계로 나눠 파워블로그에 선정되는 노하우를 소개한다.

잠깐! 미리 알아두기!

블로그 운영에 필요한 것은?

가장 먼저 카메라가 떠오른다. 블로그를 시작하는 단계부터 고급 기종의 카메라와 슈퍼컴퓨터를 준비할 필요는 없다. 블로그에 올릴 사진은 휴대폰 카메라로 찍어도 충분하다. 좀 더 좋은 결과물을 원한다면 보급형 DSLR카메라를 구입하는 것이 좋다. 여행이나 사진을 전문으로 하는 블로거가 아니라면 보급형 DSLR카메라도 차고 넘친다. 저렴한 가격의 컴퓨터 한 대와 카메라가 탑재된 스마트폰만 있으면 누구나 블로그를 시작할 수 있다.

다음으로는 촬영한 사진의 편집도구가 필요하다. 그런데 PC에 기본으로 탑재된 그림판으로 사진을 편집하기에는 무리가 있다. 촬영한 사진을 편집하기에는 포토샵만한 소프트웨어도 없다. 그러나 포토샵 정품을 구매하려면 100만 원이 넘는 거액이 든다. 블로그를 운영할 목적으로 포토샵 정품을 구매하기는 부담스럽다. 어도비는 포토샵을 이용하는 개인의 부담을 덜기 위한 목적으로(라고 읽고 "사람들이 포토샵을 어둠의 경로에서 받아 어도비의 수익이 악화되기 때문에"라고 쓴다) 월 11,000원에 어도비 포토샵과 라이트룸을 사용하도록 권장하고 있다. 라이트룸은 여행 블로거나 사진 블로거처럼 한 번에 많은 사진을 찍는 사람들이 사진을 편하게 관리하고 보정할 수 있는 소프트웨어이다. 라이선스 하나만 구입하면 윈도우와 맥 등 총 2대의 컴퓨터에서 사용할 수 있다.

포토샵 CS2는 정말 무료일까?
네이버에서 포토샵 CS2라고 입력하면 '포토샵 CS2 무료설치'가 연관검색어에 등장한다. 연관검색어를 클릭하면 포토샵 CS2를 무료로 설치하는 방법을 다룬 블로그 게시글들이 나온다. 어도비는 포토샵 CS2를 무료로 공개한 적이 없다. CS2 제품을 위한 인증 서버 운영을 기술적인 이유로 중단했을 뿐이다. 어도비는 CS2를 '합법적으로 구매한 사람만 사용할 수 있다'고 강력히 권고하고 있다. CS2가 무료라는 글은 잘못된 정보이며 블로그 글만 믿고 CS2를 무료로 사용했다가는 처벌받을 수 있으니 주의하자.

1 블로그, 나도 할 수 있어!

1~2개월 블로그 개설

블로그 서비스 선택하기

나의 직업, 컴퓨터에 대한 이해도를 따져보고 어디서 블로그를 시작할지 생각해보자. 네이버 블로그, 티스토리 블로그 둘 중에서 시작하라. 메이저리그에서도 충분히 통할 만한 잠재력이 있는데 굳이 K리그 격인 변방 블로그 서비스에서 시작할 필요는 없다. 사람들이 많이 모이는 곳에는 이유가 있다. 국내 블로그 서비스 중에서 네이버 블로그와 티스토리 블로그가 기능적인 면에서 가장 우수하다. 유명인사가 아니라면 워드프레스는 블로그로 활용하기에 무리가 있다.

블로그 주소 정하기

네이버 블로그는 자신의 네이버 아이디가 블로그 주소에 들어간다. 예를 들어 네이버 아이디가 problogger라면 네이버 블로그 주소는 자동으로

blog.naver.com/problogger가 된다. 처음부터 신중하게 아이디를 선택하는 게 좋다. 왜냐하면 블로그를 오랜 기간 운영하다 보면 많은 글들이 쌓이게 되는데 그때 가서 아이디를 변경하는 건 불가능하기 때문이다. 물론 독립 도메인이라고 하여 blog.naver.com/OOO을 OOO.com이나 OOO.net으로 바꿀 수는 있다. 하지만 1차 주소는 변경할 수 없다. 네이버에서 본격적으로 블로그를 시작하려 한다면 네이버 아이디를 새로 만들어서 블로그 전용 아이디로 사용하는 것도 좋다. 티스토리 블로그는 언제든지 ID를 변경할 수 있으므로 미리 만들어 놓고 나중에 변경해도 된다.

블로그 이름 짓기

처음부터 치밀하고 완벽하게 시작해서 수개월 내로 파워블로거가 될 수 있다면 얼마나 좋을까? 안타깝게도 현실은 내가 생각하고 계획한대로 흘러가지 않는다. 처음에는 블로그 이름에 너무 신경 쓸 필요가 없다. 블로그 이름은 나중에 바꿔도 되기 때문이다. OOO의 블로그, 네 정도로 만들어도 된다.

블로그 별명(필명) 정하기

나만의 필명도 무척 중요하지만 처음부터 좋은 필명을 고르느라 힘을 뺄 필요가 없다. 추후에 얼마든지 변경할 수 있다. 블로그 운영자의 닉네임을 네이버 블로그는 '별명'에서 수정할 수 있고 티스토리 블로그는 '필명'에서 수정할 수 있다.

블로그 개설하기

네이버 블로그(section.blog.naver.com)와 티스토리 블로그(www.tistory.com) 메인화면에서 다른 사람들이 운영하는 블로그를 구경해보고 마음이 가는 곳에서 블로그를 개설하자. 네이버 블로그는 네이버에 가입하면 금방 만들 수 있지만 티스토리 블로그는 초대장이 있어야 한다. 티스토리 초대장 페이지(www.tistory.com/invitation)에서 구하면 된다.

블로그 메뉴(카테고리) 만들기

간단하게 2~3개만 만들자. 'OO의 일상', '최근에 본 영화', '내가 찾은 맛집' 정도면 된다. 누누이 강조하지만 처음부터 너무 복잡하고 완벽하게 준비하지 말자. 사소한 부분까지 너무 많은 공을 들이다 보면 그만큼 빨리 지치기 쉽다. 카테고리도 나중에 변경할 수 있다.

블로그에 첫 글 써보기

오늘은 뭘 했는지 간단히 일기를 써보는 건 어떨까? 사생활이 노출되는 것 같아 불안하다면 최근에 본 영화, 최근에 읽은 책, 최근에 본 TV프로그램, 최근에 방문한 맛집에 대해 블로그에 올려보자. 사진이나 이미지도 한 장 곁들여 주면 좋다. "블로그 시작했어요", "블로그 1일차 소감" 등 블로그 시작을 알리는 글을 적어보는 것도 좋다.

2 초보 블로거가 해야 할 것

#4

매일 써야 한다는 부담감 버리기

블로그를 운영하다 보면 지치는 순간이 오게 마련이다. 초반에 '너무 열심히' 해서는 안 되는 이유다. 번아웃 신드롬(탈진 증후군)이라는 말도 있다. 오로지 한 가지 일에만 몰두하던 사람이 신체적·정신적으로 극도의 피로를 느끼고 무기력증에 빠지는 현상이다. 블로그 운영도 마찬가지다. 처음에는 '너무 열심히' 하지 말자. 초반부터 너무 열심히 하게 되면 싫증을 느끼는 순간도 더 빨리 오기 때문이다. 시작은 느리게, 속도가 붙으면 모든 걸 쏟아 붓는 것처럼 몰입하는 게 가장 좋은 전략이다.

처음에는 마치 다이어리에 일기를 쓰듯이 운영하면서 재미를 붙이자. 소소한 내용으로 마음 편히 블로그를 즐기다가 본격적으로 주제를 정하고 재미를 붙였을 때 속도를 붙이면 된다.

글쓰기의 지겨움을 극복하는 방법

블로그 글을 쓰는 게 지겨워질 때가 오면 잠시 쉬는 것도 방법이다. 블로그 운영이 지쳐 잠시 쉰다고 솔직한 글을 올려보는 것도 좋다. "잠시 휴가를 다녀오겠습니다", "잠시 쉬어갑니다"라는 제목으로 글을 올리면 독자들이 고마워한다. 아무 말 없이 일주일, 한 달씩 쉬면 블로그를 그만둔 줄 알고 구독을 취소할 수도 있고 즐겨찾기를 삭제할 수도 있는 노릇이다.

블로그 글감이 떨어졌을 때의 대처법

블로그에 쓸거리가 떨어지면 대형서점이나 북카페에 가보자. 소설, 에세이, 시, 잡지, 자기계발서까지 블로그 글 소재들이 무수히 널려 있다. 마음이 가는 책을 집어 들고 목차만 읽어봐도 다양한 아이디어를 채집할 수 있다.

신문사 사이트의 '오피니언'을 읽는 것도 좋다. 오피니언에는 신문 사설뿐 아니라 전문가들이 쓴 칼럼도 연재된다. 내가 재미있다고 느껴지는 주제의 칼럼을 선택해 읽는 것도 글감을 얻는 데 도움이 된다. 신문사의 오피니언은 글 소재를 발굴하기에도 좋고 글쓰기 능력을 기르는 데도 안성맞춤이다. 글을 잘 쓰기로 알려진 문인, 기자, 교수의 글을 베껴 쓰는 것만으로도 글쓰기 실력을 향상시킬 수 있다.

〈글쓰기와 교양에 도움이 되는 추천 칼럼 5〉

바로가기 주소는 대소문자를 구분하여 입력해야 정상적으로 접속할 수 있다. 주소로 접속이 되지 않는다면 괄호 안의 신문사 웹사이트에 방문해 필진 이름으로 검색하면 된다.

① 김정운의 감언이설(조선일보)

news.chosun.com/svc/list_in/list.html?catid=62f

《노는 만큼 성공한다》《나는 아내와의 결혼을 후회한다》《에디톨로지》 등의 저서로 유명한 문화심리학자 김정운의 칼럼이다. 본디 달달한 말로 남을 꾀한다는 뜻으로 쓰이는 감언이설이지만 김정운의 감언이설敢言異說은 감히 '용기 내어 다른 말을 한다'는 의미다. 어려운 주제를 쉽고 재미있게 써 내리는 능력은 가히 독보적이라고 할 수 있다.

② 송호근 칼럼(중앙일보)

article.joins.com/news/list/list_find.asp?tm=opinion&ctg=20&field=title&keyword=%EC%86%A1%ED%98%B8%EA%B7%BC

신문사에 재직할 당시 편집부에서만 10년 넘게 근무한 베테랑 편집기자분에게 물어보았다. "글을 잘 쓰고 싶은데 참고할 만한 칼럼니스트가 있을까요?" 기자 선배들이 입을 모아 추천하는 글쓰기의 달인이 서울대 사회학과 송호근 교수다. 송호근 칼럼의 백미는 어정쩡함과는 거리가 먼 명쾌한 논조와 해박한 지식을 바탕으로 한 역사, 문화, 사회를 아우르는 폭넓은 분야의 인용이다.

③ 김훈의 거리의 칼럼 (한겨레)

legacy.www.hani.co.kr/section-005100034/home01.html

지금은 베스트셀러 작가로 활동하는 김훈이 한겨레 기자 시절 사회 면에 31편의 글을 남겼다. 현직 기자들에게 물어봐도 그의 이름은 전설로 통했다. 어떤 기자는 "함부로 그의 글을 따라 하다가는 글을 망칠 수 있다"고 경고했다. 그만큼 김훈 특유의 스타일이 있다. 현장감이 넘치고 간결한 글쓰기 고수의 날카로운 펜 끝을 경험해보고 싶다면 거리의 칼럼을 읽어보라.

④ 도정일 칼럼 (한겨레) *hani.co.kr*

신경숙 작가의 《엄마를 부탁해》를 32개국에 수출한 출판에이전트 이구용 대표에게 물었다. "베껴 쓰는 게 글쓰기 능력 향상에 큰 도움이 된다고 들었습니다. 필사를 할 만한 분이 있으면 추천 부탁드립니다." 이구용 대표는 인문학자 도정일 교수를 추천했다. 도정일 교수의 글에서는 사회를 바라보는 따뜻한 시선이 느껴진다. 도정일 교수가 20여 년간 신문과 잡지에 기고한 글을 묶은 산문집 《쓰잘데없이 고귀한 것들의 목록》도 함께 추천한다.

※ 한겨레(hani.co.kr)에 접속해 화면 우측 상단의 돋보기 모양을 누른 다음 '도정일'을 검색하면 도정일 교수의 글을 볼 수 있다.

⑤ 진중권과 정재승의 크로스 (한겨레21) *goo.gl/9jtF0O*

강호동 vs. 유재석, 구글, 헬로키티, 프라다, 20세기 소년, 스티브 잡스, 레고까지. 미학자이자 대학교수인 진중권과 과학자이자 대학교수인 정재승이 한 가지 주제에 대해 각각 전문가의 시선으로 이야기하는 칼럼이다. 각양각색의 문화현상을 미학과 과학의 관점으로 풀어 쓴 글들을 읽다 보면 어느새 블로그 글쓰기 소재가 떠오른다.

파워블로그 & 이웃블로그 구경하기

네이버 파워블로그(section.blog.naver.com/sub/PowerBlogList.nhn), 티스토리 우수블로그(www.tistory.com/thankyou) 목록 등 자신이 이용 중인 블로그 서비스의 파워블로그 목록을 살펴보고 방문해보자. 내가 좋아하는 주제로 운영되고 있는 파워블로그를 방문해 잘 된 점, 따라하면 좋을 만한 점들은 보고 메모해두면 좋다.

#4

전략적으로 댓글 작성하기

파워블로그 선정 기준에는 '소통'이 있다. 다른 블로거들과의 관계점수도 파워블로그 선정의 평가 대상이 된다는 얘기다. 블로그 소통을 다른 말로 하면 블로그 댓글이다. 댓글에도 전략이 필요하다. 블로기팁닷컴을 시작했을 무렵에는 하루에 10개 이상의 블로그에 방문해 댓글을 달았다. 많을 때는 수십 개 블로그에 댓글을 달았었다. 흰 종이에다 숫자로 표시해가며 최소 10개 블로그에 매일 방문해 댓글을 달았고 며칠이 지나자 효과는 바로 나타났다. 내가 작성한 댓글을 보고 블로그 운영자가 내 블로그에 답방을 와 답글을 달아주기도 하고 내가 댓글을 달았던 블로그의 방문자가 댓글을 타고 내 블로그에 방문해 댓글을 달기도 했다.

블로그 방문자는 본문만 읽지 않는다. 우리나라처럼 특정 포털과 소수의 대형 커뮤니티가 인터넷을 장악하고 있는 곳에서는 더욱 그렇다.

인터넷에서 기사를 볼 때를 떠올려보자. 뉴스기사 본문을 전부 읽지도 않고 내려와 댓글을 보는 경우가 많다. 다른 사람들의 반응이 궁금하기 때문이다.

블로그 독자들도 이 같은 이유로 댓글을 읽는다. 블로그 글에 달린 댓글에는 블로그 바로가기 링크가 걸려 있다. 흥미로운 댓글을 보고 닉네임을 클릭해 해당 블로그의 방문으로 이어지는 경우가 많다. 몇 달 전에 유명 블로그에 댓글을 작성한 일이 있었다. 그때 작성한 댓글을 타고 블로그에 들어오는 사람들이 아직도 있다.

하루에 최소 5개 블로그, 10개 블로그, 20개 블로그에 댓글을 달아야지 하는 식으로 목표를 설정하고 매일 실행하자.

새로운 블로그에 댓글을 작성하는 것도 중요하다. 하나의 블로그에 여러 개의 댓글을 다는 것보다 새로운 블로그에 댓글을 다는 게 더 효과적이다. A블로그가 있다고 가정하면 A블로그에 계속해서 방문하는 사람들이 정해져 있게 마련이기 때문이다. 새로운 사람들과 관계를 맺고 싶다면 새로운 블로그에 방문해서 글을 읽고 정성껏 댓글을 작성하는 게 좋다.

3 블로그, 주제를 정해야 차별화가 된다

3~4개월 블로그 꾸미기

블로그 주제 선정의 필요성

블로그 개설 후 초기 2개월 동안 내 주변에서 일어나는 소소한 것들에 대해 글을 써왔다면, 이제 3개월째부터는 슬슬 주제를 잡는 것이 좋다. 주제가 명확한 블로그는 주제가 없는 블로그에 비해 파워블로그로 선정될 확률이 높다. 역설적으로 일상에서 일어나는 일을 무작위로 올리는 신변잡기 위주의 블로그보다 주제를 가진 블로그에 쓸거리도 더 많다.

먼저 네이버 파워블로그 리스트를 구경해보자. 여행, 맛집, 사진, IT, 자동차, 육아, 요리, 뷰티 등 다양한 세부 주제로 나뉘어져 있다. 티스토리 우수블로그 리스트는 어떨까? IT, 미디어, 사진, 생활, 여행 등의 카테고리로 우수블로그를 분류해뒀다. 주제를 가진 블로그가 주목받기 쉽고 파워블로그에 선정되기에도 유리하다는 사실을 엿볼 수 있다.

'내가 진짜로 원하는 게 뭐지?' 가슴에 손을 얹고 물어보자. 내가 관심을 가지고 있고 좋아하는 것을 주제로 삼는 게 가장 좋다. 혹은 내가 어떤 분야의 전문가가 됐으면 좋을지 생각해보고 그 영역을 주제로 잡는 것도 좋다. 온라인 홍보/마케팅 전문가가 되고 싶다면 'OOO의 온라인 마케팅 스터디' 라는 식으로 이름을 정하고 꾸준히 관련 사례를 올리면 된다. 패션 전문가가 되고 싶다면 패션을 주제로 하면 된다.

블로그 주제 선정 시 검토해야 할 4가지

블로그의 주제를 선정할 때는 사전에 검토해야 할 것들이 있다. 어떤 일부터 시작해야 할지 난감할 때는 다음의 4가지 방법으로 주제를 잡아보자.

첫째, 전문적인 주제의 블로그를 방문하라. 자신이 원하는 주제로 블로그를 운영하고 있거나 비슷한 주제로 운영하는 블로그에 방문해보자. 닮고 싶은 블로거를 찾아 즐겨찾기를 해두는 것도 좋다. 닮고 싶은 스타일, 그 블로그만이 가진 특색을 모조리 메모해두어라. 글 제목은 무엇으로 했는지, 블로그 디자인은 어떤 모습을 하고 있는지, 카테고리(메뉴) 이름은 어떻게 구성했는지 세세한 부분 하나까지도 놓치지 말고 두루 살펴보자. 잘 된 블로그를 관찰하는 것만으로도 적지 않은 것들을 배울 수 있다.

둘째, 남이 다루지 않는 독특한 분야를 공략하라. 남이 잘 다루지 않는 분야는 주목을 받기 쉽다. 내가 '블로그 운영 노하우' 를 주제로 해야겠다는 생각을 했을 때 '블로그 자체를 주제로 하는 블로그'는 2개밖에 없었다. 선점이 갖는 이익을 톡톡히 누릴 수 있었다. 남들은 하지 않는 독특한 주제를 갖는 게 좋지만 이제는 워낙 다양한 주제의 블로거들이 생겨났기 때문에 남들이 다루는 분야를 주제로 삼아야 할 것이다. 이런 경우는 스타일을 다르게 하면 된다.

맛집 블로거를 예로 들어보자. 보통의 맛집 블로거들은 사진을 찍고 예쁘게 보정하고 가게 위치까지 보기 좋게 편집해 마치 책을 보는 듯 정성스레 글을 올린다. 뒤늦게 맛집 블로그를 시작한 어느 블로거는 음식 사진은 올리지 않고 음식을 다 먹고 난 후 빈 그릇과 접시만 찍어서 올렸다. 이 블로거는 다른 맛집 블로거들과 콘셉트를 차별화한 덕분에 미디어와 독자들의 관심을 한 몸에 받을 수 있었다. 같은 주제를 뒤늦게 시작하는 블로거는 이렇게 스타일을 달리해 나만의 차별화 요소를 가져야 한다.

==셋째, 대중성이 있는지를 따져봐야 한다.== IT 블로그 특히 전자기기 블로그가 많은 이유를 떠올려보자. IT 제품을 구매하기 전에 블로거의 후기를 참고하는 소비자들이 많고 그만큼 IT 기업들도 활발한 블로그 마케팅을 펼치고 있다. 얼마나 많은 사람들이 그 주제에 관심을 가지고 있는지 생각해보아야 한다.

==넷째, 경험이 많은 분야를 주제로 하는 것도 좋다.== 오랜 기간 호텔리어로 근무한 중년 남성의 블로그가 있다. '우리나라에서 가장 좋은 호텔', '호텔 뷔페 잘 먹는 법', '호텔 취업을 준비할 때 고려해야 할 점' 등 자신이 직접 체험한 에피소드를 바탕으로 재밌는 호텔 이야기를 들려준다. 이처럼 자신이 오랫동안 몸담았던 업계 이야기 자체도 훌륭한 블로

그 주제가 된다.

나의 '블로거팁닷컴'이 생기기까지

나는 대학시절 다음에서 대형 미용 카페를 운영한 경험이 있다. 회원 수가 늘어나면서 기업의 제휴 요청이 들어왔고 왁스 제조업체, 뷰티 업체, 연예인 기획사 등 다양한 기업과 제휴를 맺고 수익을 창출하기도 했다. 콘텐츠가 가장 중요하다는 생각으로 동료와 선후배의 헤어스타일 사진을 찍어 카페에 올리기도 하고, 미용실과 제휴를 맺기 위해 카페 명함을 만들어 미용실에 찾아가기도 했다. 하루에만 6~7시간 이상 컴퓨터 앞에 앉아서 카페를 운영했던 경험이 있었기 때문에 웹과 인터넷 커뮤니티에 대한 이해도가 높은 편이었다.

카페를 양도하고 처음 블로그를 시작했을 때만 하더라도 소소한 일상, 좋아하는 음악을 올리는 개인적인 공간에 불과했지만 주제를 선정하고자 마음먹고 나니 카페를 운영하면서 경험한 커뮤니티를 만드는 것에 대한 자신감이 생겼다. 이를 계기로 '블로그 운영 노하우' 자체를 주제로 잡아야겠다고 결심했다.

마음속으로 주제를 결정하고 가장 먼저 한 일은 경쟁자를 조사하는 일이었다. 당시 블로그 운영 노하우를 전달하는 블로그가 2개 있었는데 하루에도 몇 번씩 방문해서 과연 내가 경쟁할 만한 블로그인가를 파악했다. 내가 지금 시작해도 충분히 승산이 있다는 생각이 들자마자 블로그 주제를 결정하고 블로그 이름, 메뉴, 스킨을 모조리 수정했다. 승산이 있다는 예상은 적중했고 블로거팁닷컴을 시작한 지 5개월 만에 우수블로그에 선정되는 영광을 맛보았다.

　블로그 운영 노하우는 남들이 잘 다루지 않는 것, 내가 좋아하는 것, 남들보다 잘 아는 것, 전문가가 되고 싶은 분야의 것 모두를 충족시키는 주제였다. 블로그 운영에는 강제성이 없는 만큼 자발적으로 꾸준히 관심을 가질 만한 주제를 찾아내는 게 무엇보다 중요하다.

4 나만의 블로그 꾸미기

블로그 이름 수정하기

블로그의 주제를 정했다면 블로그 이름을 수정해야 한다. 웨이트 트레이닝을 주제로 했다면 블로그 이름은 'OOO의 열혈 웨이트 트레이닝', '퍼스널 트레이너 OOO의 몸짱 만들기', '헬스 초보자를 위한 웨이트 트레이닝 블로그', '헬스 보충제 사용 설명서' 등 키워드가 들어가는 게 좋다. 파워블로거들의 블로그 이름을 보고 참고하는 것도 방법이다.

도메인 구입하기(필수X, 선택O)

블로그 도메인을 구입하여 내 블로그에 연결하면 좀 더 전문적인 느낌을 줄 수 있다. 예를 들어 blog.naver.com/OOO 보다 OOO.com이 보기 좋고, OOO.tistory.com 보다 OOO.net이 더 보기 좋다. 도메인을 구입하려면 매년 1~2만 원의 비용이 든다. 반드시 도메인 주소를 구입해야 하는 건 아니므로 신중히 생각해보고 결정하자.

도메인 주소는 블로그 이름과 연관성을 갖는 게 가장 좋다. '블로거팁닷컴'의 도메인 주소는 bloggertip.com으로 한글 '블로거팁닷컴'과 소리가 같다. 이렇게 블로그 이름과 도메인 주소가 일치하면 좋겠지만 대부분의 블로그 이름은 닷컴이라든지 닷넷이 들어가지 않는다. 완벽하게 일치하지 않더라도 블로그 이름의 키워드가 들어간 도메인 주소를 구한다면 방문자에게 기억되기 쉽다. 따라서 제멋대로인 도메인 주소를 가진 블로그보다 유리하다. 블로그 이름과 도메인 주소가 연관성이 있는 블로그들의 예를 살펴보자.

도메인 주소 예시

- 도쿄히로바
  www.tokyohiroba.com

- 트레이너강 휘트니스월드
  trainerkang.com

- 빛나는 세상여행
  bitna.net

- 하쿠나마타타
  www.likewind.net

- 거꾸로 보는 백미러
  www.100mirror.com

도메인 구입 사이트에 들러 임의로 주소를 입력해보자. 예를 들어, 도메인 사이트 가비아에 접속해(domain.gabia.com) 검색창에 영어 단어를 입력하면 된다. 뭐니 뭐니 해도 .com 도메인이 가장 좋다. 그런데 도메인을 미리 구입해놓고 다시 재판매하는 업자들 때문에 웬만한 .com 도메인은 이미 등록된 경우가 비일비재하다. 이럴 때는 .net까지만 타협하는 게 좋다. 내가 원하는 도메인 주소가 .com은 이미 누군가에 의해 사용 중이고 .net만 있을 경우 .net이 대안이 될 수 있다. .org, .tv, .co.kr, .kr 같은 도메인은 .com과 .net에 비해 생소하다. 숫자나 특수문자, 기호를 넣는 것도 금물이다. 알파벳으로만 하는 게 가장 좋으니 이런 디테일도 놓치지 말자.

블로그 카테고리 수정하기

메뉴(카테고리)도 블로그 주제에 맞게 개편할 필요가 있다. 전체 카테고리가 10개라고 가정한다면 7개는 주제와 연관이 있는 카테고리로 하고 나머지 3개는 주제와는 관계가 없더라도 자신이 좋아하는 카테고리로 가져가는 걸 추천한다. 카테고리는 수시로 변경하게 되므로 너무 고심하지는 말자. 난 블로그를 시작한 지 8년이 지난 요즘도 가끔씩 카테고리를 수정한다.

블로그 디자인 손보기

처음부터 스킨을 선택하는 데에 너무 많은 시간을 할애할 필요는 없다. 하지만 주제를 결정했다면 주제와 관련이 있는 이미지 혹은 사진이 들어간 스킨을 사용하는 게 좋다. 야구 블로그를 운영한다고 치면 블로그 배경화면에 야구선수, 야구공, 야구배트, 야구장, 글러브 등 야구와 관련이 있는 사진이나 그림이 들어간다면 한껏 분위기를 낼 수 있다. 네이버 블로그는 관리자 화면 〉 꾸미기 설정 〉 세부 디자인 설정 메뉴에서 세세한 부분을 나만의 스타일로 꾸밀 수 있다. 또한 아이템팩토리 스킨샘(factory.blog.naver.com)에서 다른 사람들이 이미 만들어 놓은 스킨을 사용할 수도 있으니 참고하자.

티스토리 블로그는 웹디자인 실력자들이 만들어 무료/유료로 배포하는 스킨을 자신의 블로그에 적용할 수 있다. 유료 스킨은 보통 1만 원~2만 원 사이에 판매되고 있으며 제작자의 블로그에 방문해 라이선스를 구입하면 된다. PC, 스마트폰, 태블릿 PC 등 화면 크기에 맞춰 화면이 보기 좋게 바뀌는 반응형 스킨도 무료로 다운로드할 수 있다.

네이버 이웃커넥트 위젯도 설치하자. 네이버 블로그는 블로그 개설과 동시에 이웃커넥트가 설치되어 있지만 티스토리 블로그는 이웃커넥트 설치 페이지에 접속해 소스를 복사해서 붙여 넣는 식으로 설치해야 한다. 이웃커넥트를 설치하면 네이버 이용자들이 손쉽게 블로그를 구독해 올 수 있어 구독자 확보에 용이하다.

> **블로그 디자인 필수 점검사항**
>
> 1) 블로그 이웃 추가, 구독을 유도하는 아이콘이나 위젯이 설치되어 있는가?
> 2) 이메일로 블로그를 구독할 수 있는 이메일 구독 폼이 설치되어 있는가?
>   (구글 피드버너를 이용하면 무료로 이메일 구독 폼을 설치할 수 있다)
> 3) 블로그 방문자가 당신과 연락할 수 있는 연락처가 눈에 띄는 곳에 적혀 있는가?
> 4) 블로그 방문자가 내 글을 SNS에 공유할 수 있는 공유 버튼이나 위젯이 설치되어 있는가? 위치는 적절한가?
> 5) 블로그 방문자가 내 블로그 운영 히스토리를 한눈에 볼 수 있도록 관련 글을 작성해뒀는가? 업데이트는 잘 되고 있는가?

블로그 이벤트 열기

이벤트를 여는 것도 블로그 홍보에 큰 도움이 된다. 소박한 상품으로 진행하자. 나는 새로운 사이트를 개설하면서 소니의 콘솔게임기 플레이스테이션3를 걸고 페이스북 좋아요 이벤트를 개최한 경험이 있다. 게임 타이틀까지 하면 50만 원은 훌쩍 넘는 상품을 걸고 이벤트를 걸었더니 반응은 가히 폭발적이었다. 하지만 고가의 상품을 보고 지원했던 이벤트 응모자들은 당첨자가 발표된 순간 자신이 당첨자 명단에서 제외된 것을 알고 페이스북 좋아요 취소 버튼을 누르기 시작했다. 이때 느꼈던 일종의 배신감은 상상 이상으로 컸다.

도서 이벤트, 내가 가진 소박한 물건, 독자에 대한 고마움을 느낄 수 있는 물건을 상품으로 걸고 이벤트를 열어보자. 매달 이벤트를 여는 것도 좋은 방법이다.

실천 가능한 일정 세우기

실천할 수 있는 포스팅 일정을 세워보자. 매일 1개의 글을 쓰는 것보다 좋은 건 없지만 실천하기는 어렵다. 일주일에 적어도 3회 이상 블로그에 글을 쓰는 것을 추천한다. 일주일에 최소 3회, 한 달에 최소 10회 식으로 일주일, 월 단위로 작성해보는 것도 좋다. 학교에 직장에 가정에 바쁜 일이 태산인데 블로그까지 일정을 잡는 게 귀찮은 사람들은 예약 포스트를 활용하자. 글이 잘 써질 때 여러 개의 글을 써놓고 하나는 지금, 다른 하나는 모레, 그 다음 날 공개하는 방법이다.

블로그 글쓰기를 보다 전략적으로 접근하고 싶은 사람들은 매일, 매월, 매분기, 매년 어떤 글을 쓸지 미리 표를 만들어 정리해보는 것도 좋다.

세부일정 예시

매일
- 블로그에 작성된 댓글에 답글을 한다.
- 새로운 블로그에 방문해 댓글을 1개 이상의 댓글을 작성한다.
- 포털 뉴스를 보면서 블로그 글로 소개할 만한 소재를 발굴하고 즐겨찾기 한다. 내 블로그 글과 관련이 있는 뉴스 기사를 트위터와 페이스북에 소개하는 것도 좋다.

매주
- 3개 이상의 블로그 포스트를 올린다.
- 블로그 주제와 관련 있는 동영상을 촬영해 유튜브에 올리고 블로그에 소개한다.

- 블로그 카테고리를 손본다. 기존의 카테고리 이름을 변경하거나 새로운 카테고리를 만들거나 불필요한 카테고리는 삭제한다.

매월

- 팟캐스트를 만들어 블로그에 올려본다. 곰 녹음기 등의 음성녹음 소프트웨어와 헤드셋만 준비하면 된다.
- 블로그의 핵심 내용을 PPT 파일로 제작해 슬라이드쉐어(www.slideshare.net)에 올려본다. 슬라이드쉐어에 올린 프레젠테이션 파일은 블로그에도 공유하자.
- 노하우가 담긴 정보성 글을 작성해보자. 매일 유용한 글을 작성하는 것은 어렵지만 한 달에 1번이라면 부담스럽지 않게 시도할 수 있다.

매분기

- 블로그 이벤트를 개최해자. 도서 증정 이벤트처럼 소소한 이벤트가 좋다. 구글 설문지를 이용해 이벤트 폼을 만들고 블로그에 올려보자.
- 구글 애널리틱스를 활용해 방문자 유입을 분석해보자. 내 블로그 방문자는 어떤 웹브라우저를 사용하는지, 어떤 스마트폰을 이용하는지 파악할 수 있다. 블로그 서비스에서는 제공하지 않는 무척이나 자세한 분석 내용을 무료로 확인할 수 있다.

5 나만의 콘텐츠를 확보하고 블로그 홍보하기

#4

5~6개월 블로그 홍보

노하우를 담은 글을 작성하라

블로그를 거의 반년째 운영한 이 시점에서는 가슴에 손을 얹고 생각해 볼 게 있다. '내 블로그에는 과연 다른 사람들이 다시 들어와서 볼만한 콘텐츠가 있는가?'를 스스로에게 질문해보자. 확신에 차서 대답할 수 없다면 지금부터라도 노하우를 담은 정보성 글을 작성해야 한다. '일주일에 1개, 한 달에 3개' 이런 식으로 노하우 포스트를 작성하자. 내 블로그의 주제가 패션이라면 '해외 직구 따라해 보기', '코디에 참고하면 좋은 패션 사이트 베스트 5', '패션디자이너 들여다보기-에디 슬리먼', '신발 끈 예쁘게 묶는 법', '변형된 모자 복구하는 방법' 등 자신만의 패션 노하우를 담은 정보성 글을 작성해보자.

명함을 만들고 오프라인에서 홍보하라

블로그 명함을 만드는 방법에는 크게 2가지가 있다. 하나는 전문 업체에 맡기는 방법, 다른 하나는 네이버 블로거에게 주문하여 만드는 방법이다. 둘 중에 맘에 드는 방법을 선택하면 된다. 나는 네이버에서 '블로그 명함'으로 검색한 다음 블로그 명함을 제작해주는 블로거에게 의뢰해 명함을 만들었다.

블로그 명함을 만들었다면 만나는 사람들에게 명함을 건네며 자신의 블로그를 소개하라. "안녕하세요. 블로그 명함이 있는데 한 장 드릴게요. 요리 레시피가 듬뿍 담겨 있으니 요리하실 때 한번 들러주세요"라는 식으로 간단히 자신의 블로그에 대해 설명하자. 만나는 사람마다 명함을 건네주는 게 중요하다.

블로그 검색등록하기

블로그에 제아무리 좋은 콘텐츠가 쌓여있다 한들 콘텐츠의 우수성을 알아주는 방문자가 없다면 헛일이다. 그렇다고 블로그 검색등록을 한다고 해서 갑자기 방문자가 늘어나는 것은 아니다. 블로그 검색등록을 하는 이유는 포털에서 블로그 이름을 입력했을 때 사이트 영역에 블로그 이름, 바로가기 링크, 블로그 요약글이 보이기 때문에 좀 더 전문적인 느낌을 줄 수 있기 때문이다. 네이버와 다음에는 꼭 검색등록을 해두자.

페이스북 페이지 만들고 블로그에 페이지 플러그인 추가하기

블로그는 하지 않지만 페이스북은 하는 사람들도 많다. 이들을 위해서라도 페이스북 페이지를 만들어야 한다. 페이스북 페이지는 페이스북 개인 프로필과 달리 친구 수에 제한이 없어 하나의 구독채널로 만들어두는 게 좋다. 페이스북 페이지를 만들고 블로그에 작성한 글을 소개하자. 페이지에는 블로그 글 바로가기 링크를 삽입하고 짧게 요약글을 작성하자. 내 블로그에 올리는 글 외에도 블로그 주제와 관련 있는 업계의 뉴스거리, 블로그에 소개하기에는 너무 짧은 글이나 정보를 페이스북 페이지에 작성하는 것도 좋다.

페이스북 페이지를 만든 후에는 페이지 플러그인을 블로그에 설치하자. 이렇게 하면 블로그는 하지 않지만 페이스북을 하는 내 블로그 방문자도 내 블로그를 구독(좋아요)하도록 할 수 있다.

다른 블로거들의 글을 묶어 요약글을 넣어 소개하라

블로그 운영 노하우를 주제로 정하고 매주 '블로고스피어 위클리'를 작성했다. 다른 블로거들이 작성한 블로그 운영에 관한 글을 묶어 글 제목, 글 주소, 요약글을 순서대로 적었다. 이렇게 했더니 실제 글을 작성한 블로거들이 와서 열띤 토론을 벌이기도 하고, 한 곳에서 다양한 블로그에 관한 글을 본 방문자들은 구독신청을 해오기도 했다. 다른 블로거들의 글을 묶어서 글을 작성하고 연재해보자.

인터넷 카페에 블로그 글을 연재하라

네이버 카페, 다음 카페 등 즐겨찾는 카페에 내 블로그 글을 연재하자. 카페의 게시판 성격에 맞지 않는 글을 작성한다면 카페 운영자에 의해 영구추방 당할 수 있으므로 주의해야 한다. 연재하려는 글의 주제와 어울리는 카페와 카페 게시판을 찾은 후에 소개하는 것도 방법이다.

카페 운영자에게 메일이나 쪽지를 보내 카페 게시판에 자신의 글을 연재하자고 제안을 해보는 것도 좋다. 일종의 콘텐츠 제휴 계약을 맺는 것이다. 블로그 운영자는 자신의 콘텐츠를 무료로 제공하고 카페 운영자는 자신의 회원들에게 새로운 콘텐츠를 소개할 수 있으므로 윈윈 전략이라고 할 수 있다.

6 파워블로거, 그들이 꼭 챙기는 웹서비스 활용하기

#4

　6개월이 지날 무렵에는 블로그 운영이 일상생활의 일부처럼 무척 자연스럽게 느껴졌다. 블로그에서 이런저런 시도를 해보고 나에게 꼭 맞는 서비스를 찾아 적용해보는 것도 재미있고 유익했다. 일종의 실험정신이라고 할까? 블로그를 운영할 때면 언제든 새로운 것들을 시도해봤다. ==블로그의 로딩(페이지 불러오기) 속도를 측정해보고 다른 블로그와 비교해봤다. 로딩 속도를 늦출 만한 요소는 제거했다.== 예를 들어 불필요하게 자리만 차지하는 시계 위젯, 실시간 방문자 숫자 표시 위젯 같은 것들을 떼버렸다. ==블로그에 바로가기 주소(링크)를 소개할 때 만일 소개하려는 주소가 길다면 긴 주소를 줄여주는 서비스를 이용했다.== 이렇게 하면 주소가 한 줄을 넘어가지 않아 독자가 보기에도 좋기 때문이다. ==블로그에서 이벤트를 할 때에는 구글 설문지를 활용했다.== 간단한 글자 입력만으로 나만의 이벤트 양식을 만들 수 있어서 좋았다. 게다가 이벤트 응모자의 응모현황을 실시간으로 확인할 수 있는 점도 마음에 쏙 들었다. 비단 파워블로거뿐만 아니라 블로그 운영자 누구에게나 도움이 될 만한 웹서비스를 한 자리에 모았다.

1) 블로거에게 꼭 필요한 구글 메일서비스 - *Gmail*

Gmail은 구글의 메일서비스로 '@gmail.com' 라는 이름의 메일 주소를 제공한다. 일상생활에서 네이버와 다음 메일을 사용하더라도 아무런 문제가 없다. 하지만 블로그를 본격적으로 운영하려는 사람이라면 Gmail을 일찌감치 만들어두는 게 좋다. 왜냐하면 동영상서비스 YouTube, 소셜네트워크서비스 Google+ 등 구글의 서비스를 이용할 때 Gmail 계정이 반드시 필요하기 때문이다. 또한 Gmail은 사생활 침해 보호에 효과적이다. 네이버나 다음이 제공하는 메일을 사용하면 아이디로 손쉽게 블로그를 추적할 수 있다. 네이버 메일을 예로 들어보자. 내 메일주소가 'bloggertip@naver.com' 이라고 가정했을 때 누군가가 내 메일주소만 보고 내 블로그에 접속할 수 있다. 네이버 블로그 주소는 'blog.naver.com/네이버 아이디' 형식이기 때문이다. 다음도 마찬가지다. 그러나 Gmail은 네이버나 다음과 달리 누군가로부터 블로그를 감시당할 염려가 없다.

Gmail 계정을 만드는 것은 매우 쉽다. Gmail(gmail.com)에 접속하면 로그인 창이 나타나는데 그곳에서 가입하여 계정을 만들면 된다. 가입 시 개인정보 입력란에 휴대전화 번호와 메일주소는 입력하지 않아도 된다. 가입이 완료되면 가입을 환영하는 메시지가 나타난다.

2) 내 글 이대로 공개해도 좋을까?
- 한국어 맞춤법/문법 검사기

글쓰기로 밥벌이를 하는 전문가가 아닌 이상 늘 정확한 맞춤법과 문법을 구사하기란 하늘의 별따기다. 글쓰기 전문가라고 할 수 있는 기자와 작가들도 실수를 반복할 정도로 정확한 맞춤법과 문법을 구사하는 일은 어려운 일이기도 하다. 그렇다고 해서 한 글자, 한 문장을 쓸 때마다 맞춤법과 문법을 검사하는 건 효율적이지 못하다.

블로그에 쓴 글을 공개하기 전에 본문을 복사해서 맞춤법/문법 검사기(speller.cs.pusan.ac.kr)에 붙여 넣고 검사해보는 건 어떨까? 이렇게 하면 내가 쓴 블로그 글의 맞춤법, 띄어쓰기, 외래어 사용 등의 오류를 한눈에 확인하고 바로잡을 수 있다. 좀 더 정확한 정보를 제공하게 되는 것이다. 더 신뢰가 가는 파워블로거로 거듭나려면 이 정도 수고는 해야 하지 않을까?

3) 지저분한 긴 URL을 짧게 줄여주는 단축 URL서비스
 - *goo.gl*

당신이 누군가 포스팅한 글을 읽고 있다고 해보자. 글을 읽는 중간에 등장하는 긴 URL을 만나게 되었다. 그 URL을 읽는다기보다는 그냥 스치고 지나가거나 클릭해 보게 된다. 그 URL의 목적은 읽혀짐이 아니라, 누군가 그 URL을 클릭해 해당 사이트로 이동하는 것이다. 그런데 사람들은 한글도 아닌 글이 길게 늘어져 있는 것을 좋아하지 않는다. 또한 긴 URL이 등장하는 글은 보기에도 좋지 않다. 블로그에 글을 쓸 때 특정 URL을 입력해야 하는 경우가 있다. 이때 사용하면 좋은 단축 URL서비스를 소개한다. 주로 긴 URL을 그대로 삽입하기에는 미관상 좋지 않을 때 단축 URL서비스를 사용한다. 여러 단축 URL서비스가 있는데 그중에서도 구글이 만든 goo.gl을 추천한다. goo.gl이 좋은 이유는 단순히 URL을 짧게 줄여주는 데 그치지 않고 단축된 URL이 얼마나 많이 클릭됐는지 어떤 경로를 통해 클릭했는지를 자세히 들여다볼 수 있기 때문이다.

먼저 goo.gl로 긴 URL을 짧게 줄이는 방법에 대해 알아보자. 그리 어렵지 않아 누구나 쉽게 따라할 수 있다. 우선 자신이 글에 넣을 긴 URL을 그대로 복사하자. 그 다음 구글에 로그인한 상태에서 goo.gl(goo.gl)에 접속하여 앞서 복사한 긴 URL을 빈칸에 붙여 넣은 후, 파란색 'Shorten URL'(URL 줄이기) 버튼을 클릭하자. 그러면 오른쪽에 짧게 줄여진 URL이 보인다. 그게 바로 단축 URL이다. 단축 URL을 그대로 복사하여 사용하면 된다.

긴 URL과 단축 URL을 글에 넣고 직접 비교해보면 두 줄로 늘어진 URL은 보기에도 좋지 않음을 알 수 있다.

이번에는 단축 URL을 얼마나 클릭했는지 확인하는 방법을 알아보자. 블로그 광고주를 모집하는 글을 작성한 적이 있다. 이 글을 누구나, 언제든지 볼 수 있도록 공지 글에 바로가기 주소를 적어둘 목적이었다. 블로그 글 URL을 그대로 복사해 붙여 넣어두면 얼마나 클릭됐고 어떤 경로를 통해 클릭이 됐는지 확인할 방법이 없다. 그래서 구글의 단축 URL서비스 goo.gl에서 주소를 줄인 후에 그 주소를 넣어뒀다. '블로그 광고하기'의 단축 URL이 얼마나 클릭됐는지 알아보자.

① 얼마나 클릭됐는지 통계를 확인하고 싶은 단축 URL을 복사하자 (❶). 인터넷 브라우저 주소창에 복사한 URL을 붙여 넣고 주소 끝에 +를 붙여준 후(❷) 엔터키를 눌러보자.

② 지금까지 1,225회가 클릭된 것을 확인할 수 있다. 어떤 브라우저에서 클릭되었고, 어떤 운영체제(윈도우/매킨토시)에서 클릭됐는지, 어느 국가에서 클릭됐는지도 확인할 수 있다.

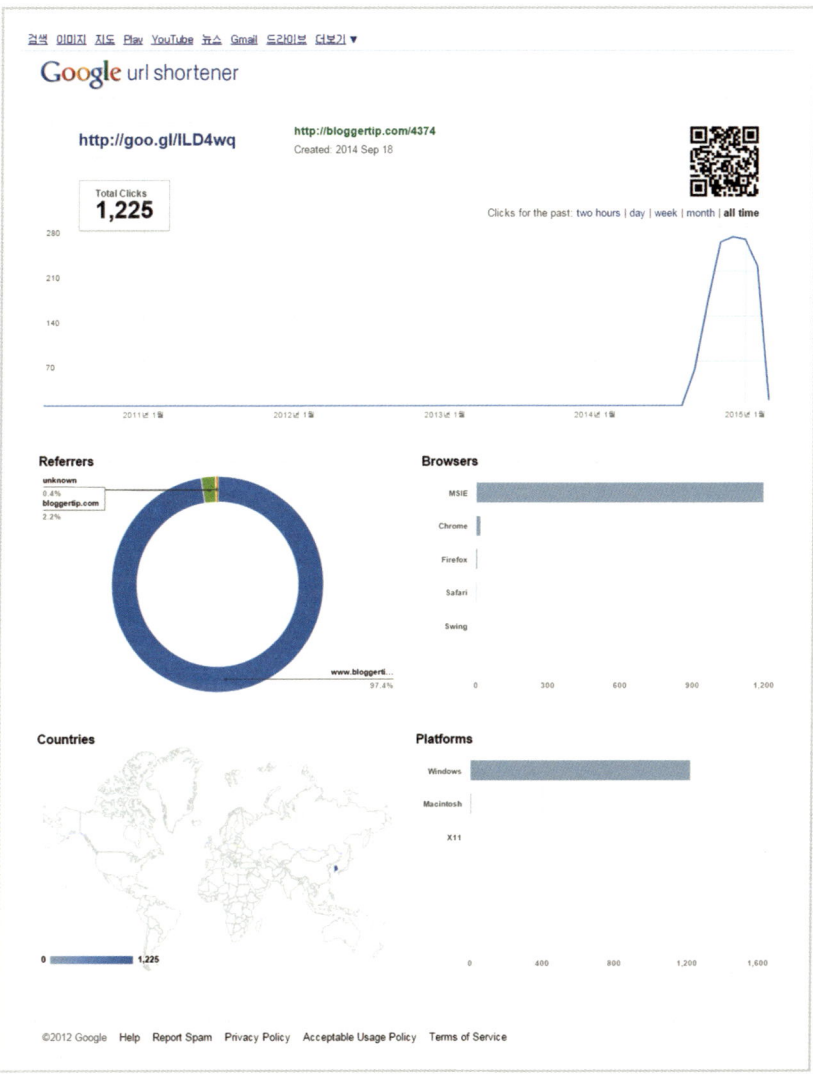

4) 내 블로그의 진짜 방문자수는 몇 명일까?
- 네이버 애널리틱스

블로그 방문자수는 대개 부풀려져 있다. 순방문자수$_{UV}$를 기준으로 하지 않으며, 그렇다고 페이지뷰(PV, 방문자가 특정 사이트에 들어가 홈페이지를 클릭하여 열어본 횟수를 계량화한 것)를 기준으로 하는 것도 아니다. 블로그서비스는 저마다 독특한 방문자 합산방식을 가지고 있다. 방문자 카운터에 수만 명이 찍힐 때도 있지만 실제 방문자수는 그 수의 1/2~1/3인 경우가 많다.

내 블로그에 정확히 몇 명이 들어왔는지 '순방문자수'를 알고 싶다면 구글 애널리틱스나 네이버 애널리틱스를 이용하면 된다. 구글은 네이버에 비해 훨씬 더 세세한 부분까지 통계 데이터를 제공한다. 하지만 블로그 자체에서 나는 수익으로 먹고 사는 전업블로거가 아니라면 네이버 애널리틱스로 확인하는 것만으로 충분하다.

네이버 애널리틱스 서비스를 활용하면 요일별 순방문자수, 가장 많이 조회된 인기 페이지, 방문자가 사용한 운영제체/웹브라우저/화면해상도, 실시간(현재) 접속자수/접속 페이지, 시간대별/요일별 방문 분포, 방문지역 분포, 방문 체류시간 등 방문자에 관한 거의 모든 통계를 확인할 수 있다. 방문 통계를 참고하여 목표를 설정한 후 전략적으로 블로그를 운영할 수 있다.

아이러니하게도 네이버 블로그 운영자는 네이버 정책상의 이유로 네이버 애널리틱스를 이용할 수 없다. 따라서 이 책에서는 티스토리 블로

그를 기준으로 네이버 애널리틱스를 설치하는 방법을 소개한다. (설치 방법은 부록 p.310 참고)

5) 블로그 방문자가 내 글을 SNS에 공유할 수 있는 소셜 공유 위젯 – AddThis

AddThis는 보기 좋게 디자인한 소셜미디어 공유 위젯, 추천글 보여주기 위젯 등 블로그 홍보에 도움이 되는 서비스를 무료로 제공한다. 소셜미디어 공유 위젯을 통해 얼마나 많은 공유가 일어났는지 자세한 통계도 제공한다. 유료 도구와 무료 도구가 있는데 무료 도구만으로도 블로그에서 사용하기에 충분하다.

네이버 블로그는 네이버 정책상의 이유로 AddThis를 사용할 수 없다. 따라서 티스토리 블로그에 AddThis 소셜 공유 위젯을 설치하는 방법만 설명한다. (설치 방법은 부록 p.314 참고)

6) 내 블로그 로딩 속도 점수는 몇 점일까?
– Page Speed Insight

구글에서 제공하는 Page Speed Insight를 이용하면 내 블로그의 로딩 (불러오기) 속도를 측정할 수 있다. 블로그 주소를 입력하기만 하면 모바일 기기와 데스크톱PC에서 어떻게 보이는지 미리보기 화면을 볼 수 있고, 100점을 만점으로 각각의 화면에서 속도 값이 몇 점인지 확인할 수 있다. 수정이 필요한 내용, 수정을 고려할 만한 내용을 요약글로 보여주고 해결 방법도 자세하고 구체적으로 보여준다. 블로그 불러오기 속도 관리는 Page Speed Insight 하나에만 맡겨도 충분하다. **(확인 방법은 부록 p.320 참고)**

7) 내 글은 페이스북, 트위터에서 몇 회나 공유됐을까?
– SharedCount

내가 블로그에 작성한 글이 페이스북과 트위터에서 얼마나 공유되고 있는지 SNS에서의 반응을 알아보고 싶을 때가 있다. 특히 요즘 같이 SNS의 영향력이 클 때에는 더욱 그렇다. SharedCount에 방문하여 블로그 글의 주소(URL)를 입력하기만 하면 페이스북 좋아요/공유/코멘트 수, 트위터 리트윗 수, 구글 플러스 공유 수, 핀터레스트 공유 수, 링크드인 공유 수 등 다양한 SNS에서 내 글의 반응을 확인할 수 있다.

먼저 SharedCount(www.sharedcount.com)에 접속한 후 빈칸에 블로

그의 글 주소를 입력하고 '분석하기(Analyze)' 버튼을 누르자. 블로그 주소를 입력하지 않고 블로그 '글 주소'를 입력하는 이유는 블로그 주소 자체만 공유되는 횟수가 지극히 적기 때문이다.

'인생에 도움이 되는 100개의 웹사이트'의 글 주소(bloggertip.com/4142)를 입력하고 분석하기 버튼을 눌렀다. 페이스북에서 좋아요 496회, 공유 1295회, 코멘트 58회를 기록했고 트위터에서는 26회의 반응이 있었다는 걸 확인할 수 있다.

8) 검색엔진최적화 지수, 페이지랭크 측정하기
- PR Checker

구글 창업자 세르게이 브린과 래리 페이지는 자신들이 개발한 검색기술 '페이지랭크'를 기반으로 구글을 설립했다. 더 중요한 페이지일수록 더 많은 사이트들로부터 링크를 받는다는 것이 페이지랭크의 핵심이다. 링크를 받는다는 것은 다른 블로그(웹사이트) 운영자 혹은 회원이 내 블로그의 글을 유용하다고 판단하여 내 블로그 주소 혹은 블로그 글의 주소를 다른 웹사이트에 게시하는 것을 말한다. 내 블로그를 소개하거나 추천한 블로그가 높은 페이지랭크 점수를 보유하고 있다면 내 블로그의 페이지랭크에도 플러스 요인이 된다. 다른 블로그가 내 블로그를 링크하는 횟수가 많아질수록 검색엔진은 내 블로그를 다른 블로그보다 더 중요한 블로그라고 인식하게 된다.

페이지랭크는 1~10까지로 구성되어 있으며 네이버가 8을 기록할 정도로 측정값이 짠 편이다. 개인이 운영하는 블로그는 4를 넘으면 우수한 수준이며 5가 넘어가면 커뮤니티에 필적하는 링크를 보유하고 있다고 볼 수 있다. 페이지랭크가 높다는 것은 내 블로그에 작성한 글이 검색엔진에서 검색결과 페이지 상단에 보일 확률이 그만큼 높다는 것을 의미한다. 내 블로그의 검색엔진최적화가 잘 이뤄지고 있는지, 즉 내 블로그가 구글 검색에 얼마나 최적화되어 있는지 확인하고 싶을 때 이용하면 좋다.

(측정 방법은 부록 p.323 참고)

> **? 궁금해요**
>
> **구글에서는 왜 네이버 블로그의 글이 보이지 않을까?**
>
> 안타깝게도 네이버 블로그는 페이지랭크 측정이 되지 않는다. 네이버 블로그의 도메인 주소가 blog.naver.com/OOO 형식이기 때문에 구글에서 인덱스하지 못한다. 추가적인 페이지(덜 중요한 페이지)로 인식되는 것으로 사료된다. 네이버 블로그 중에서 독립도메인을 가진 블로그 주소로 검색하더라도 페이지랭크가 0점으로 나왔다. 네이버 블로그의 구조적인 한계 때문에 구글 검색결과에서는 네이버 블로그의 게시글은 거의 검색되지 않는 것이다.

#4

9) 효율적인 블로그 이벤트 진행에 딱
– 구글 설문지

블로그 이벤트는 방문자 유입, 구독자 확보, 이웃과의 관계에도 도움이 된다. 소소한 블로그 이벤트를 정기적으로 열어 꾸준히 독자들의 호응을 유도하는 블로거도 있다. 블로그 이벤트를 열고 싶은데 이벤트 응모양식부터 막힐 때가 있다.

이럴 때 구글 설문지를 이용하면 된다. 간편하게 이벤트 양식을 만들 수 있는 것은 물론 응모자가 이벤트 양식에 작성한 내용은 자동으로 내 스프레드시트에 기록되므로 이벤트 응모자 현황과 정보를 따로 정리할 필요도 없어 정말 편리하다. **(설치 방법은 부록 p.325 참고)** 네이버 폼으로도 구글 설문지와 비슷한 양식을 만들 수 있지만 로딩이 늦어지는 등 아직 미흡한 점이 많다.

10) 블로그 운영자에게 최적화된 웹브라우저 – 크롬

블로그 운영자가 IE 아닌 크롬을 써야 하는 이유

크롬은 구글에서 개발한 웹브라우저로 모바일 웹브라우저 시장에서 점유율 1위, PC 부문에서도 IE와 경합을 벌이며 1, 2위를 다투는 세계적인 웹브라우저다.

블로그 운영자가 크롬을 써야 하는 이유를 크게 4가지로 압축할 수 있다. 첫째, 액티브X 설치, 툴바 설치 때문에 느릿느릿한 인터넷 익스플로러와 달리 속도가 빠르다. 둘째, 인터넷 이용 기록을 남기지 않는 시크릿 모드를 지원한다. 크롬에서 새 시크릿 창을 누르면 시크릿 모드로 전환된다. 시크릿 탭을 사용하다 닫으면 시크릿 탭에서 본 페이지는 브라우저의 방문기록, 쿠키 저장소, 검색기록 어디에도 남지 않는다. 셋째, 다양한 확장프로그램을 지원한다. 블로그에 글을 쓰다 보면 화면을 캡처할 일이 생기거나 블로그 글쓰기에 인용할 만한 기사나 글을 보고 저장해두고 싶을 때가 있다. 크롬은 툴바를 설치하거나 따로 프로그램을 설치하지 않고 확장프로그램을 추가하는 것만으로 이 같은 유용한 기능들을 이용할 수 있다. 확장프로그램은 쉽게 말해 스마트폰의 '앱'이라고 보면 되는데 설치한 확장프로그램은 크롬 우측 상단에 자그마한 아이콘으로 보인다. 이 아이콘을 클릭하는 것만으로 간단히 캡처 기능, 페이지 저장 기능들을 사용할 수 있다. 이처럼 다양한 확장프로그램 때문이라도 크롬을 사용하는 게 좋다. 마지막으로 크롬은 다른 컴퓨터, 다른 모바일 기기에서 사용하더라도 즐겨찾기, 앱, 방문 기록, 테마 등의 설정을 모두 가져올 수 있는 동기화 기능을 지원한다. 컴퓨터와 모바일 기기 간의 상호 호환성도 크롬만의 강점이다.

> **! 토막팁**
>
> **크롬에서 확장프로그램 설치하기**
>
> 크롬 웹스토어(chrome.google.com/webstore)에 접속해 확장프로그램의 이름을 검색하면 된다. 예를 들어 네이버 검색 확장프로그램을 설치한다고 하면 크롬 웹스토어 검색창에 '네이버 검색'이라고 입력한다. 이때 '앱' 목록이 먼저 나오는데 '확장프로그램' 영역에서 설치해야 한다는 점을 주의하자.

블로그 운영자를 위한 크롬 확장프로그램 TOP5

① **Super Simple Tasks** – 글쓰기 일정, 블로그 아이디어 메모

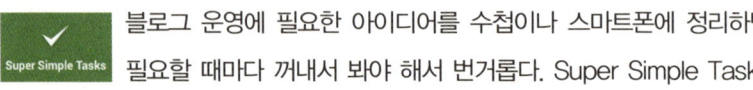
블로그 운영에 필요한 아이디어를 수첩이나 스마트폰에 정리하면 필요할 때마다 꺼내서 봐야 해서 번거롭다. Super Simple Tasks를 설치하면 크롬 브라우저에서 간단히 블로그 운영 일정 목록을 만들 수 있다. 나중에 일정을 확인하고 싶을 때는 아이콘을 클릭하면 손쉽게 열어볼 수 있어 좋다. 완료한 항목은 클릭 한 번으로 삭제할 수 있어 편리하다. 블로그 아이디어를 메모하거나 글쓰기 일정을 관리하는 데 이보다 좋은 확장프로그램도 없다.

② **FireShot** – 화면 캡처

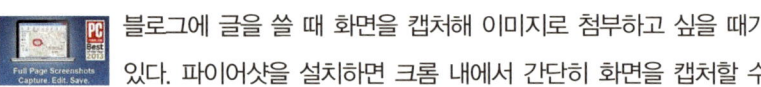
블로그에 글을 쓸 때 화면을 캡처해 이미지로 첨부하고 싶을 때가 있다. 파이어샷을 설치하면 크롬 내에서 간단히 화면을 캡처할 수 있다. 보이는 화면 캡처, 스크롤 화면 캡처, 지정한 화면 캡처 등 꼭 필요한 기능들이 모두 포함돼 있어 크롬 사용자들로부터 인기를 얻고 있다. 34만 명이 넘는 사람들이 파이어샷을 사용하고 있다.

③ **네이버 검색** – 미니 검색창으로 간편하게 검색하기

블로그 운영과 검색은 실과 바늘이라고 할 수 있을 만큼 블로거에게 검색하는 일은 필수불가결하다. 네이버 검색 확장프로그램을 설치해두면 따로 네이버 창을 열지 않고도 간편하게 검색할 수 있다. 네이버 검색 아이콘을 클릭하면 미니 사이즈의 네이버 검색창이 나타나며 검색어를 입력하고 엔터를 치면 네이버 검색결과 화면이 나타난다.

④ goo.gl URL Shortner – 긴 URL의 단축주소 얻기

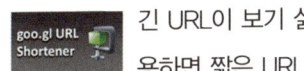
긴 URL이 보기 싫거나 거추장스러울 때 확장프로그램 goo.gl을 사용하면 짧은 URL로 바꿀 수 있다. goo.gl URL Shortner를 설치하면 아이콘을 클릭하는 즉시 현재 크롬에서 보이는 웹페이지의 단축 URL을 얻을 수 있다. goo.gl은 여느 URL 단축서비스와 달리 클릭 수, 리퍼러(하이퍼링크를 통해 각각의 사이트로 방문할 때 남는 흔적)를 확인할 수 있는 통계 페이지도 제공한다. goo.gl 단축주소 뒤에 '+'를 붙이거나 '.info'를 붙여 넣으면 손쉽게 통계를 확인할 수 있다.

⑤ Save to Pocket
– 유용한 글, 인용하고 싶은 글, 나중에 소개하고 싶은 글 저장하기

웹페이지를 저장해뒀다가 나중에 보고 싶을 때 설치하면 좋다. 크롬에서 저장한 웹페이지는 스마트폰을 비롯한 다른 모바일 기기에서도 동기화된다. 스마트폰에서 저장한 내용을 PC에서도 볼 수 있고 반대로 PC에서 저장한 내용을 스마트폰이나 태블릿PC에서도 확인할 수 있다. 블로그에 소개할 만한 웹사이트를 발견했거나 인용할 만한 기사를 발견하면 포켓 버튼을 누르면 즉시 저장된다. 나중에 블로그에 글을 쓸 때 바로 꺼내볼 수 있다.

Blogger Tip
발상의 전환! 역발상이 돋보이는 이색 블로그

1. 밥블로그
blog.naver.com/gaehoju175

"오늘은 뭘 먹었을까?" 밥블로그의 소개글이다. 운영자 개호주는 하루도 거르지 않고 매일 먹은 밥을 휴대폰 카메라로 찍어 블로그에 올린다. 큰 카테고리도 밥, 안 밥 두 개뿐이다. 밥 카테고리에는 그날 먹은 밥에 관한 글이 '날짜-오늘의 밥'이라는 제목으로 올라온다. 글의 분량도 적고 사진도 보정하지 않은 채로 그대로 올라온다. 주로 "맛없었습니다"가 대부분이다. 짜장면, 패스트푸드처럼 일상에서 볼 수 있는 평범한 음식들도 자주 소개된다. 매일 블로그에 들러 댓글을 남기는 팬도 많다. 동아일보 등의 미디어에도 수차례 소개될 정도로 유명해졌다. ==아무리 평범한 내용이라 할지라도 매일 글을 올리면 특별한 것이 될 수 있다는 걸 증명한 근성가이의 블로그, 밥블로그를 주목하자.==

2. 식샤를 합시다
blog.naver.com/okokcys

보통 맛집 블로그라고 하면 입속에서 군침이 돋을 만큼 보기 좋게 편집된 음식 사진을 떠올리게 마련이다. 전문가 못지않게 환상적인 구도의 사진은 포토샵 후보정을 거쳐 블로그에 올라온다. 마치 요리책이나 호텔 레스토랑 홈페이지에서 볼 수 있을 만큼 보기 좋다. 그러나 '식샤를 합시다' 블로그는 우리들의 편견을 과감히 깨뜨린다. 휴대폰 카메라로 무신경하게 촬영한 듯한 사진을 보정 없이 그대로 올린다. 고깃집 리뷰에 고기는 안 보이고 빈 그릇과 빈 불판만 보인다. 드라마 〈식샤를 합시다〉가 이 블로그를 참고해 탄생했다고 하니 참으로 훌륭한 기획이 아닐 수 없다.

3. 애슐리 인 더 월드
`blog.naver.com/sun373373`

럭셔리 블로그 운영자들의 공통점은 빼어난 미모를 소유한 젊은 주부 블로거들이라는 점이다. 명품쇼핑은 기본이요, 퍼스트 클래스 비행기에 올라 7성급 호텔의 스위트룸에 묵는 호화 해외여행까지 포스팅하며 보는 이의 관음욕구를 완벽히 해소시켜준다. 전직 레이싱모델이 운영하는 애슐리 인 더 월드 역시 럭셔리 해외여행 정보뿐 아니라 항공사별 비즈니스 클래스를 구경할 수 있는 메뉴도 있다. 다른 럭셔리 블로그와 달리 해외여행에 특화된 블로그로 볼거리가 풍성하다.

4. Bon Appetit Everyone
`bonappetitjuliette.tumblr.com`

프랑스 파리에 거주하는 디자이너가 운영하는 블로그다. 음식으로 얼굴 표정을 만들거나, 문구를 만들어 소개한다. 어르신들이 보면 음식으로 장난친다며 나무라겠지만 귀엽고 사랑스러운 장난이라 자꾸만 들여다보게 된다.

5. Fatty Unbound
`fattyunbound.blogspot.kr`

"꼭 날씬하고 잘 생긴 외모를 가져야만 패션 블로거가 될 수 있나요?"라며 질문에 "아뇨, 누구나 패션 블로거가 될 수 있습니다"라며 희망을 주는 영국의 패션 블로거다. 고도비만을 가진 여성임에도 불구하고 얼굴을 포함한 전신 코디 사진을 올린다. 친절하게 개별 아이템의 브랜드와 가격정보도 함께 올려 수많은 팬들을 거느리고 있다.

bloggertip.com

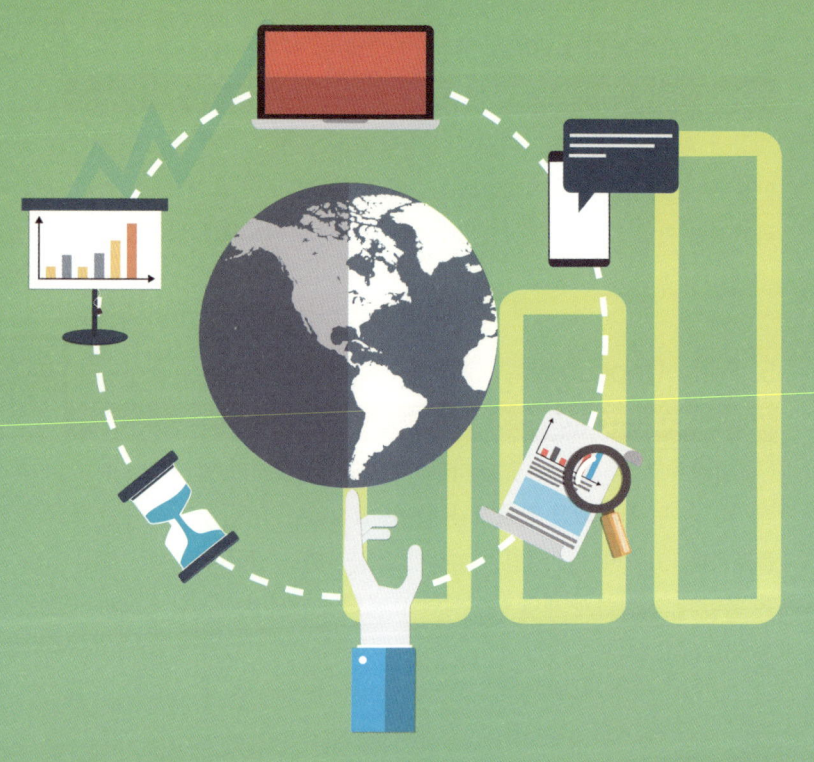

SNS를 활용해 블로그 홍보하기

#5

#5

블로그를 시작한 지 반년이 넘었건만 방문자수는 여전히 두 자리다. 블로그 독자는 겨우 2명, 내가 반강제로 구독을 권유한 절친과 엄마뿐이다. 이 사태를 어찌해야 한단 말인가!

블로그를 이제 막 만들고 시작하는 이들이 오해하는 게 있다. 자신의 블로그에 재밌고 유익한 글을 쓰면 방문자수는 알아서 늘어날 거라는 착각이다.

블로그에 아무리 재밌고 유익한 글을 쓴다 한들 처음부터 많은 방문자가 찾아주는 기적은 좀처럼 일어나지 않는다. 처음 블로그를 시작할 때는 누구나 외롭다. 방문자수가 한 자리를 넘어가지 않는다고 해서 낙담하지 말자. 블로그 방문자가 내 글을 보고 자신의 SNS에 공유하기 쉽도록 공유 환경을 잘 갖추어놓는 게 중요하다. 바야흐로 SNS의 시대 아닌가?

블로그에 글을 쓰고 공개하는 것에 그쳐서는 안 된다. 내 글을 다른 사람들이 많이 봐주길 원한다면 여러 SNS를 활용해 콘텐츠를 널리 알려야 한다.

1 블로그는 소셜 친화적으로 꾸며라

#5

페이스북, 트위터, 인스타그램에 토종 서비스 카카오스토리까지! 소셜 미디어를 블로그 홍보 수단으로 활용하자. 내 블로그의 글을 읽고 지인들과 SNS에 공유하고 싶어 할 독자들을 위해 블로그를 소셜 친화적으로 꾸며둘 필요가 있다. 그렇다고 모든 SNS를 염두에 둘 필요는 없다. 많은 사람들이 사용하는 SNS만 선택하여 집중하는 것이 훨씬 더 효과적이다.

네이버 블로그의 경우 글을 작성하면 본문 우측 하단에 SNS 공유 버튼이 자동으로 생성되므로 바로 확인이 가능하다. 반면 티스토리 블로그는 네이버 블로그와 달리 SNS 글 보내기 플러그인을 활성화시켜야 공유 버튼을 노출시킬 수 있다.

네이버 블로그 본문에 SNS 공유 버튼 설치하기

네이버 블로그는 글을 전체공개로 저장하면 글 하단 보내기 버튼에 트위터, 페이스북으로 글을 공유할 수 있는 버튼이 자동으로 생성된다. 전체공개로 하지 않을 경우 SNS 공유 버튼은 생성되지 않는다.

● 네이버 블로그 글에서 보내기 버튼을 눌렀을 때 보이는 SNS 공유 버튼

티스토리에 SNS 공유 버튼 설치하기

티스토리의 경우, 블로그를 개설하고 글을 작성한 후 공개하더라도 SNS 공유 버튼이 보이지 않는다. 관리자 페이지로 이동해 'SNS 글 보내기' 플러그인을 활성화시켜줘야 한다.

● 네이버 블로그와 달리 글을 공개해도 SNS 공유 버튼이 보이지 않는 티스토리

① 티스토리 관리자 화면에 접속한 후 ❶의 '플러그인 설정'을 선택하면 ❷에 '글 보내기'라는 메뉴가 나타난다. 글자를 클릭하면 글 보내기에 관한 플러그인이 보인다. ❸의 'SNS 글 보내기'를 클릭

하자.

② 아이콘과 문구가 같이 들어갈지, 아이콘만 들어갈지, 왼쪽으로 정렬할지, 오른쪽으로 정렬할지 선택하고 '확인' 버튼을 클릭하자. 확인 버튼 클릭 한 번만으로 플러그인이 활성화된다.

③ 이후 블로그에 다시 접속해보자. SNS 공유 버튼이 보인다.

2 블로그에서 페이스북 팬 확보하기, 페이지 플러그인

페이스북은 기업이나 유명인이 자신만의 브랜드 페이지를 만들 수 있도록 페이지 기능을 제공한다. 페이스북 계정은 크게 프로필과 페이지로 나눌 수 있다. 개인의 활동을 위한 프로필, 기업이나 유명인의 활동을 위한 페이지가 있다. 페이스북 일반 계정과 달리 페이지를 만들면 친구를 추가하는 수에 제한이 없다. 페이스북 페이지를 만들고 블로그에 '페이지 플러그인'을 설치해둬야 하는 이유와 방법에 대해 알아보자.

페이스북 페이지를 만들어야 하는 이유

블로그 운영자들만 블로그를 방문하는 것은 아니다. 블로그 방문자가 블로그보다 페이스북을 자주 사용하는 사람일 수도 있다. 블로그를 하지 않고 페이스북만 활용하는 사람들을 위해서라도 페이지를 만들어두는 게 좋다. 블로그에 새 글을 작성할 때마다 페이지에 올리면 굳이 내 블로그를 구독하지 않는 사람도 내 블로그에 새 글이 작성됐다는 사실을 알 수 있다. 페이지를 만들고 페이지 플러그인을 블로그에 달아놓는 게 좋다. 이렇게 해두면 내 블로그 방문자 중에서 페이스북만 하는 사람들도 '좋아요' 버튼을 눌러 블로그의 새 글을 받아볼 수 있게 된다. 페이지만 만들어도 페이스북 유저들에게는 하나의 구독채널을 제공할 수 있는 것이다.

블로그 팬을 확보할 수 있다는 것도 페이지를 만들어야 하는 이유다. RSS처럼 생소한 용어를 설명해가며 블로그를 구독하라는 권유 글을 올려도 방문자는 좀처럼 구독하지 않는다. 어렵고 복잡하게 느껴지기 때문이다. 페이스북의 '좋아요' 버튼을 누르는 것쯤은 누구나 할 줄 안다. 페이스북 페이지의 '좋아요'가 늘어날수록 블로그 팬도 늘어난다. 방문자들이 보기에도 '오, 100명이나 좋아요 했네! 나도 좋아요 눌러야지!' 라고 생각해 팬이 될 수 있기 때문에 더 많은 팬들을 불러오는 방법이 된다. 방문자들은 '좋아요'의 수가 많다는 것을 그만큼 인기가 있거나 중요하다고 인식하기 때문이다.

#5

? 궁금해요

RSS란?
Really Simple Syndication의 약자로, 블로그나 뉴스 사이트에 새 글이 작성될 경우 업데이트 정보를 모아 보내거나 받아볼 수 있는 서비스를 말한다.

페이스북 페이지 만들기

페이스북에 로그인한 후 페이지 만들기(www.facebook.com/pages/create)로 이동하자. 로그인하지 않은 상태에서는 페이스북 페이지를 만들 수 없다.

① 로그인한 후 페이지 만들기로 이동하면 여러 카테고리들이 보인다. 여기서 '상표 또는 제품명'을 클릭하자.

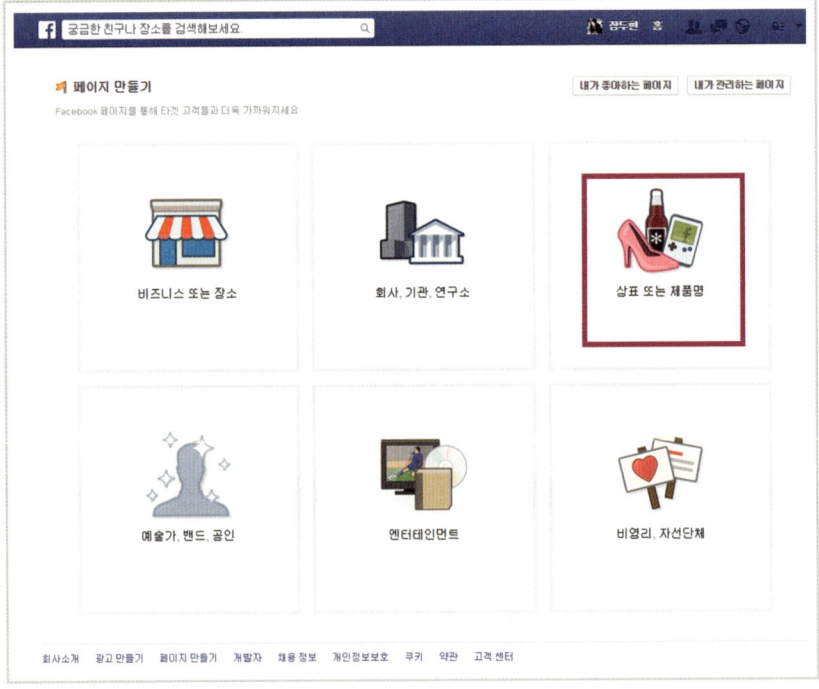

② 카테고리 선택에서 웹사이트 항목을 선택하자. 상표 또는 제품명에는 블로그 이름을 넣어주는 게 좋다. 페이스북 페이지는 다른 콘텐츠로 운영할 각오로 다른 이름으로 만드는 것도 방법이다. 하지만 블로그 하나 운영하기만도 벅찬데 페이스북 페이지까지 다른 콘텐츠로 만들어가는 건 무리다. 블로그와 같은 이름으로 만드는 것을 추천한다.

'시작하기 버튼'을 클릭하면 간단한 초기 설정 작업을 할 수 있다. 초기 설정 과정은 누구나 따라 하기 쉬운 과정이므로 과감히 생략한다.

페이스북 '페이지 플러그인', 블로그에 설치하기

페이스북 페이지를 만들었으면 블로그에 '페이지 플러그인'을 설치해야 한다. 그래야만 블로그 방문자들이 페이스북 페이지가 있는지 확인할 수 있다.

과거 페이스북이 '좋아요 상자Like Box' 플러그인을 제공할 때만 하더라도 네이버 블로그에 좋아요 상자를 삽입할 수 있는 iframe 태그를 제공했다. 그러나 좋아요 상자 기능이 사라지고 페이지 플러그인으로 이름을 바꾸면서 iframe 태그를 더 이상 제공하지 않아 네이버 블로그에는 페이지 플러그인을 삽입할 수 없게 됐다. 따라서 티스토리 블로그에 한해서 페이지 플러그인을 설치하는 방법을 소개한다.

> **? 궁금해요**
>
> **페이지 플러그인이란?**
> 페이스북 페이지 운영자만을 위해 고안된 박스 형태의 위젯이다. 페이지 플러그인을 블로그나 웹사이트에 삽입해 자신의 페이지를 홍보할 수 있다.

1) 페이지 플러그인 설치

① 페이스북에 로그인한 후에 구글에서 'facebook page plugin'을 입력하고 돋보기 모양의 검색 버튼을 누르면 제일 위에 Page Plugin이라는 글자가 보인다. 클릭하자.

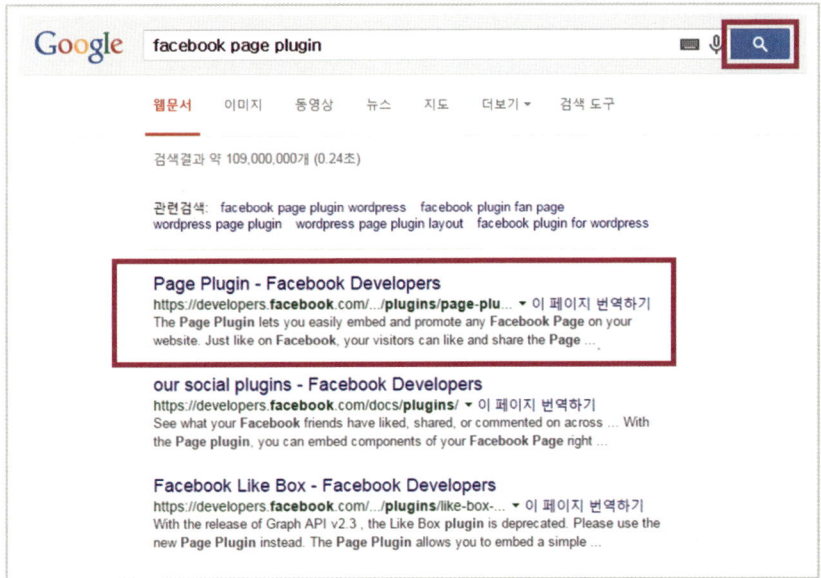

② 페이지 플러그인 화면이 나온다. ❶에는 자신의 페이스북 페이지 주소를 입력하고 ❷에는 플러그인의 너비, ❸에는 높이를 설정해준다. ❹에는 내 페이스북 페이지의 커버사진을 보여줄 것인지 말 것인지, 페이지의 게시글을 함께 보여줄 것인지 체크해준다. ❺는 페이지 '좋아요'를 한 사람들의 얼굴을 보여줄 것인지를 체크하는 곳이다. 설정을 마치면 ❻의 'Get Code' 버튼을 누르자.

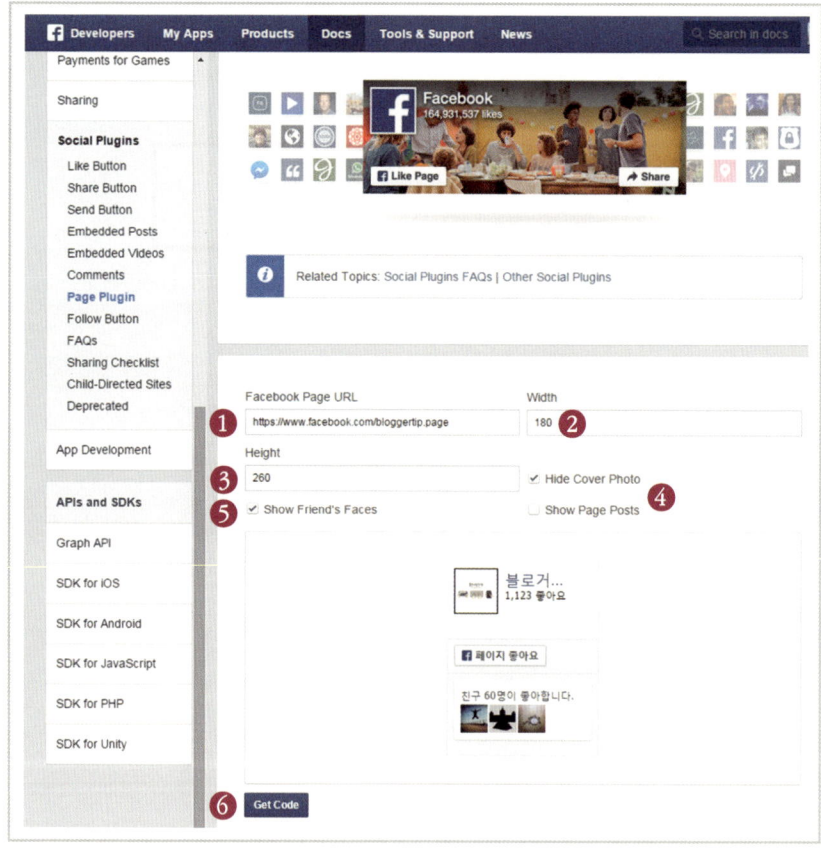

③ 설치 코드가 나타난다. 이 화면은 나중에도 봐야하므로 닫지 말고 그대로 두자. ❶의 소스 코드를 마우스로 드래그해 복사(Ctrl+C)해 둔다.

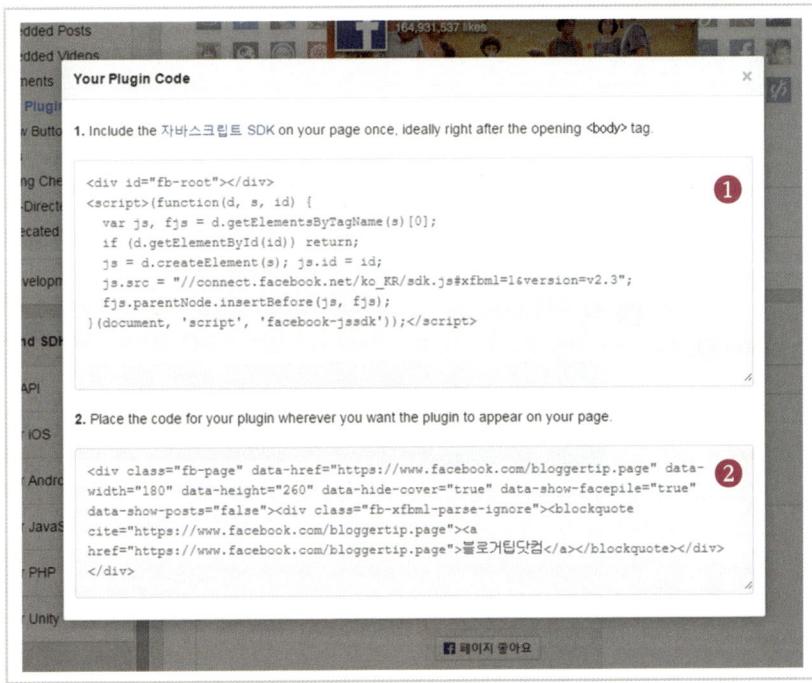

④ 새 창을 열어 티스토리 관리자 화면에 접속한다. ❶의 'HTML/CSS 편집'을 선택하고 나타난 화면에서 찾기(Ctrl+F) 기능을 이용해 'body' 태그를 찾는다. body 태그가 시작하는 부분에 전 단계에서 복사한 코드를 붙여 넣은 후 ❷ '저장' 버튼을 누르자.

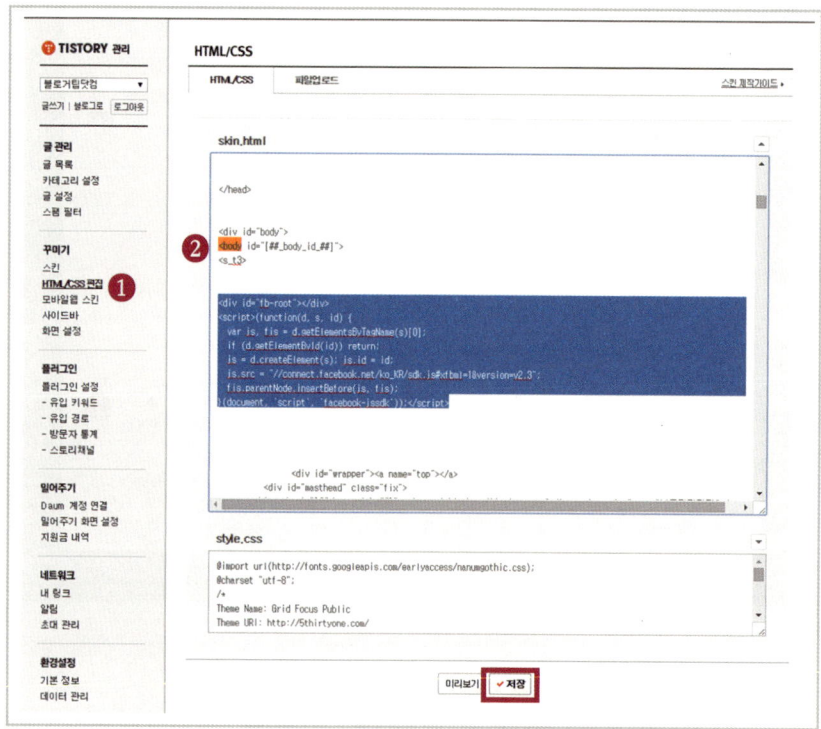

⑤ 관리자 화면에서 ❶의 '플러그인 설정'을 선택한 후 ❷의 '관리 및 통계'를 클릭하면 ❸의 '태그 입력기'가 보인다. 태그 입력기를 클릭하면 ❹의 '확인' 버튼이 나타난다. 확인 버튼을 클릭하자.

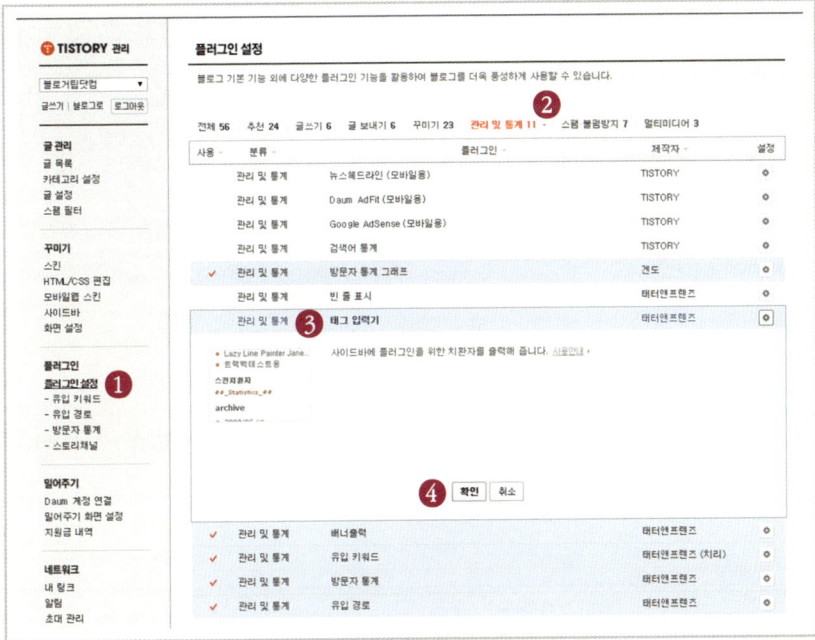

#5

⑥ "이 플러그인은 사이드바에 배치해야 사용이 가능합니다. 사이드바 설정 페이지로 이동하시겠습니까?"라는 메시지가 나타나면 '확인' 버튼을 누르자.

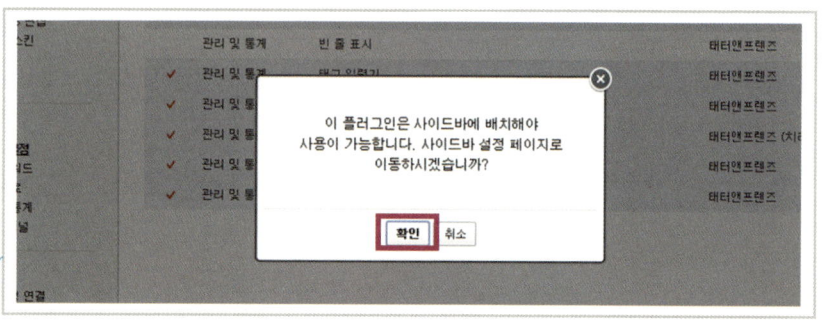

⑦ 사이드바 화면이 나오면 '태그 입력기'가 좌측에 보이고 그 옆에 '+' 버튼이 보인다. + 버튼을 클릭하자.

⑧ 태그 입력기가 오른쪽으로 이동했다. '편집' 버튼을 클릭한다.

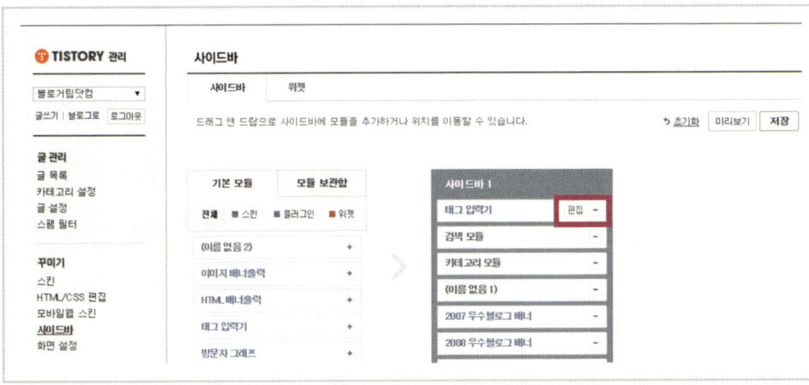

⑨ 태그 입력기 편집 화면이 나타난다. ❶에는 '페이지 플러그인'이라고 입력하고 ❷에는 과정③의 2번째 소스 코드를 복사해 붙여 넣은 후 ❸의 '확인' 버튼을 클릭한다.

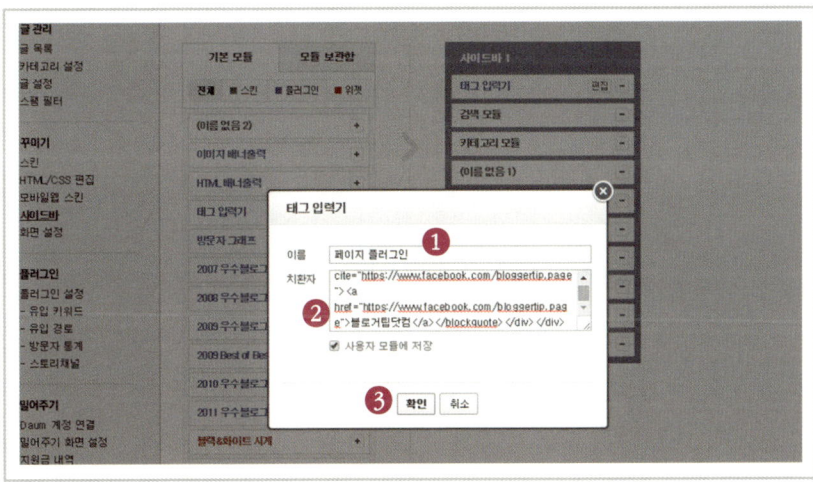

⑩ ❶의 '페이지 플러그인'을 마우스로 끌어서 원하는 위치로 배치하고 ❷의 '저장' 버튼을 클릭한다. 사이드바의 순서대로 블로그 화면에 보인다.

⑪ 블로그 메인화면을 열었을 때 페이지 플러그인이 잘 보인다면 성공이다.

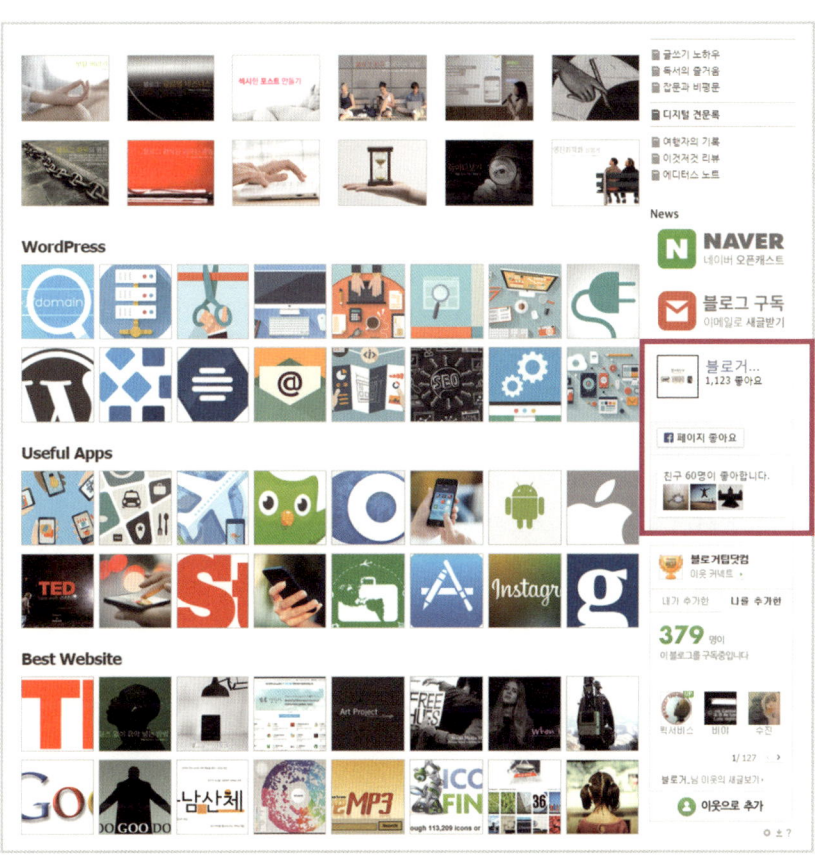

3 블로그로 방문을 유입시키는 페이스북 그룹 활용하기

    페이스북 그룹은 관심사가 같은 페이스북 이용자들이 모여 정보를 공유하는 동호회 성격을 가지고 있다. 얼마 전 블로그에 워드프레스 강좌를 연재하면서 디지털 마케팅 종사자들이 모인 그룹에 블로그 글을 소개한 적이 있다. 연재 글을 올릴 때마다 워드프레스에 관심 있던 그룹 멤버들은 '좋아요'를 눌렀고 내 블로그 방문자 역시 눈에 띄게 늘었다. 본문 전체가 아니라 제목과 요약한 글만 적혀 있었기 때문에 전문을 보기 위해서는 내 블로그를 방문해야만 했다. 결과적으로 블로그 방문유입에 효과적이었다.

    뿐만 아니라 페이스북 그룹에 글을 연재하면서 개인적으로도 좋은 일도 있었다. 기업의 디지털 마케팅을 대행하는 에이전시 대표와 면접을 본 적이 있었는데 그 대표는 페이스북 OO그룹에서 워드프레스 글을 연재하는 걸 봤다며 내게 관심을 가졌다. 며칠 뒤 나는 합격통보를 받았다. 페이스북 그룹에 올린 블로그 게시글이 취업에 가산점으로 작용한 셈이다.

이처럼 페이스북 그룹에 가입하고 그 그룹에 내 블로그의 글을 게시하는 방법을 알아보자. 먼저 페이스북에 로그인한 상태에서 시작해야 한다.

① 페이스북 검색창에서 블로그 글과 관련이 있는 키워드를 입력하자. 사진에 관한 블로그 글을 그룹에 올려 홍보하고자 한다면 검색창에 '사진'이라고 입력하면 된다. 그룹, 페이지, 장소, 앱 항목이 나오는데 그룹 항목에서 '공개그룹'을 선택하고 클릭한다. '사진읽기'라는 공개그룹을 가입해보자.

② 사진읽기 그룹에 들어왔다. 우측의 '그룹가입' 버튼을 누르면 자동으로 가입신청이 된다. 그룹가입 버튼이 대기 중으로 바뀌면 제대로 신청한 것이다. 그룹 멤버가 승인하면 가입이 완료된다.

③ 그룹에 가입이 완료되면 블로그 글을 게시해보자. 블로그 글의 주소를 복사하고 그룹 글쓰기 창에 붙여넣기 한다. 그렇게 하면 자동으로 글 속에 들어간 이미지와 글 헤드라인이 보이게 된다. 이대로 올려도 되지만 주소를 지우고 클릭을 유도할 만한 요약 글을 넣어 주는 게 좋다. 이미지와 헤드라인을 불러온 상태에서는 주소를 지우더라도 이미지와 헤드라인은 그대로 남아 있다.

④ 주소를 지우고 "웹상에서 유튜브 동영상을 간단히 다운로드하는 방법입니다. :)"라는 문구를 넣었다. 아래의 '게시' 버튼을 클릭하면 그룹에 내 블로그 글이 소개된다.

4 블로그 구독을 유도하는 네이버 이웃커넥트 위젯

티스토리 블로그에 네이버 이웃커넥트 위젯 설치하기

 이웃을 관리하는 위젯인 네이버 이웃커넥트는 같은 블로그 서비스를 이용하지 않아도 이웃을 맺을 수 있다는 장점이 있다. 네이버 블로그, 다음카카오 티스토리 등 여러 블로그를 연결해준다. 네이버 이웃커넥트 위젯을 설치하면 내 블로그의 구독을 유도할 수 있으며 블로그 이웃을 맺을 수도 있으니 이웃커넥트를 활용하여 자신의 블로그를 홍보해보자.
 네이버 블로그는 개설과 동시에 이웃커넥트가 자동으로 설치되기 때문에 따로 설치할 필요가 없다. 티스토리 블로그는 이웃커넥트 위젯을 설치하는 과정이 까다로운 편이다. 그렇더라도 네이버 이용자들과 티스토리 블로그를 이용하지 않는 방문자들이 자신의 블로그를 구독할 수 있도록 이웃커넥트 위젯은 꼭 설치해두자. 네이버 이웃커넥트를 티스토리 블로그에 설치하려면 네이버 아이디가 있어야 한다. 네이버 아이디가 없다면 네이버에 먼저 가입한 후 다음 과정을 따라하자.

① 네이버에 로그인한 뒤 자신의 네이버 블로그에 접속하자. 네이버 이웃커넥트 아래에 있는 톱니바퀴 아이콘 옆의 아래 화살표 모양 아이콘 '(⬇)' 을 클릭하자.

#5

② 네이버 블로그가 아닌 티스토리 블로그에 설치하는 것이므로 ❶의 '다른 블로그로 퍼가기'를 선택하자. ❷에 티스토리 블로그 주소를 입력하고 ❸의 '퍼가기'를 클릭한다.

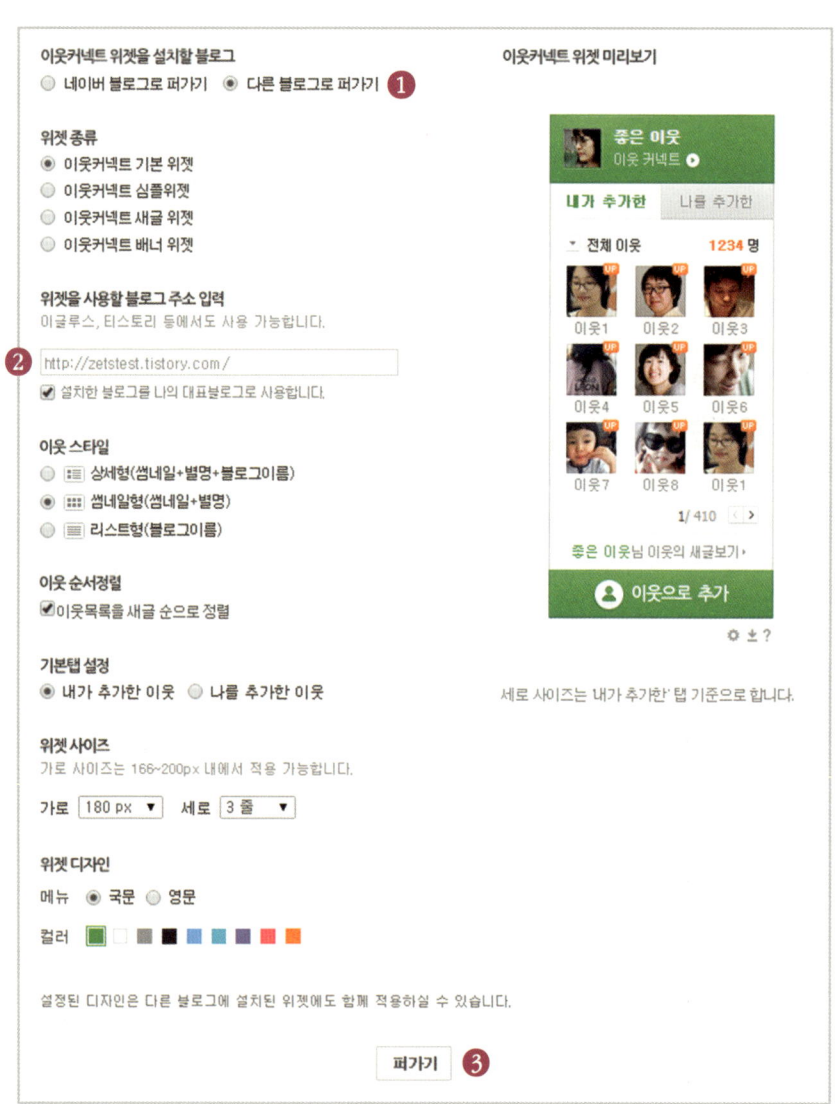

③ 이웃커넥트 위젯코드가 생성됐다. 코드를 복사한 다음 인터넷 브라우저의 새 창을 열고 티스토리 블로그에 로그인하자.

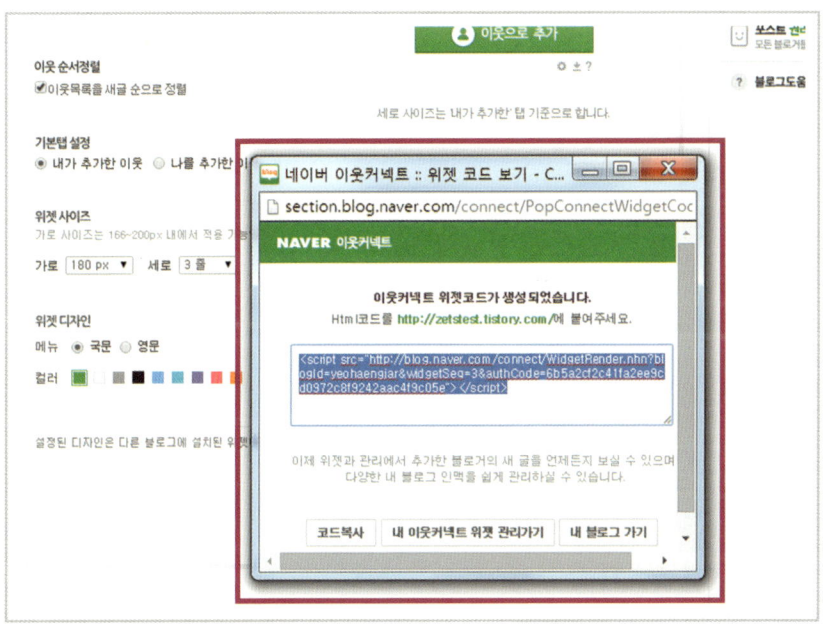

④ 복사한 코드를 p.186 〈챕터 5-2의 페이스북 '페이지 플러그인', 블로그에 설치하기〉의 ④~⑩ 과정을 참고하여 태그 입력기에 붙여 넣자.

⑤ 블로그에 방문해보면 이웃커넥트 위젯이 정상적으로 설치된 것이 보인다.

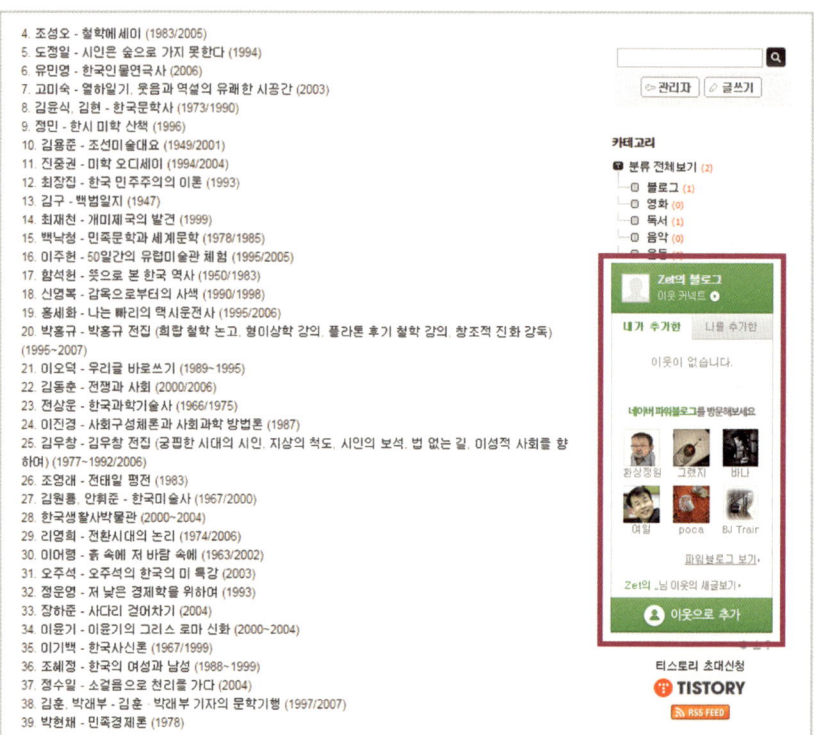

#5 SNS를 활용해 블로그 홍보하기

5 오픈캐스트로 내 글 네이버에 홍보하기

네이버 오픈캐스트란 관심 있는 인터넷 정보들을 링크로 수집해 나만의 '캐스트'를 발행할 수 있는 서비스이다. 캐스트는 구독자에게 네이버 홈을 통해 보이게 된다. 나만의 오픈캐스트를 만들고 블로그에 작성했던 글을 모아 발행하면 더 많은 블로그 방문자의 유입을 기대할 수 있다. 내 오픈캐스트 구독자가 늘어날수록 방문자도 늘어난다. 게다가 네이버 메인의 오픈캐스트 영역에 소개되는 행운도 누릴 수 있다.

! 토막팁

오픈캐스트 '블로그로 투잡하기' opencast.naver.com/BT374
블로그 체험단, 서포터즈, 기자단 모집 소식뿐 아니라 해외여행을 무료로 갈 수 있는 해외 팸투어 모집 소식, 국내 팸투어 모집 소식 등 블로그로 부업을 할 수 있는 소식을 발행하는 오픈캐스트다. 하루에서 일주일 간격으로 수시로 발행하고 있다. '블로그로 투잡하기'를 구독하면 오픈캐스트를 따로 방문할 필요 없이 새 소식이 올라올 때마다 네이버 메인화면에서 확인할 수 있다. 블로그 체험단/서포터즈 소식을 발 빠르게 받아보고 싶다면 구독하자.

네이버 오픈캐스트 개설하기

네이버 블로그 운영자가 아니더라도 누구나 오픈캐스트를 만들 수 있다. 단 네이버 아이디가 있어야 하며 14일 내로 5명의 추천을 받아야만 오픈캐스트를 개설할 수 있다. 주변의 아는 사람들에게 오픈캐스트 관련 메일이 오면 추천해달라고 미리 양해를 구해놓으면 좋다.

① 네이버에 로그인한 후 검색창에 오픈캐스트라고 입력하면 오픈캐스트 바로가기 메뉴가 나온다. 오픈캐스트에 방문하여 상단 우측 ❶의 '내 캐스트 관리'를 클릭하면 캐스트 개설을 신청할 수 있는 화면이 나온다. ❷의 '개설 신청한 캐스트'를 클릭한다.

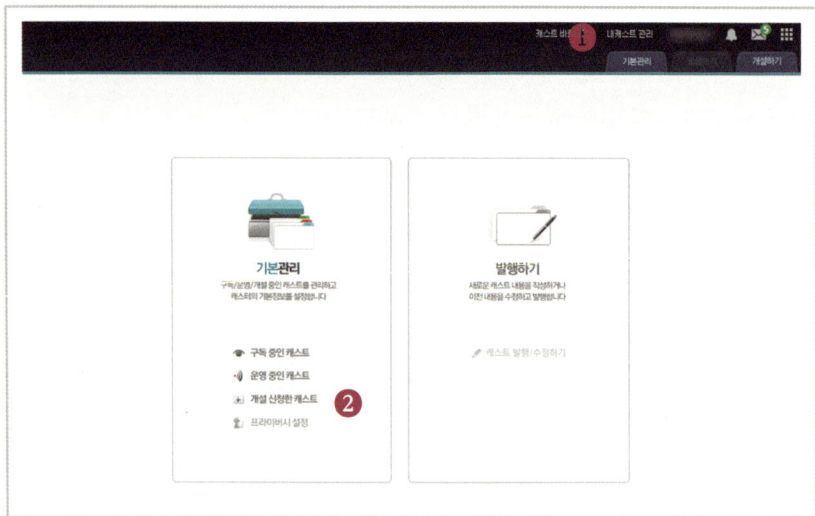

② 캐스트 개설을 하겠냐고 묻는 팝업창이 나타나면 '캐스트 개설하기'를 클릭하자.

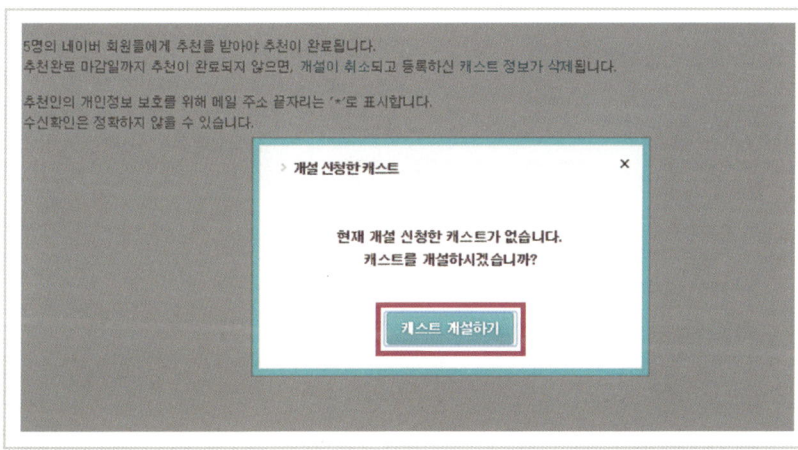

③ 캐스트 개설에 관한 내용들이 나오면 읽어보고 '캐스트 개설 시작하기' 버튼을 클릭한다.

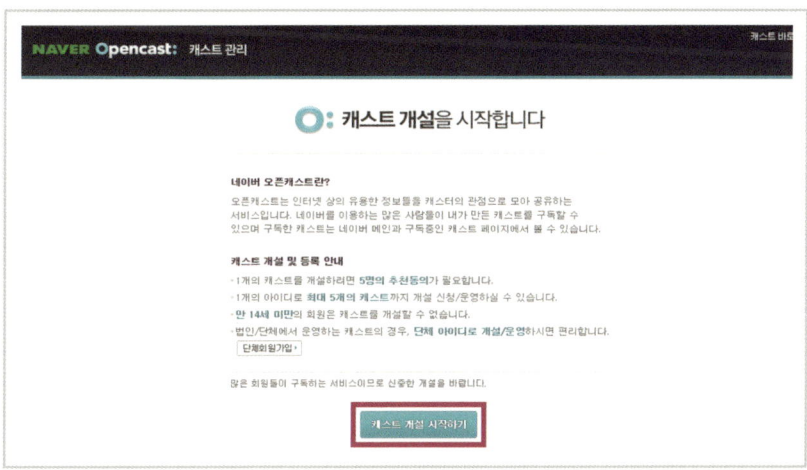

④ 이용약관에 동의하고 '정보입력 및 추천인 등록' 버튼을 클릭하자.

⑤ 이제는 내 오픈캐스트의 정보를 입력할 차례다. 오픈캐스트 제목, 카테고리, 주소, 설명, 대표 태그, 대표 이미지, 추천인 메일주소, 보낼 메시지까지 모든 항목을 입력하자. 추천인 메일주소는 네이버가 아니어도 된다. 다음메일이나 Gmail 등 다른 이메일을 사용하는 사람에게 메일을 보낼 수 있다. 하지만 추천인 모두 네이버 아이디가 있어야 한다는 점을 유의하자. 모든 정보 입력을 끝냈으면 '입력 완료 및 메일 발송' 버튼을 클릭하자.

오픈캐스트 개설하기

1 이용약관 확인   **2 정보 입력 및 추천 요청 메일 발송**   3 개설 신청 완료

캐스트 정보 입력 (* 표시가 있는 항목은 반드시 입력해야 합니다.)

제목 * `Zet의 블로그 이야기` · 등록한 캐스트 제목은 30일간 변경할 수 없습니다.
최대 한글 20자(영문 40자)까지 입력 가능합니다.

카테고리 * `IT ▼` · 등록한 캐스트 카테고리는 30일간 변경할 수 없습니다.

주소 * `http://opencast.naver.com/` `Z` `B` `607` 캐스트 채널 : ZB607
빈칸에 알파벳 2자리를 입력해 주세요(대/소문자 구별 없음)
알파벳 입력 시 숫자 3자리가 자동으로 랜덤 추출됩니다.
알파벳 2자리는 내 캐스트를 대표할 수 있는 의미로 입력하시기 바랍니다.
신규 생성된 캐스트 채널은 내 캐스트의 고유 주소 URL로 활용되며, 등록한 후에는 변경이 불가합니다.
(예)스포츠 소식 캐스트 - 캐스트채널: SP123, 캐스트주소: http://opencast.naver.com/SP123

설명 * `Zet 들려주는 블로그 운영 노하우!`
32 / 200 Byte

대표태그 * `블로그,블로거,블로깅,블로그투잡,블로그로돈벌기`
캐스트를 대표할 수 있는 주요 키워드를 써주세요 태그는 검색 시 활용됩니다.
태그와 태그는 쉼표(,)로 구분 가능하며, 최대5개까지 입력할 수 있습니다.

캐스트 대표 이미지   [Opencast 이미지]   `이미지 올리기`
(이미지 사이즈: 90x70 pixel)
캐스트를 대표할 수 있는 이미지를 등록해 주세요.

추천 요청 메일쓰기

캐스트를 개설하기 위해서는 최소 5명의 네이버 회원에게 추천을 받아야 합니다.
추천인 이메일을 입력하여 추천요청메일을 보내시고, 5명 이상의 추천인으로부터 추천을 받으면 개설이 완료됩니다.
(추천인의 메일주소는 네이버 메일이 아니어도 가능)

추천인 메일주소 * 최대 10명에게 발송 가능합니다.(5명 필수 추천)
추천인의 개인정보 보호를 위해 개설신청 후 메일 주소 끝자리에 '*'로 표시된 발송 내역을 제공합니다.

1 `이메일주소`
2 `이메일주소`
3 `이메일주소`
4 `이메일주소`
5 `이메일주소`

`+ 추천인 추가`

보낼 메시지 * 메일 발송 시 함께 보낼 메시지를 작성해 주세요.

미리보기

`이전으로`   **`입력 완료 및 메일 발송`**   `개설취소`

#5

⑥ 개설 신청이 완료됐다는 메시지가 나오며 추천인에게 메일이 자동으로 전송된다. 추천인들에게 전화해 추천을 해달라고 부탁하는 것도 잊지 말자.

오픈캐스트 개설하기		
1 이용약관 확인	2 정보 입력 및 추천 요청 메일 발송	3 개설 신청 완료

추천 메일 발송 완료!

캐스트 개설 신청을 완료하였습니다. **5명의 추천이 완료**되면 캐스트가 개설됩니다.

[오픈캐스트홈 가기] [개설 신청한 캐스트 확인]

ZB607　Zet의 블로그 이야기 ⓘ

추천인 메일 주소
1　　bloggert**@*****
2　　toushi**@*****
3　　problogg**@*****
4　　jachu**@*****
5　　1000**@*****

• 추천인의 개인정보 보호를 위해 메일 주소 끝자리에 '*'로 표시합니다.
• 지금부터 14일 이내(2015.03.16 24:00)에 5명의 추천이 완료되지 않으면 개설 신청이 취소되고, 등록된 캐스트 정보가 삭제됩니다.
• 추천 진행 상황 확인 및 추천인 변경, 메일 재발송은 기본 관리>개설 신청한 캐스트 에 들어가셔서 하실 수 있습니다.

오픈캐스트 발행하는 방법

오픈캐스트를 개설했다면 이제부터는 나만의 오픈캐스트를 편집하고 발행할 수 있다. 내 블로그의 글만 모아서 발행하는 오픈캐스트도 있지만 다른 블로그 운영자가 작성한 글을 모아 소개하는 오픈캐스트도 있다. 완성도 높은 오픈캐스트는 네이버 메인화면에 소개되기도 한다. 오픈캐스트를 발행하는 방법에 대해 알아보자.

① 네이버에 로그인하고 오픈캐스트(opencast.naver.com)에 접속하자. 화면 상단의 '내 캐스트 관리'를 클릭하자.

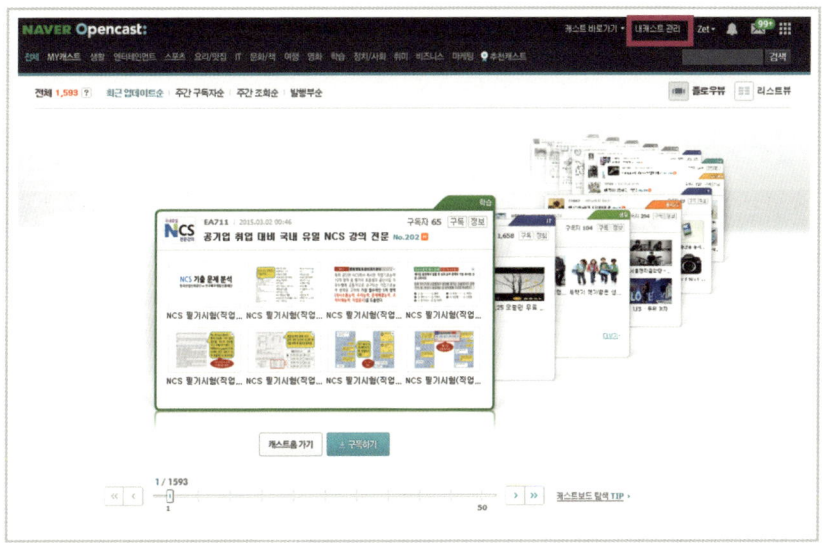

② 오른쪽 상자에서 '캐스트 발행/수정하기'를 클릭하자.

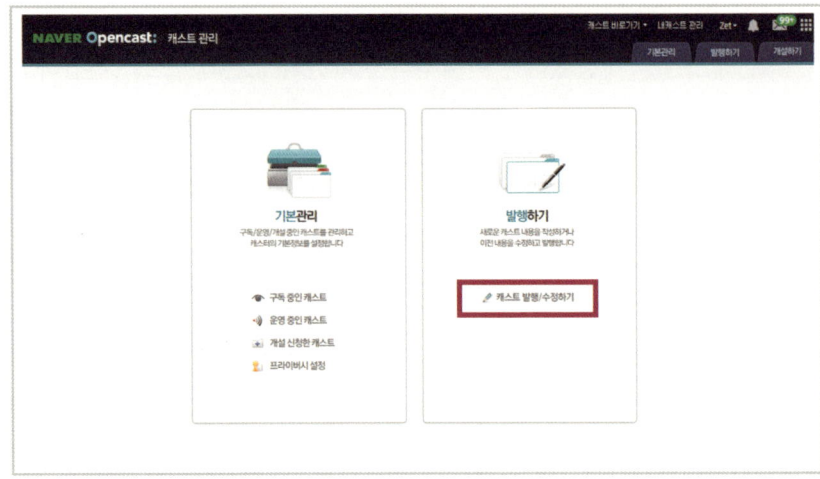

③ 좌측 상단에 보이는 '링크등록' 버튼을 클릭한 후 이 창은 그대로 두고 소개할 내용이 있는 새로운 창을 열자.

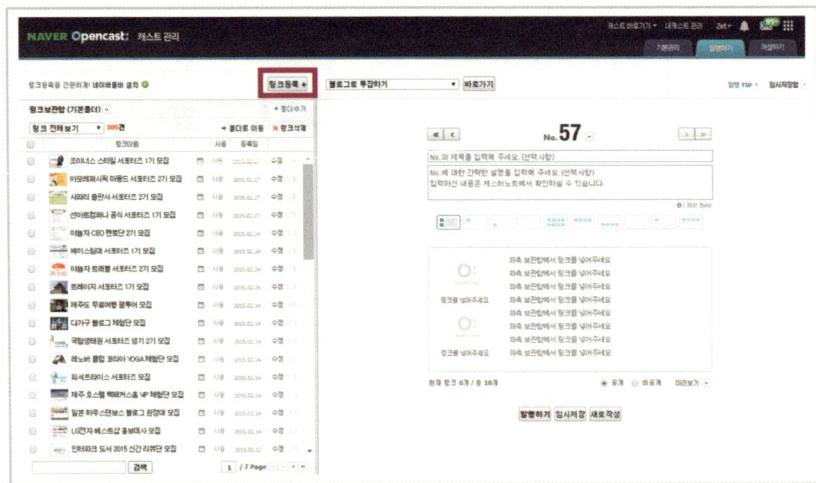

④ 자신의 오픈캐스트에 소개하고 싶은 내용이 있는 페이지를 열어 그곳의 링크주소를 복사하여 입력하면 된다. 예를 들어 '밴드'의 체험단 모집 소식을 발행한다고 했을 때 해당 페이지로 접속한 후 링크 주소를 복사한다. 이런 식으로 오픈캐스트에 발행할 주소를 복사하자.

⑤ 링크 주소를 복사했으면 다시 오픈캐스트 창으로 돌아가자. ❶에는 이전 단계에서 복사한 주소를 붙여 넣자. ❷에는 링크 이름을 써준다. ❸의 '원문에서 가져오기' 버튼을 클릭해 이미지를 불러오자. 다 됐으면 ❹ '계속등록' 버튼을 선택해 다른 링크도 등록하자. 최소 4개 이상의 링크가 모여야 발행할 수 있다.

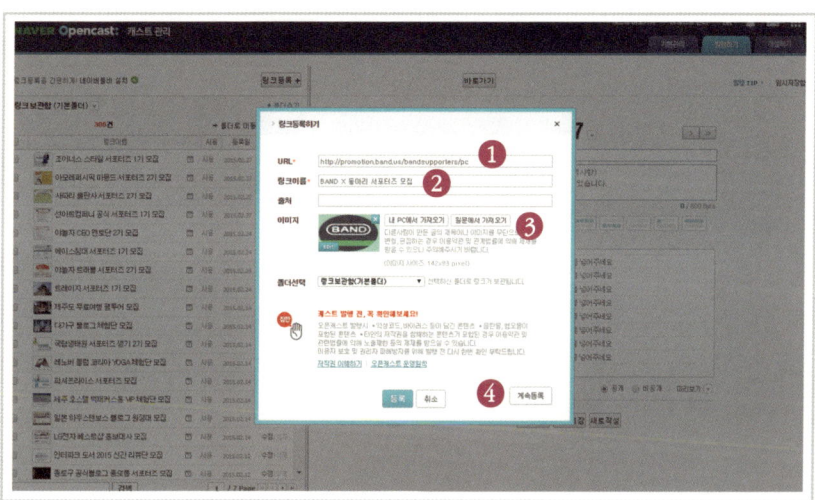

⑥ ❶에는 오픈캐스트 제목을 입력하자. ❷에서는 오픈캐스트 형식을 지정할 수 있다. 어떻게 보이게 할지 선택하면 된다. 최소 4개부터 최대 10개까지 링크를 등록할 수 있다. 나는 마지막에 있는 형식을 선택했는데 4개의 링크만 등록하면 되는 구성이다. ❸에는 등록한 4개의 링크를 체크해준다. 좌측 하단의 '링크채우기'를 클릭하면 ❹에 링크들이 삽입된다. ❺에 오픈캐스트에 대한 설명을 입력하고 ❻의 '발행하기' 버튼을 클릭하자.

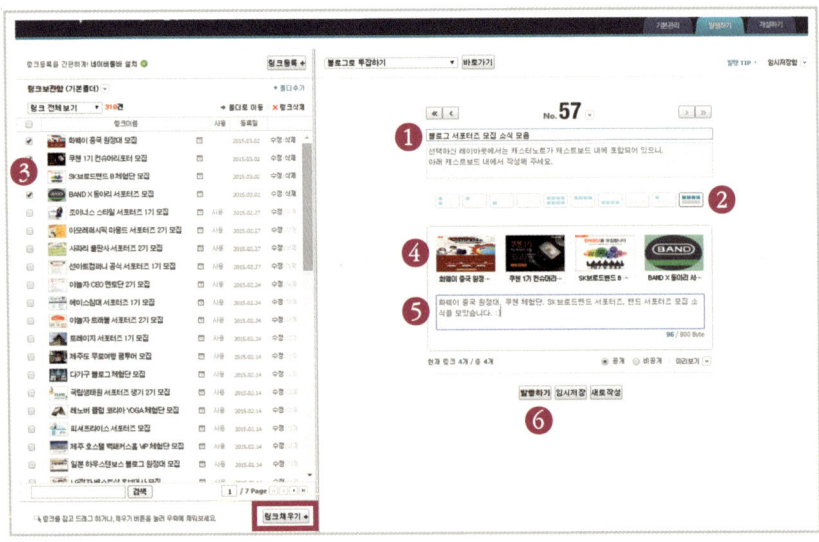

⑦ '발행하기' 버튼을 클릭하면 즉시발행과 예약발행 메뉴가 나타난다. '즉시발행'을 선택하고 '확인' 버튼을 클릭하자. 예약발행은 자신이 원하는 시간에 발행되도록 하는 기능이다.

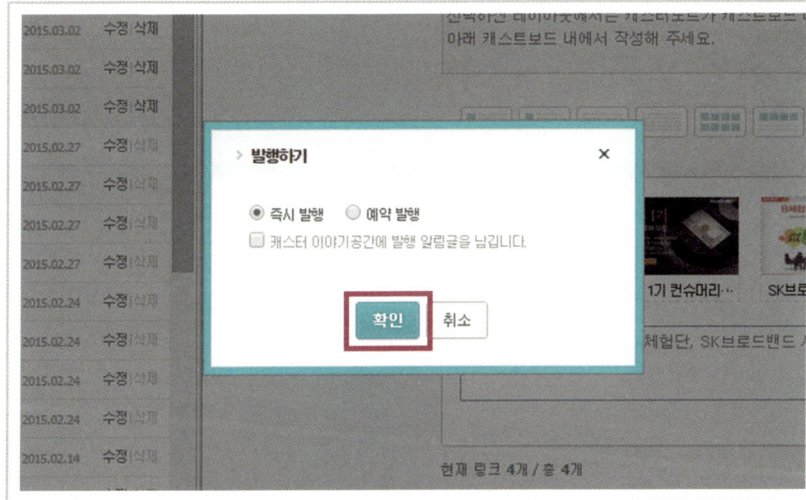

⑧ 내 오픈캐스트가 발행된 모습을 확인할 수 있다.

6 인스타그램 위젯으로 일상 모습 보여주기

　인스타그램은 페이스북이나 카카오스토리처럼 다른 사람들과 사진 및 동영상을 공유할 수 있는 소셜네트워크서비스다. 스마트폰에서 앱을 내려 받아 실행한 후 사진을 찍고 자신의 계정에 올려 다른 이용자들과 공유하는 식이다. 2014년 12월에는 월간 이용자 수만 3억 명을 돌파하며 트위터를 제쳤다. 대세 SNS인 셈이다.

　이렇게 많은 사람들이 이용하고 있기 때문에 블로그 운영자는 인스타그램을 비주얼 포트폴리오로 활용하면 좋다. 인스타그램에 올린 사진으로 구성된 갤러리 위젯(사진첩 형식의 박스)을 블로그 한쪽에 올려두면 내가 인스타그램에 올린 사진이 실시간으로 반영된다. 블로그에는 정성스럽게 글을 쓰는 게 좋지만 인스타그램은 그럴 필요가 없다. 달랑 사진 한 장만 올려도 된다.

　나는 어느 대학에서 블로그 강의를 하는 사진, 블로그 자문회의에서 유명인을 만나 함께 찍은 사진, 기업의 블로그 체험단 발대식 현장 사진, 블로거 초청 기업 포럼에서 찍은 사진 등 블로그 활동 관련 사진만 올려두었다. 이렇게 하면 블로그 방문자들이 내가 어떤 활동을 하는지 한눈에 확인할 수 있다.

블로그에 인스타그램 위젯 설치하기

웹스타미는 블로그나 웹사이트에 인스타그램 위젯을 설치할 수 있도록 해주는 서비스다. 안타깝게도 네이버 블로그에는 네이버 정책상의 이유로 인스타그램 위젯을 설치할 수 없다. 또한 인스타그램 계정이 있어야만 위젯도 설치할 수 있다. 티스토리 블로그 기준으로 인스타그램 위젯을 설치하는 방법에 대해 알아보자.

① 웹스타미(websta.me)에 접속하자. 'Login to start using Websta웹스타 이용을 시작하려면 로그인하세요' 라고 적힌 녹색 버튼을 클릭하자.

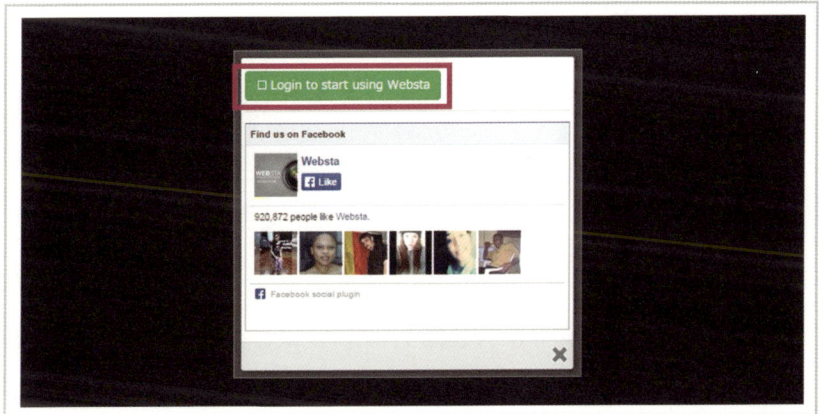

② 인스타그램 로그인 페이지가 나오면 ID와 비밀번호를 입력하고 로그인하자.

③ 웹스타 화면이 나타나면 상단 메뉴에서 'TOOLS'를 클릭하자. 그러면 위젯에 관한 상세정보를 입력하는 페이지가 나온다. @username 란에는 자신의 인스타그램 ID를 입력하고 Thumbnail Size는 블로그의 사이드바 너비에 맞춰 조절하면 된다. 블로그 사이드바 너비는 블로그마다 조금씩 다르다. Layout은 가로×세로로 이해하면 쉽다. 2×3은 가로로 2개, 세로로 3개의 사진이 보이는 걸 의미한다. Border of each photo는 각 사진의 테두리 두께를 설정하는 곳이다. 테두리를 없게 하려면 None을 선택하자. Background color의 빈칸을 클릭하면 배경 색상을 선택할 수 있는 색상팔레트가 나온다. Space of each photo는 사진 사이의 공간 값을 설정해주는 곳이다.

모든 항목의 입력을 마쳤으면 파란색 'Preview' 버튼을 클릭해보자. 미리보기 화면이 나타난다. 미리보기 화면이 정상적으로 보이면 'Generate Code코드 생성하기'라고 적힌 녹색 버튼을 클릭하자.

④ 설치코드가 생성됐다. 코드를 복사해두자.

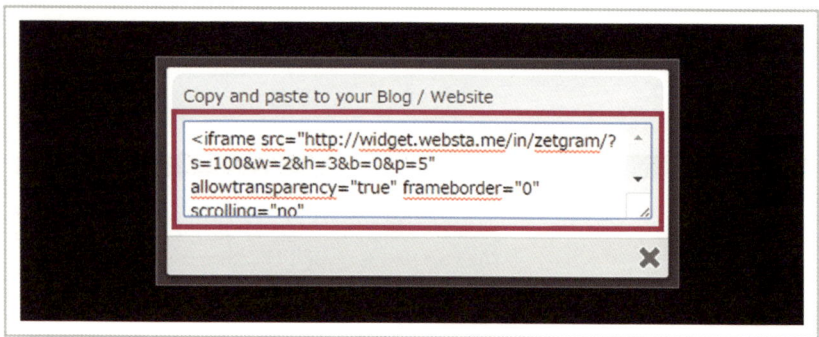

⑤ 복사한 설치코드를 p.186 〈챕터5-2의 페이스북 '페이지 플러그인', 블로그에 설치하기〉의 ④~⑩과정을 참고하여 태그 입력기에 붙여 넣고 저장하자. 블로그 첫 화면으로 돌아가 보면 사이드바에 있는 인스타그램 위젯(네모난 이미지 여섯 개)을 확인할 수 있다.

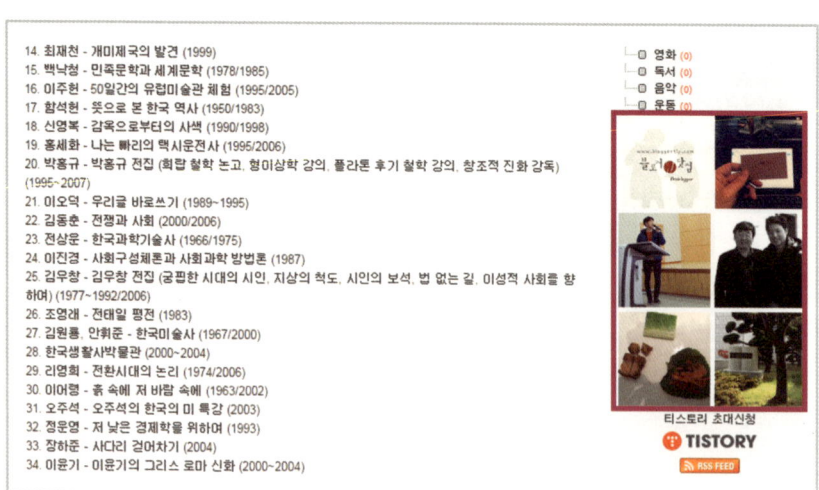

7 나를 홍보하는 블로그 소개 페이지

#5

블로그를 방문하는 사람들이 늘 학생과 전업주부들만 있는 건 아니다. 다양한 직업을 가진 사람들이 방문한다. 이들 중에는 기자도 있고 방송PD, 출판기획자도 있다. 온라인 홍보대행사 직원도 있다. 블로그를 보고 내용이 좋아 취재 요청을 하고 싶을 수도 있고 방송에 소개하고 싶어 미팅 요청을 해올 수도 있다. 책을 쓰자고 제안을 할 수도 있고 블로그에 제품 리뷰 요청을 해올 수도 있다. 이럴 때를 대비해 블로그에 자신의 소개 글을 작성하자. 소개 글에는 자신의 연락처 및 메일주소를 남겨놓는 것이 좋다. 그런데 자신의 개인정보 유출이 우려된다면 G메일 계정을 만들어 남겨놓을 것을 권한다.

예를 들어 네이버 메일주소를 블로그에 올려놨다고 하자. 방문자 중에는 스토커나 변태가 있을 수도 있다. 그는 구글과 네이버에서 메일주소로 검색해 그동안 내가 카페에 올려놓은 글을 읽어보거나 인터넷 이용 기록을 염탐할 수 있다. G메일 계정은 이런 문제로부터 안전하기 때문에 G메일 계정을 만들어 사용하는 것을 추천한다.

참고 p.156 블로거에게 꼭 필요한 구글 메일 서비스-Gmail(mail.google.com)

블로그 소개 페이지에 포함되면 좋은 내용들

- **블로거 소개 글** : 블로그는 어떤 내용을 주제로 하고 언제부터 운영해왔는지 등 블로그에 대한 간단한 소개 글을 적어두자. 블로그 독자에게 어떤 도움이 되고 싶은지 일종의 미션을 적어두는 것도 좋다.
- **블로거 사진** : 블로그 운영자의 사진을 올려두면 컴퓨터가 아닌 사람이 운영한다는 인상을 줄 수 있다. 사진을 올리는 게 개인정보 유출 문제로 꺼려지거나 쑥스럽다면 캐리커처와 같은 이미지를 올려두는 방법도 있다.
- **블로거 연락처** : 이메일주소는 반드시 입력해두자. '어차피 내 개인정보는 이미 전 세계에 노출됐을 거야' 라고 생각하는 개방적인 사고를 가진 블로거라면 전화번호를 함께 올려놓는 것도 나쁘지 않다.
- **블로그 활동이력** : 지금까지 블로그로 어떤 활동을 해왔는지 자세히 기록해두자.
- **블로그 어워드 수상이력** : 파워블로그로 선정된 이력 등을 년도별로 기록해두자.

블로그에 대한 간략한 소개, 이메일주소, 활동경력 순으로 정리해보자. 활동경력이 어느 정도 쌓이면 활동유형별로 나눠 최대한 자세하게 기록해두는 것이 좋다. 소개 페이지가 곧 자신의 포트폴리오가 되기 때문이다.

참고하면 좋은 블로그 소개 페이지

① **무한의 노멀로그**(normalog.com)

맛깔 나는 글 솜씨로 정평이 나 있는 '무한의 노멀로그'는 티스토리 블로그에서 운영되고 있다. 운영자 무한은 공지 메뉴를 3가지로 나눴다. 블로그 사용설명서 및 운영원칙을 담은

'노멀로그설명서', 연애사연을 보내는 방법을 담은 '사연투고방법', 운영자 무한의 프로필과 연락처를 담은 '프로필과 연락처'로 나눠 방문자가 메뉴를 클릭하면 자세한 설명을 볼 수 있도록 해뒀다. 특히 블로그 글에 관한 저작권, 댓글/답글 정책, 광고와 광고수익에 관한 정보 등 블로그 운영원칙을 상세히 적어놓은 '노멀로그설명서'는 블로그 운영자라면 누구나 참고할 만하다.

② 디지털 노마드 사진가 유호종(blog.naver.com/zazabto)

사진기자 출신의 사진가 자잡토가 운영 중인 블로그로 네이버 블로그다. 네이버 블로그의 기본 메뉴인 '프로필' 란을 잘 활용하고 있는 사례다. 혈액형, 좋아하는 것, 싫어하는 것, 위시리스트, SNS 계정 등 지극히 개인적이며 소소한 내용들부터 자신의 저서, 강의 경력, 전시 경력, 사진 관련 프로젝트 경력, 블로그 경력까지 자세히 정리해뒀다. 그저 자잡토 블로그가 좋아서 방문하는 이들뿐 아니라 함께 일하게 될 미래의 파트너들에게도 좋은 참고자료가 될 수 있도록 관련 경력을 소상히 기록해놓은 점은 주목할 만하다.

③ Nonie의 로망여행가방(nonie.tistory.com)

여행기자 출신의 프리랜서 여행작가 노니Nonie가 운영하는 '로망여행가방'은 티스토리 서비스를 기반으로 하고 있다. 자신을 소개하는 프로필 페이지를 2개로 나눴다. 'About Me(English)'를 클릭하면 영어로 된 소개 글을 볼 수 있다. 해외여행에 관한 정보를 자주 올리는 Nonie는 영어 소개 페이지를 만들어둬 잠재 파트너에게 좋은 참고자료가 될 수 있도록 했다. 'Nonie의 세계여행 히스토리'를 누르면 노니의 여행에 관한 과거를 국문으로도 만나볼 수 있다. 전 세계와 소통하길 원하는 블로거에게 노니의 블로그 프로필 페이지는 좋은 참고자료가 된다.

8 관심사 기반으로 소통하는 SNS, 빙글 활용하기

국내 최대의 메타블로그이자(개별 블로그를 하나로 묶는 일종의 블로그 포털사이트. 블로거들이 자신의 블로그를 메타블로그에 등록하면 블로그에 새 글을 작성할 때마다 메타블로그에 새글 목록이 추가된다) 블로그 홍보의 성지로 여겨졌던 다음뷰가 서비스를 종료했다. 블로거들이 작성한 글이 실시간으로 모여들고 추천을 많이 받은 블로거는 대량의 조회수와 방문자수를 기대할 수 있었다. 다음뷰가 종료하면서 사실상 메타블로그 시대는 종말을 고했다. 포털 메인에 소개되는 방법 외에는 하루 수만 명이 넘는 방문자를 기대하기 어려워졌다. 내 블로그에 쓴 글이 포털 메인에 소개될 그때를 하염없이 기다린다고 생각해보자. 마치 감이 열리지도 않은 감나무 밑에 누워 입을 벌리고 감이 내 입으로 떨어질 때를 기다리는 것과 같이 허망한 일이다. 잘 익은 감을 먹어보고 싶다면 감이 주렁주렁 열린 감나무를 찾아 사다리를 받치고 올라가 감을 따야 한다.

앉아서 기다리지 말고 먼저 다가가서 뿌려라

메타블로그가 있을 때만 하더라도 블로그에 쓴 글을 발행하면 메타블로그로 자동으로 글이 전송돼 여러 사람들에게 글을 노출할 수 있었다. 이제는 전략을 바꿔야 한다. 지금까지 수동적으로 홍보활동을 해왔다면 지금부터는 적극적으로 글을 알려보자. 대표적인 방법은 '빙글'에 블로그의 글을 홍보하는 것이다. 빙글은 한국인 부부가 미국 실리콘밸리에서 만든 관심사 기반 SNS다. PC와 스마트폰에서 자유롭게 이용할 수 있다.

퇴근길에 버스 안에서 블로그에 올렸던 '블로거팁닷컴이 선정한 유용한 스마트폰 앱 50'을 빙글에 올려봤다. 내 글을 다른 사람이 보고 스크랩해 갈 때마다 알람이 울리도록 해두었다. 거의 분단위로 계속해서 알람이 울렸다. 스마트폰 알람 진동 덕분에(?) 버스에 탈 때 100퍼센트로 충전된 스마트폰이 내릴 때는 50퍼센트 아래로 떨어져 있었다. 빙글에서는 내 글이 얼마나 조회되고 스크랩됐는지 세부 통계를 볼 수 있다. 버스 안에서 빙글에 올렸던 글은 6일 만에 3만 회나 조회됐고 130회 스크랩되었으며 57개의 좋아요를 기록했다. 구글 애널리틱스로 블로그 방문 통계를 확인했더니 순방문자수가 1.5배~2배 이상 늘었다.

지금까지의 누적 통계를 보고는 입이 떡 벌어졌다. 조회수 11만1000, 스크랩수 212, 좋아요 수 91회를 기록하고 있다. 글 1개의 통계만 들여다본 숫자다.

#5

? 궁금해요

관심사 기반 서비스란?
비슷한 관심사를 가진 사람들이 모여 정보를 공유하고 추천하는 서비스를 말한다. 보통 음악, 여행, 맛집, 뷰티 등 다양한 주제를 다룬다.

관심사 기반 SNS 빙글에 내 글 홍보하기

우선 빙글(www.vingle.net)에 가입해야 한다. 이메일주소로 가입하는 방식 외에도 페이스북, 트위터, 구글 계정으로 간단히 가입할 수 있다.

① 빙글에 로그인한 후 오른쪽 상단 연필 모양의 아이콘을 클릭한다.

② '+' 모양을 클릭하면 여러 개의 아이콘이 펼쳐지는데, 이때 사슬 모양 아이콘을 클릭하자.

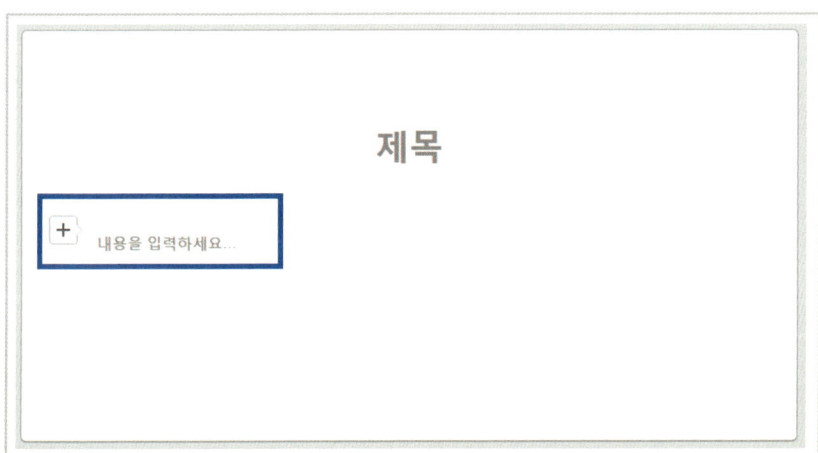

③ ❶의 빈칸에 빙글에 홍보하고 싶은 내 블로그의 글 주소를 입력하고 ❷의 '찾기' 버튼을 클릭한다. 블로그 글에 있는 이미지를 자동으로 찾아준다.

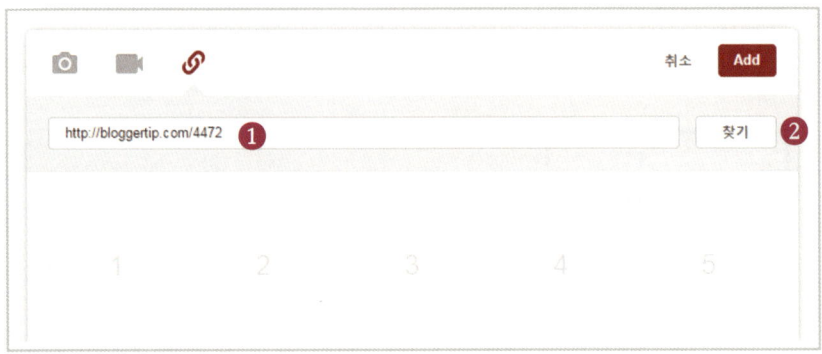

④ ❶의 대표 이미지를 선택하면 ❷에 이미지가 삽입된다. ❸의 'Add' 버튼을 클릭하자.

⑤ ❶에 글의 제목을 입력하고 ❷에서 컬렉션과 언어를 선택하자. 컬렉션은 내 글을 담아놓는 일종의 폴더로 이해하면 쉽다. 나만의 컬렉션을 여러 개로 만들어두고 나중에 컬렉션별로 글을 저장해두면 좋다. 한국어로 쓴 글이므로 언어는 한국어로 선택했다. ❸의 '게시' 버튼을 클릭하자.

⑥ "카드가 게시되었습니다"라는 메시지가 나온다. 발행할 커뮤니티를 선택해야 하는데 커뮤니티는 일종의 카테고리라고 보면 된다. 내 글이 어느 카테고리에 맞는지 선택하면 된다. 커뮤니티 선택을 마치면 '발행' 버튼을 클릭하자.

⑦ 빙글 홈 화면에 가보자. 올린 블로그 글이 잘 보이면 성공이다!

#5

9 프로의 향기가 나는 포털사이트 검색등록 서비스

블로그에 어느 정도의 글이 쌓이면 포털 검색엔진에 검색등록을 하자. 사이트 영역에 내 블로그가 나타나기 때문에 누군가 내 블로그 이름을 검색했을 때 좀 더 프로페셔널한 느낌을 줄 수 있다. 검색등록은 무료로 신청할 수 있으며 신청 후 7일 이내에 결과를 안내받을 수 있다. 모든 포털 검색엔진에 검색등록을 할 필요는 없다. 많은 사람들이 찾는 대표적인 포털에만 등록하면 된다.

블로그 검색등록 사이트

네이버 검색등록 submit.naver.com
다음 검색등록 register.search.daum.net/index.daum
구글 검색등록 www.google.co.kr/intl/ko/add_url.html

네이버 검색등록 서비스에 블로그 등록하기

네이버 검색등록 신청만 해보면 다른 포털의 검색등록도 쉽게 따라할 수 있다.

① 네이버 검색등록 사이트로 이동해 '신규 등록' 버튼을 클릭한다.

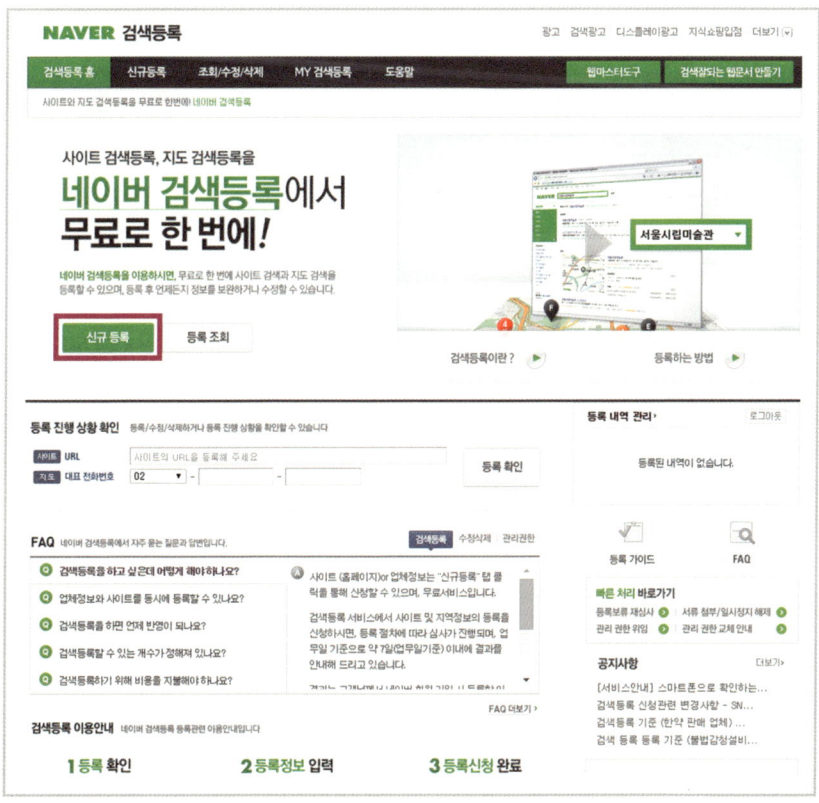

② 세 번째 메뉴인 '홈페이지' '등록 신청'을 클릭하자.

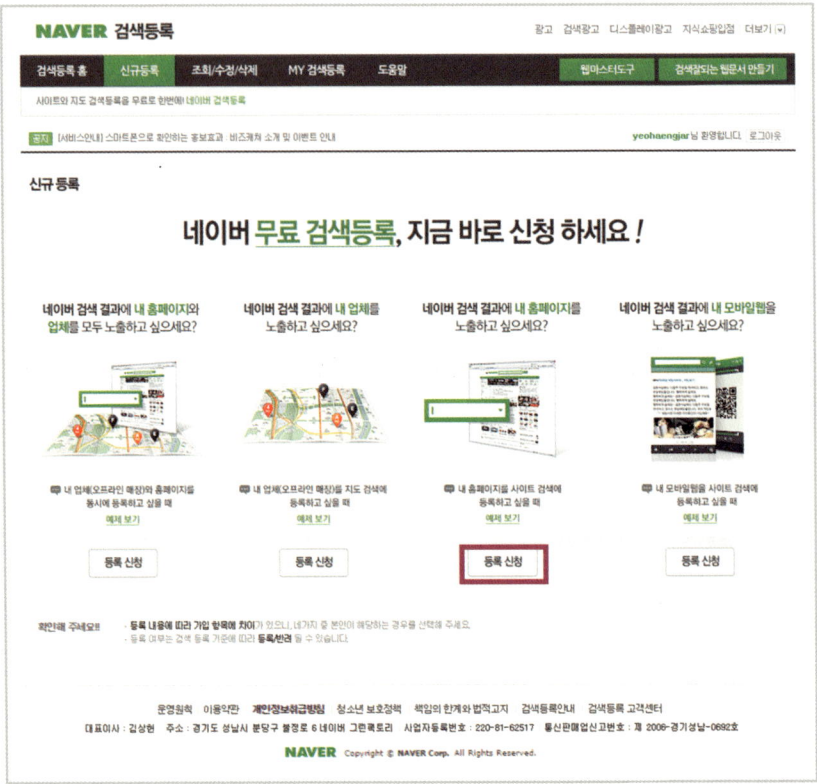

#5 SNS를 활용해 블로그 홍보하기

③ ❶의 URL 옆 빈칸에 블로그 주소를 입력하고 ❷의 '중복확인' 버튼을 클릭하자. 블로그 주소를 입력하면 웹문서 검색 대상으로 사이트 영역에 노출이 되지 않는다는 메시지가 나온다. 과거에는 블로그도 사이트 영역에 노출되었으나 네이버의 정책 변경으로 사이트 영역에는 나오지 않고 웹문서 영역에만 노출된다. '웹문서 검색 신청'을 클릭한다.

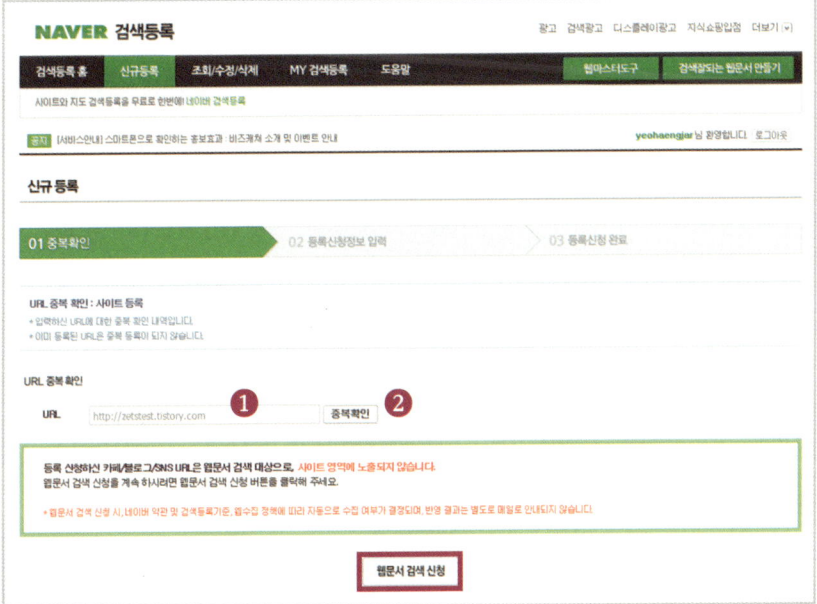

④ 이후 블로그의 상세 정보를 입력하면 웹문서 검색 등록 신청이 완료된다.

10 충성도 높은 블로그 독자를 확보하는 이메일 구독 폼

블로그 구독에 대한 개념이 점차 사라지고 있다. 블로그 말고도 읽을거리가 넘쳐나기 때문이다. 페이스북, 트위터, 인스타그램, 카카오스토리만 확인해도 한두 시간은 훌쩍 지나간다. 스마트폰 앱으로 즐길 수 있는 무료 콘텐츠도 방대하다.

구글 리더 서비스가 사라진 것도 한몫했다. 구글 리더를 이용하면 특정 웹사이트나 블로그의 글을 한곳에서 받아볼 수 있었다. 유용하게 이용 중이던 구글 리더가 갑자기 서비스를 종료한다는 소식에 멘붕이 왔다. 구글 리더로 내 블로그를 받아보던 4천여 명의 구독자도 함께 증발했다.

RSS라는 어려운 용어도 구독을 멀리하게 되는 주요원인이라고 볼 수 있다. 신문 구독은 들어봤지만 블로그 구독은 생소한 이들을 배려하는 차원에서 이메일 구독 기능을 추가해두는 게 좋다. 이메일 구독 기능을 추가하면 방문자가 이메일주소를 입력하는 것만으로 자신의 받은 편지함에서 구독한 블로그의 새 글을 받아볼 수 있다.

블로그에 이메일 구독 기능을 제공해야 하는 이유

이메일 구독 기능을 제공하는 진짜 이유는 자신의 블로그 구독자 확보에 도움이 되기 때문이다. 구글의 피드버너 이메일 구독 기능을 제공해 얻을 수 있는 이익은 3가지로 정리된다.

1. 충성도 높은 블로그 독자를 확보할 수 있다
2. 독자들의 이메일주소를 확인할 수 있다
3. 누적 이메일 구독자수를 볼 수 있다

블로거팁닷컴은 현재 1천여 명이 넘는 이메일 구독자가 새 글을 받아보고 있다. 내가 블로그에 새 글을 올릴 때마다 1천여 명이 읽어준다고 생각해보자. 하나의 온라인 매체를 소유한 듯한 뿌듯함을 느낄 수 있다.

이메일 구독 기능을 제공하는 방법

구글 피드버너를 이용하면 이메일 구독 기능을 제공할 수 있다. 이를 위해서는 구글 계정이 있어야 한다. 피드버너로 이메일 구독 기능을 제공하는 방법은 크게 2가지다. 하나는 피드버너에서 제공하는 이메일 구독 폼(형식)을 블로그에 올려놓는 방법이다. 또 다른 하나는 이메일 구독을 권유하는 배너를 만들어 블로그 한쪽에 올려놓는 것이다. 피드버너에서 제공하는 이메일 구독 폼을 티스토리 블로그에 올려놓는 방법에 대해 자세히 알아보자.

> **! 토막팁**
>
> 네이버 블로그에는 이메일 구독 폼을 추가할 수 없다. 그러나 블로그 방문자가 블로그 구독을 추가할 수 있는 이웃커넥트가 있으니 상심하지 말자.

① 구글에 로그인하고 피드버너(feedburner.google.com)에 접속하자. 피드를 구우라는 메시지와 빈칸이 나온다. 피드에 대해서 알려고 하지 말자. 머리만 아프다. 빈칸에 블로그 주소를 입력하고 'Next' 버튼을 클릭하자.

② 빈칸에 자동으로 블로그 이름과 이상한 주소가 입력된 채로 나온다. 블로그 이름은 그대로 두고 아래 칸에 피드 주소를 입력해준다. 티스토리 블로그를 기준으로 블로그 주소 'OOO.tistory.com'에서 OOO 부분을 입력하면 좋다. 'Next' 버튼을 눌러 다음 단계로 이동하자.

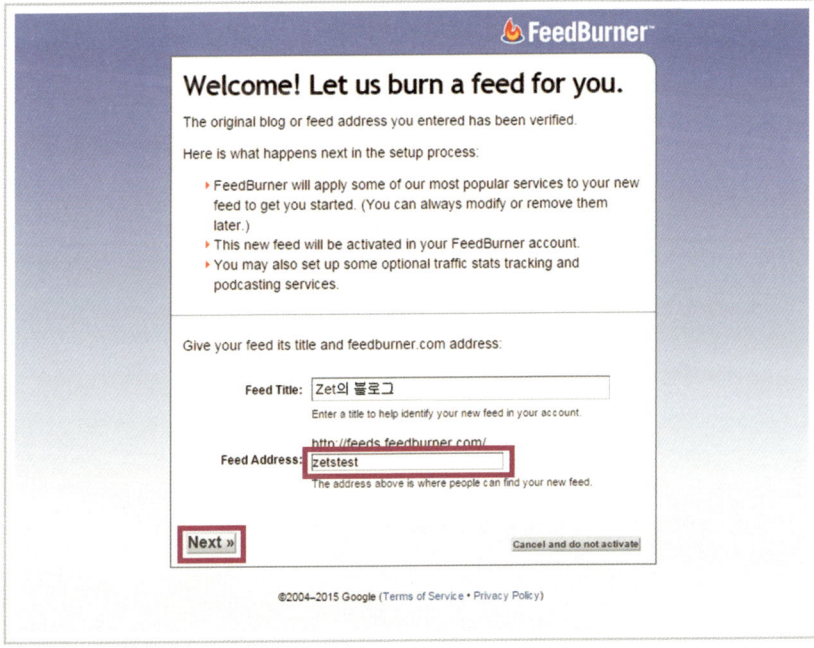

③ 축하메시지가 나온다. Congrats! 뒤는 읽지 말자. 화면 하단 Next 버튼 옆의 파란 글씨를 클릭해 피드 관리로 바로 넘어가자.

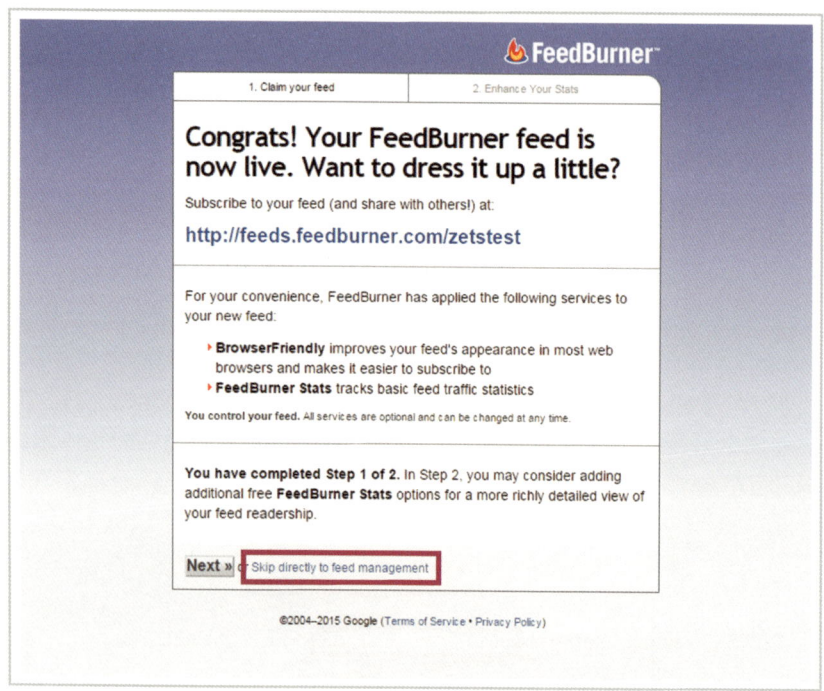

④ 상단의 'Publicize(알리기)' 탭을 클릭하자.

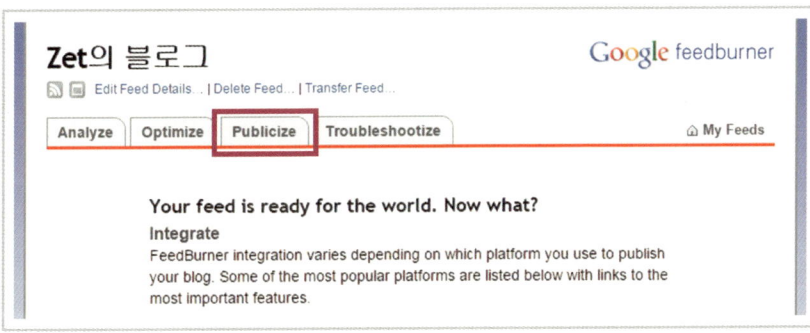

⑤ 왼쪽의 'Email Subscriptions이메일 구독'을 선택하면 'Activate활성화' 버튼이 나타난다. 이 버튼을 선택해 이메일 구독 기능을 활성화하자.

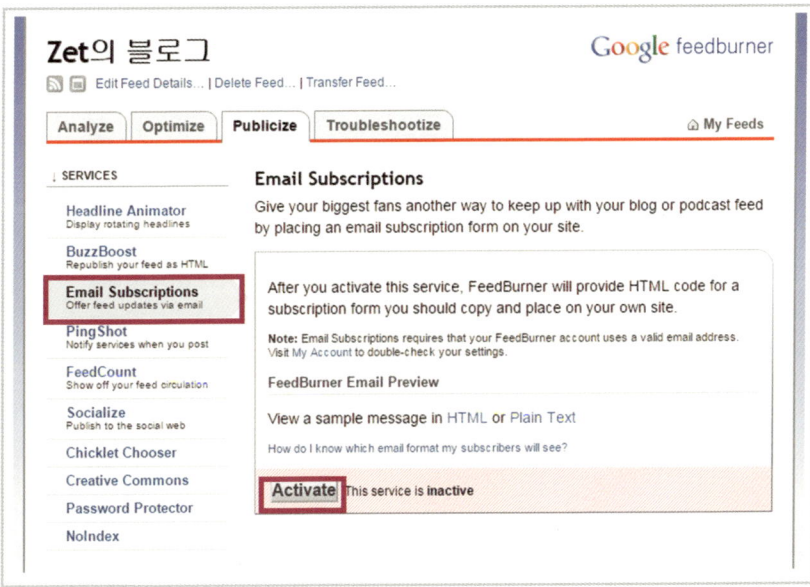

⑥ 이메일 구독에 대한 자세한 설명이 담긴 페이지가 나온다. 이메일 구독 폼 설치코드를 복사하자.

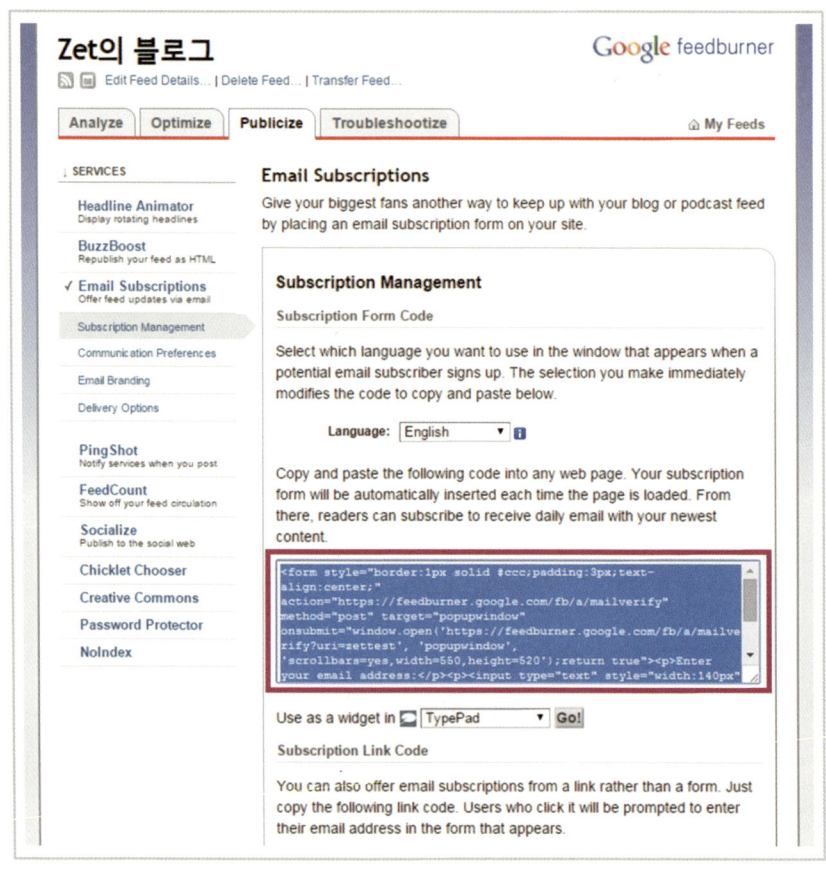

⑦ 복사한 코드를 p.186 〈챕터5-2의 페이스북 '페이지 플러그인', 블로그에 설치하기〉의 ④~⑩ 과정을 참고하여 태그 입력기에 붙여 넣자.

⑧ 블로그 홈 화면으로 돌아가면 이메일 구독 폼이 삽입된 모습을 확인할 수 있다.

내 블로그의 이메일 구독자수 확인하기

이메일 구독 폼을 추가해놓고 반년이 지날 때쯤 이메일 구독자수를 확인해보자. 며칠 만에 열어봤다가 구독자수 '0'을 보고 좌절할 수 있기 때문이다. 차근차근 블로그에 콘텐츠를 쌓아 가면 하나둘 구독자가 모여들 것이라는 생각으로 조급해하지 말자.

구글에 로그인하고 피드버너(feedburner.google.com)에 접속하자. 다시 한 번 로그인을 요구할 수도 있다. 블로그 이름을 클릭한 후 상단의 'Publicize알리기'를 클릭하자. 아래쪽에 'Total Subscribers총 구독자수'가 보인다. 1,058명이 이메일 구독을 해오고 있다. 숫자 밑의 'View

Subscriber Details구독자 상세보기'를 클릭하면 구독자의 이메일 주소까지 확인할 수 있다.

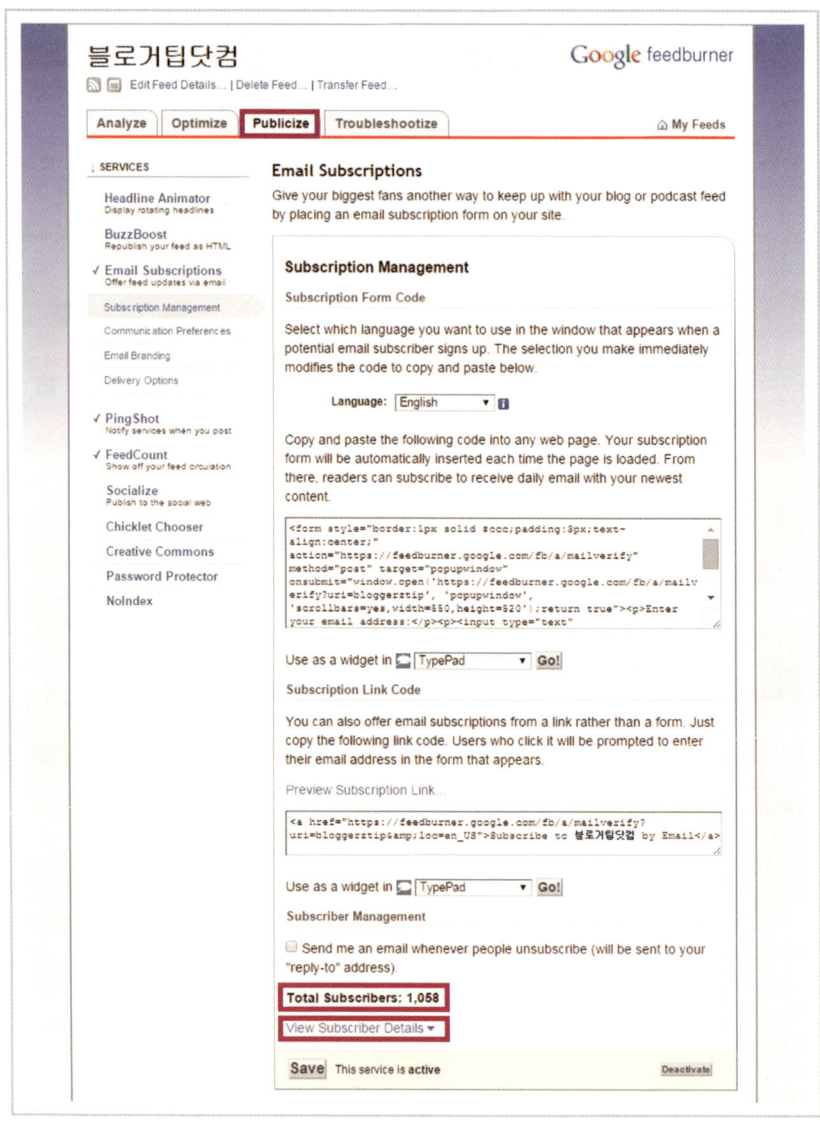

#5 SNS를 활용해 블로그 홍보하기

피드버너에서 확인한 '블로거팁닷컴'의 구독자수. 화면 아래쪽에 'Total Subscribers총 구독자수'가 보인다.

Blogger Tip
블로그 운영에 도움이 되는 스마트폰 앱 5

1. Wunderlist / 블로그 포스팅 일정 관리하기

원더리스트Wunderlist는 일정을 관리하는 앱으로 널리 알려져 있다. 블로그에 작성한 글 소재를 메모하거나 블로그 포스팅 일정을 관리할 때 사용하면 매우 편리하다. 원더리스트의 강점은 동기화에 있다. 스마트폰, 태블릿PC, 컴퓨터에서 작성한 내용이 동기화돼 스마트폰에서 수정한 내용을 컴퓨터에서 또 수정할 필요가 없다. 이메일로 로그인해 작성한 내용이 모든 기기에서 동기화된다.

2. Feedly / 블로그 구독하기

다른 블로거의 글을 구독할 때 사용하면 좋다. 다른 블로거들의 글을 보는 것만으로 블로그 글쓰기에 느끼는 싫증도 덜 느끼게 된다. 글쓰기의 동기부여도 기대할 수 있다. 피들리(Feedly)에서 내 블로그를 구독(추가)하면 소셜미디어의 반응도 확인할 수 있다. 트위터에서 리트윗되거나 페이스북에서 좋아요를 받은 횟수를 실시간으로 합산해 숫자로 보여준다.

3. Snapseed / 사진 찍고 보정하기

폰카라고 무시하지 말자. 다양한 보정기능은 기본이요, 터치 인터페이스를 제공해 손가락을 위아래로 밀며 간단히 보정할 수 있다. 직장동료가 스냅시드(Snapseed)로 촬영하고 보정한 사진을 처음 봤을 때 "무슨 카메라로 찍었어요?"라고 물었던 적이 있다. 카메라 보정 앱 중 최고 수준의 결과물을 선사한다. 원래 스냅시드는 iOS 전용 유료앱이었다. 구글이 스냅시드를 인수하면서 안드로이드와 iOS에서 모두 무료로 사용할 수 있게 됐다.

4. Vingle / 블로그 글 홍보하기

다음뷰가 서비스를 종료하자 블로그에 작성한 글을 홍보할 수 있는 메타블로그 서비스의 시대 역시 막을 내렸다. 이제는 자동으로 내 글을 수집해가서 뿌려주는 서비스를 기대해서는 안 된다. 적재적소에 내 글을 뿌려주는 방식이 통한다. 빙글(Vingle)에 가입해 블로그에 작성한 글을 올려보자. 빙글에 블로그 글을 소개하여 방문자 수가 껑충 뛰는 놀라운 경험을 기대해보자.

5. Pocket / 블로그 글 소재 미리 담아두기

포켓(Pocket) 앱 제작사의 이름은 Read It Later, Inc(나중에 읽으세요)다. 나중에 읽을 기사나 글을 저장하는 용도로 사용하면 좋다. '구슬이 서 말이라도 꿰어야 보배'라는 말이 있다. 아무리 유용한 정보라도 내 것으로 만들어야 그 가치가 있다. 인터넷에서 글을 읽다가 관련 주제로 블로그에 글을 써야겠다는 생각이 들거나 좋은 소재를 만났을 때 포켓에 저장해두면 포켓 앱을 열어 언제든지 다시 꺼내볼 수 있다. PC에서 갈무리한 글을 휴대폰에서 꺼내보는 그 편리함을 느껴보자.

bloggertip.com

실전!
블로그로 투잡하기

#6

#6

지금까지 블로그로 벌어들인 수익이 얼마나 될지 궁금했다. 은행에 가서 계좌거래내역만 따로 받아보기로 했다. 대략 3천만 원을 예상했는데 1억이 조금 안 됐다. 억이라니! 1년 동안의 수익이었으면 얼마나 좋겠냐마는 아쉽지만 7년간의 수익을 모두 합한 금액이었다. 계산기를 아무리 두드려 봐도 1년에 2천만 원이 안 된다.

하지만 다양한 분야 종사자들과의 네트워킹(블로그 덕에 인연이 되어 요즘도 종종 만나는 사람들이 있다), 취업, 온라인 브랜드 등 비물질적 수익까지 계산하면 최소 5천만 원 이상은 더 벌었다고 생각한다. 블로그 덕분에 힘든 취준생(취업준비생) 시절을 비교적 무사히(?) 보낼 수 있었고 블로그 전문가라는 타이틀도 얻었다. 돈으로 바꿀 수 없는 다채로운 경험은 덤이었다. 어떻게 하면 블로그로 돈을 벌 수 있을까?

1 구글 애드센스로 용돈 벌기

#6

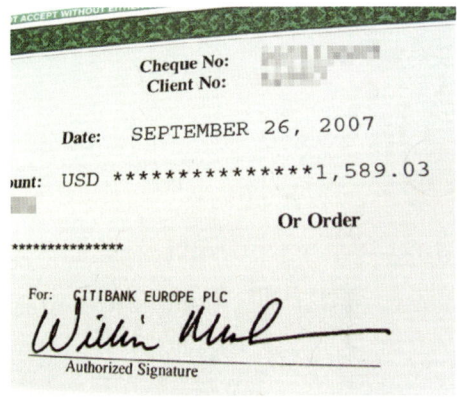

● 구글에서 DHL로 보내온 수표. 1,589 달러의 수익금이 적혀 있다.

블로그에 처음으로 애드센스를 설치하고 5개월 만에 1,589달러(한화 약 1,752,000원)짜리 수표를 받았다. 주거래은행에 가서 수표를 보여줬더니 은행직원이 "구글 직원이세요?"라고 물었다. "아뇨. 블로그에 구글 애드센스라는 광고 프로그램을 설치하고 거기서 나온 수익이에요"라고 대답했다. 그 직원은 "저도 오늘부터 당장 블로그 시작해야겠습니다. 하하!"라고 답했다.

IT기업의 체험단 발대식에 갔을 때의 일이다. 블로그 초보 시절부터 알고 지내던 그는 프리랜서 블로거가 되어 있었다. 전자제품을 전문적으로 리뷰하는 블로거로 성장해 자신만의 브랜드를 구축하는 데 성공했다. 우연히 그의 블로그를 방문했다가 방문자 카운터를 보고 깜짝 놀랐다. 하루 방문자수가 3만 명이 넘었다. 행사장에서 만난 그에게 "애드센스 수익이 얼마나 되나요?"라고 물었더니 "한 달에 100만 원은 넘어요"라고 했다. 나 역시도 애드센스로 매달 수십만 원의 용돈을 벌고 있다. 수십만 원이 매달 계좌에 들어온다고 생각해보자. 결코 적은 돈이 아니다.

구글 애드센스란?

구글 애드센스는 구글에서 운영하는 광고 프로그램이다. 블로그 운영자가 애드센스에 가입하고 광고 코드를 자신의 블로그에 넣으면 구글에서 블로그에 광고를 올려준다. 광고는 직접 설치해야 한다. 블로그 방문자가 광고를 클릭해 발생하는 수익을 블로그 운영자와 나눠 갖는다. 수익이 100달러가 넘으면 등록된 은행계좌로 수익금을 송금해준다.

==구글 애드센스와 유사한 방식의 광고 프로그램은 많다. 하지만 구글만큼 높은 수익을 보장하는 광고 프로그램은 단언컨대 없다. 구글은 다른 광고 프로그램 운영기업에 비해 압도적으로 많은 수의 광고주를 보유하고 있기 때문에 클릭단가도 다른 광고 프로그램에 비해 높을 수밖에 없다. 잘 키운 블로그에 애드센스만 설치해둬도 매달 수십만 원의 광고수익을 얻을 수 있다.==

부정클릭, 이제는 걱정하지 말자

애드센스가 국내에 처음 도입됐을 당시만 하더라도 여러 블로거들이 부정클릭 문제로 곤욕을 치렀다. 블로그 방문자가 악의적으로 광고를 수차례 클릭해 부정클릭을 유도하면 구글은 해당 애드센스 계정을 무효로 만들어버렸다. 100달러가 쌓이면 수표를 받아 현금화할 수 있었는데 90달러 정도 벌었을 때 부정클릭 판정을 받은 블로거들이 분노의 글을 올리기도 했다. 심한 경우 블로그를 접는 사람들도 있었다.

구글코리아에서 열리는 구글 애드센스 포럼에 참석했을 때 구글 직원에게 부정클릭에 대처하는 방법이 있냐고 물었다. "구글에서 실시간으로 부정클릭을 감지하고 필터링하고 있다. 지금까지 일어난 다양한 무효클릭의 패턴을 분석해 계정 보고서에 무효클릭을 반영하지 않도록 하고 있다"고 했다. 실제로 요즘 부정클릭으로 애드센스 계정이 사라졌다는 글은 찾아보지 못했다. 부정클릭? 구더기 무서워서 장 못 담근다는 말도 있지 않은가. 개의치 말고 애드센스를 당장 설치해보자.

구글 애드센스 가입하는 방법

구글 애드센스를 설치하려면 구글 계정(Gmail)이 있어야 한다. 구글 계정이 없다면 구글 계정을 만든 후 애드센스 페이지에 접속(www.google.com/adsense/start)하자.

① 화면 왼쪽에 보이는 '시작하기' 버튼을 클릭한다.

② '로그인' 버튼을 클릭하자. 구글 로그인 화면이 나오면 Gmail 아이디와 비밀번호를 입력한다.

③ 애드센스 광고를 게재할 블로그의 주소를 입력하고 콘텐츠 언어를 한국어로 선택한 후 '계속' 버튼을 클릭한다.

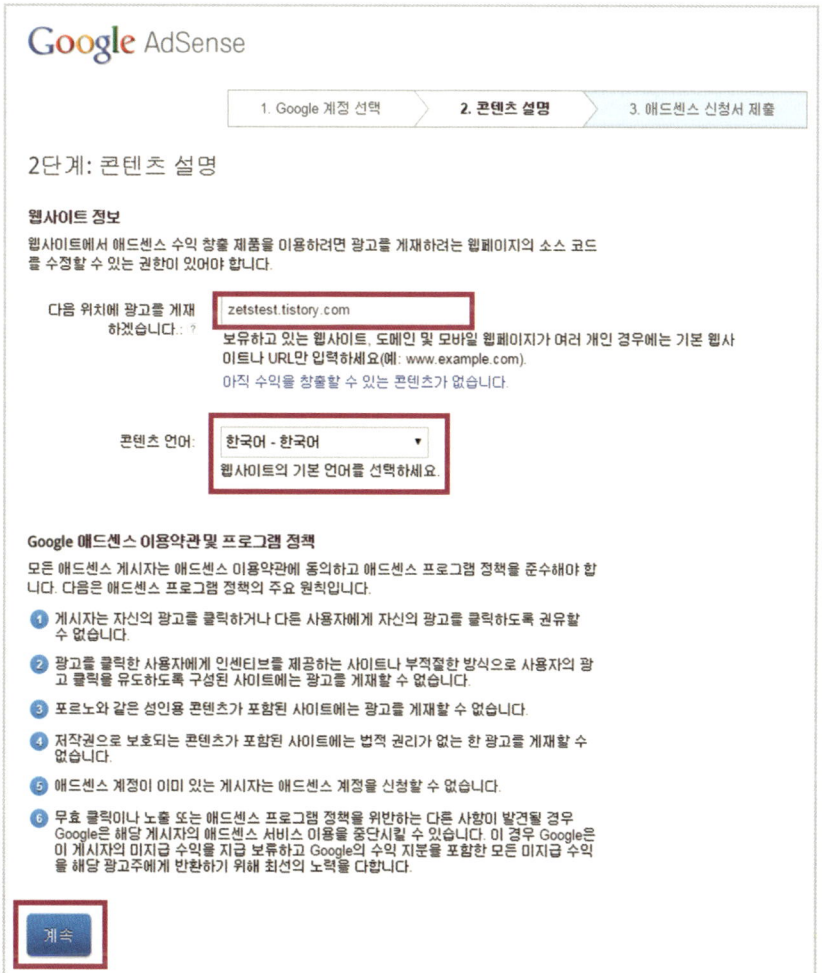

④ 애드센스 신청서 양식이 나온다. 빈칸을 빠짐없이 기입하고 '신청서 제출' 버튼을 클릭하자.

#6 실전! 블로그로 투잡하기

⑤ "귀하의 신청서가 제출되어 검토 중입니다"라는 메시지가 보이면 성공이다. 이제 일주일 이내로 애드센스팀으로부터 검토 결과를 받아볼 수 있다.

2 블로그 체험단 & 서포터즈 활동으로 수익 내기

HP 파빌리온 노트북 체험단에 선정됐을 때의 이야기다. HP에서 파빌리온 x2라는 노트북을 출시한 시점에 맞춰 블로그 운영자 100명을 모집했다. 기업이 체험단 행사를 진행할 때 보통 10명에서 20명 사이의 블로거를 모집하는 게 보통이었기 때문에 이례적인 일이었다. 최종 선발된 100명의 블로거에게 노트북을 무상으로 제공했다. 정해진 기한 내에 3개의 사용 후기 글을 올린 블로거라면 누구나 노트북과 무선 마우스를 손에 쥘 수 있었다.

기업과 정부부처는 홍보를 목적으로 한 블로그 프로모션 이벤트를 상시 개최한다. 체험단, 서포터즈, 리포터, 프로슈머, 웹캐스터, 디지털마케터, 파워프렌즈, 명예기자단까지 그 이름도 천차만별이다. 이름은 각각 다르지만 하는 일은 비슷하다. 기업과 정부부처의 홍보활동에 참여하고 후기 글을 블로그에 작성하는 일을 하게 된다.

블로그 서포터즈도 틈새를 노려야 한다

기업이 블로그 체험단을 처음 운영하던 당시만 하더라도 체험단 미션을 완수하면 리뷰한 제품을 무료로 제공하는 게 보통이었다. 이제는 기업들이 좀 영악해졌다고 해야 할까? 고가의 제품은 할인된 가격으로 구매할 수 있도록 하거나 리뷰한 제품을 다시 기업측으로 보내야 하는 경우가 많아졌다. 게다가 체험단 지원 절차도 까다로워졌다. 이제는 거의 기업 입사지원서(이력서 및 자기소개서)에 버금갈 정도로 복잡한 지원양식을 제공하는 기업이 많아졌다. 냉정하게 보면 그저 그런 블로그는 걸어내겠다는 의지라 할 수 있다.

대기업 체험단과 서포터즈는 검증 과정이 까다로울뿐더러 워낙 유명한 블로거들이 지원하는 일이 많아 선정되기가 그만큼 어렵다. 대기업을 버리고 중소기업에서 진행하는 체험단에 지원하는 것도 선정되는 전략이다. 중소기업이라고 해서 혜택이 적은 것은 아니다. 블로거들에게 돌아가는 혜택은 대기업 못지않거나 대기업보다 나은 중소기업도 많다. 따라서 대기업 체험단만 고집할 이유가 전혀 없다.

블로그 서포터즈 선정하는 법

대기업의 경우 온라인 홍보대행사에 체험단 프로그램을 위탁하는 경우가 많다. 실질적으로 업무를 맡게 된 홍보대행사 직원이 블로거를 모집하고 선발한다. 대기업 홍보팀 직원 한두 명이 홍보대행사 직원들과 소통하며 프로그램을 진행하는 게 보통이다. 규모가 작은 기업은 홍보팀 직원이 직접 서포터즈 프로그램을 운영하기도 한다.

블로그 서포터즈 모집 공고를 보고 지원한 블로그 운영자들 중에서 자격요건을 따져본다. 파워블로그(우수블로그) 엠블럼이 달려 있으면 유리하다. 그보다 더 중요한 것은 얼마나 적극적으로 활동할 사람인지 반드시 확인한다는 점이다. 대기업 공채 입사지원서는 지원자가 많아 모든 지원자의 서류를 꼼꼼히 확인하는 게 불가능하지만 블로그 체험단의 경우는 다르다. 하나하나 꼼꼼히 확인하는 게 가능하다. 그렇기 때문에 모집양식에 맞춰 자신의 의지와 그동안의 경험을 최대한 성의 있게 보여주는 게 중요하다.

파워블로거만 선발하지는 않는다

파워블로그로 선정된 블로그가 서포터즈로 선발되는 것에 유리한 건 사실이다. 그러나 파워블로그로 선정된 적도 없었고 시시콜콜한 글을 올리는 블로거도 일정 비율로 선발하기도 한다. 그렇기 때문에 여러 곳에 지원할수록 합격 확률도 높아진다. 남보다 빠르게 많은 정보를 얻는 게 무엇보다 중요한 이유다.

오픈캐스트 '블로그로 투잡하기(opencast.naver.com/BT374)'에서는 기업의 서포터즈 모집 소식을 수시로 올리고 있다. 구독하기를 누르고 원하는 활동이 있을 때 지원해보자.

블로그 체험단과 서포터즈 수익 모델

원고료 지급

서포터즈로 활동하면 원고료를 받게 된다. 보통 1건당 3~5만 원으로 책정된 원고료를 지급한다. 한 달 활동비를 따로 책정해 추가 지급하는 기업도 있다. 보통 우수활동자에게는 상금이 주어진다. 서포터즈는 용돈 벌이로 생각하자. 서포터즈 활동만으로는 큰 수익을 얻기 힘들기 때문이다.

제품 및 기념품 증정

플레이스테이션4$_{PS4}$가 국내에 처음 출시됐을 때 소니엔터테인먼트코리아에서 체험단을 모집했다. 28명을 뽑는 체험단 프로그램에 2천 명이 넘는 지원자가 몰렸다. 평소 콘솔게임을 즐기던 나도 운 좋게 체험단에 뽑혔다. 체험단에 선정된 사람들에게 PS4를 각 1대씩 증정했다. 소니 헤드폰, 플레이스테이션 로고가 들어간 점퍼, 머플러, 귀마개 등을 증정했다. 우수활동자에게는 PS4를 무료로 증정했고 우수활동자를 제외한 체험단은 할인된 가격에 PS4를 구매할 수 있는 특전을 제공했다.

우수활동자 중 어떤 블로거는 체험단 제품으로 받은 PS4를 중고로 판매해 수익을 올렸다고 했다. 이런 방식으로 기업으로부터 받은 제품을 다시 중고로 판매해 수익을 얻는 방법도 있다.

행사 초청

블로그에 우수블로그 엠블럼이 많아지고 방문자가 늘어나자 초청 메일을 받았다. 제주도에서 IT를 주제로 한 글로벌 컨퍼런스가 열리는데 초청하고 싶다는 내용이었다. 참가등록비, 왕복항공권, 호텔숙박권까지 모두 제공해 주었다.

인터넷 신문사에서 세미나를 개최한다며 초청을 받은 적도 있다. 10만 원이 넘는 참가비를 무료로 제공할 테니 와서 들어보라고 했다. 동반 1인까지 가능하다고 해서 평소 내게 도움을 준 지인과 함께 세미나에 다녀왔다.

이처럼 한 가지 주제로 블로그를 운영하다 보면 특별한 행사에도 무료로 참여할 수 있는 기회가 주어진다.

3 기업과의 제휴로 돈을 버는 방법

#6

블로그가 우수블로그로 선정되고 인지도가 높아지면 기업들로부터 갖가지 제휴 및 제안을 받게 된다. 광고 포스팅을 요청하기도 하고 신생 회사의 서비스를 소개해달라는 메일을 받기도 한다. 광고료를 지불하거나 유료서비스를 무료로 제공한다.

광고 포스팅, 블로그 애드버토리얼

몇 만 원을 받고 홍보 글을 써주는 블로거들이 많다. 블로거의 가치를 깎아내리는 행위라고 성토하는 이들도 있다. 광고 포스팅을 하기 전에 광고가 하나의 정보가 될 수 있는지를 먼저 파악하고 정보가 되지 않는다면 단호하게 거절하는 결단력이 필요하다. 그렇지 않으면 찌라시(불법 광고 전단지)나 다름없는 블로그로 전락하게 된다.

광고 포스팅을 하게 될 서비스나 제품이 자신의 블로그 주제와 맞는다면 메일로 소통하면 된다. 최저 광고 진행료를 정해놓고 그에 맞지 않으면 진행하지 않는 것도 방법이다.

한편으로는 블로그 광고에 대해 부정적인 시선도 있다. 그러나 무료로 정보를 공유하고 그에 대한 대가를 광고료로 받는다고 생각하면 문제 될 게 없다. 잡지와 신문 등 기존의 미디어 역시 지면에 기사처럼 정보를 제공하며 넌지시 회사명, 상품명을 넣어 광고를 하고 있다. 이러한 광고 형식을 애드버토리얼advertorial이라고 하는데, 광고advertisement와 편집기사editorial의 합성어로 광고의 한 형태를 뜻한다.

단, 기업으로부터 광고비를 받거나 제품을 받고 글을 올릴 경우에는 "이 글은 OO사로부터 후원을 받아 작성됐습니다" 혹은 "이 글은 OO사의 체험단으로 제품을 증정 받아 작성한 글입니다" 등의 대가성 여부를 표시해야 한다. 이것은 공정거래위원회의 지침이기 때문에 반드시 지켜야 한다.

기업과의 블로그 파트너십

앞에서도 밝혔듯이 나는 세계 최대 스톡이미지 기업의 제안을 받아 매달 20만 원을 넘게 지불해야 하는 유료 라이선스를 무료로 사용하고 있다. 물론 아무 조건이 없었던 것은 아니다. 사용한 이미지에 이미지 판매 페이지로 연결되도록 링크를 삽입하는 조건이었다. 블로그의 인지도가 높아지고 신뢰도가 쌓이면 검색엔진에서 검색이 더 잘될 뿐 아니라 기업으로부터 제안 메일을 받는 횟수도 잦아진다.

블로거가 직접 제휴 신청을 할 수도 있다. 한국의 대표적인 폰트를 모두 개발한 산돌커뮤니케이션에는 내가 먼저 제안 메일을 보냈다. 그 결과 산돌커뮤니케이션 직원의 배려로 유료 폰트를 무료로 사용하게 되었다. 게다가 직원과의 협의를 통해 무료 폰트를 사용할 수 있는 쿠폰을 상품으로 내걸고 이벤트를 진행하기도 했다.

우수블로그에 선정되는 등 블로그의 우수성을 검증받았다면 블로그 운영자가 먼저 기업에 손을 뻗는 것도 좋은 방법이다.

● 미국 유명 벤처기업에서 일하는 매니저로부터 받은 제휴 제안 메일

잠깬! 영어공부도 틈틈이 해두자

글로벌 기업의 뉴욕 본사에서 메일이 왔다. 영문으로 메일을 주고받으며 계약까지 인터넷 상에서 진행했다. 나는 평소에 영어에 관심이 많고 대학에서도 영문학을 공부했기 때문에 계약에 큰 어려움을 겪지 않았다. 하지만 영어를 좋아하지 않거나 영어에 서툰 사람들이라면 해외에서 온 메일을 스팸메일로 오해해서 삭제할 수도 있다. 글로벌 기업과의 제휴를 꿈꾸는 이라면 평소에 틈날 때마다 영어공부를 하는 것도 잊지 말자.

블로그 배너광고

유행이 지나 구식같이 느껴지지만 배너광고로 수익을 올려보는 건 어떨까? '배너 광고주 모집'이라는 문구와 이메일주소를 넣은 네모난 이미지 상자를 블로그 오른쪽 상단에 올려두거나 본문에 배너가 보이게 하는 방식으로 광고주를 모집해보자. 나도 배너 광고주를 모집하는 글을 올린 적이 있는데 몇몇 기업으로부터 연락이 왔다. 배너광고는 매달 일정한 금액의 수익을 올릴 수 있어 좋다.

4 블로그 팸투어로 해외, 국내 무료 여행하기

팸투어는 엄밀히 말하면 무료 여행은 아니다. 여행 경비는 모두 주최 측에서 부담하지만 여행을 마치면 블로그에 여행기를 올려야 하기 때문이다. 기업은 과거에 기자들을 초대해 팸투어를 열고 무료로 숙식을 제공했다. 팸투어는 기업이나 관공서가 기자나 블로그 운영자를 초청해 진행하는 사전답사여행이다. 기업은 자사를 홍보하기 위한 수단으로 기자들을 활용해왔다.

기자 대신 블로거, 블로그 해외 팸투어

블로그의 영향력이 커지면서 기업들이 이제는 블로그 운영자들로만 구성된 팸투어를 진행한다. 항공사와 여행사가 각국 관광청과 제휴를 맺고 팸투어에 참여할 블로거들을 모집하기도 한다. 나는 블로그를 운영하며 총 3차례 해외 팸투어를 다녀왔다.

처음으로 선정된 팸투어는 인도네시아 자카르타였다. 아시아나항공이 인도네시아 자카르타 신규 취항을 기념하며 '자카르타 여행 체험단' 이벤트를 열었다. 4박 6일간 인도네시아 자카르타를 여행하고 각자 블로그에 후기를 작성하는 이벤트였다. 홈페이지 공고를 보고 응모한 나는 '유명 여행 블로그 운영자들만 선정되겠지'라고 생각했다. 심지어 응모한 사실조차 잊고 있었다. 얼마간의 시간이 흐르고 무심코 아시아나항공 홈페이지에 들어가 보니 5명의 당첨자 명단에 떡하니 내 이름이 올려져 있었다. 영광스럽게도 첫 번째였다. 이름이 첫 번째에 올라가서 그랬는지 운이 좋았는지 혼자만 창가 쪽 자리에 배치되었다.

● 자카르타로 향하는 아시아나 항공기 안에서 바라본 하늘

아시아나항공 본사에서 진행된 사전 미팅에서 4명의 네이버 여행 블로거들을 만났다. 여성블로거 2명, 남성블로거 2명이었다. 자카르타 여행에 대한 설렘이 채 가시기도 전에 자카르타행 비행기에 올랐다. 인도네시아 관광청 직원들의 안내와 배려로 쾌적한 환경에서 여행을 즐길 수 있었다. 게다가 고급호텔에서 무료로 숙박도 해결했으니 이만하면 내게 있어서 최상급의 여행이었다.

두 번째 팸투어는 대만 자유여행이었다. 스쿠트항공은 대만관광청과 함께 스쿠트항공 블로그 기자단을 모집했다. 4박 5일간 대만을 자유여행하고 블로그에 후기를 작성할 블로거 11명을 찾고 있었다. 아시아나항공 여행 체험단에도 선정된 적이 있었기에 자신 있게 스쿠트항공 이벤트에도 지원했다. 이번에도 11명의 당첨자 명단에 이름을 올렸다.

대만 여행은 자카르타 여행과 달리 자유여행이었다. 일정도 자유롭고 숙소도 자유롭게 정할 수 있었다. 숙박비도 넉넉히 지원됐다. 여러 호텔에 묵는 것도 가능했지만 난 한 곳에 머물며 타이페이를 여행했다. 자카르타에 이어 대만까지, 블로그 덕에 매년 무료로 해외여행을 떠나고 있다.

전자신문은 자사와 제휴를 맺고 있는 블로그 운영자들을 초대해 대만 컴퓨텍스 타이페이 팸투어를 진행했다. 이것의 나의 세 번째 팸투어다. 전자신문의 특성답게 IT 블로거로 구성된 기자단은 3박 4일간 타이페이를 여행하고 박람회 취재 후기를 블로그에 기록했다. 항공권은 기본으로 제공되었고 교통비와 숙박비, 식비까지 모두 지원돼 무료로 박람회도 보고 대만의 주요 여행지도 답사할 수 있었다.

여행을 주제로 하는 블로그는 네이버에서 만들자

아시아나항공의 인도네시아 자카르타 팸투어와 스쿠트항공의 대만 팸투어 합격자 중 네이버 블로그 운영자가 아닌 사람은 나밖에 없었다. 나머지는 모두 네이버 블로거들이었다. 티스토리에도 우수한 여행 콘텐츠를 보유한 여행 전문 블로거들이 있지만 블로그 팸투어를 진행하는 관광청, 항공사, 여행사는 네이버 블로거를 선호한다는 것을 알 수 있었다. 여행블로거를 꿈꾸고 있다면 네이버에서 시작할 것을 추천한다.

국내여행도 무료로 보내주는 블로그

지자체도 홍보를 위해 블로그 운영자를 초대하는 일이 많다. 시, 군 단위로 여행사와 함께 블로거를 모집하고 팸투어를 진행한다. 보통 1박 2일로 진행하며 교통비와 숙식비를 모두 지원한다.

국내 팸투어 소식은 포털 검색을 활용하는 것이 좋다. 포털에서 '팸투어 모집'이라는 키워드로 검색하고 최신순으로 정렬하면 최근에 올라온 팸투어 모집 소식을 받아볼 수 있다.

해외 팸투어에 선발되고 싶다면 국내여행부터 시작하자

항공사와 관광청이 팸투어를 진행하는 이유는 자사 혹은 자국을 홍보하기 위한 목적이 가장 크다. 그렇기 때문에 블로거를 선발할 때 과연 이 블로그가 팸투어 홍보에 적합한지를 판단한다. 해외 팸투어에는 많은 비용이 들어가는 만큼 까다로운 검증절차를 거치게 된다.

기업은 팸투어 지원자들의 지원서를 검토할 때 여행을 좋아하거나 평소에 여행을 즐기는 사람인지, 여행에 관심을 얼마나 갖고 있느냐 하는 관점에서 접근한다. 팸투어 모집 공고에 작성한 프로필을 보고 실제로 블로그에 들어가 본다. 그리고 여행에 관한 글을 꼼꼼히 읽어본다.

해외 팸투어 기자단에 선발돼 무료로 해외여행을 떠나보고 싶다면 국내 팸투어부터 시작하라. 국내 팸투어는 해외 팸투어에 비해 선정조건이 까다롭지 않다. 자비를 들여 다녀온 여행도 블로그에 차곡차곡 쌓아두자. 블로거 팸투어에 지원할 때 적지 않은 도움이 된다.

무료여행, 블로그 팸투어 소식을 얻는 방법

블로그 운영자라면 이미 신청기간이 지나버린 팸투어 모집 글을 보고 실망한 경험이 있을 것이다. 아무리 좋은 기회라 하더라도 기한 내에 정보를 얻어 응모하지 않으면 무용지물이다. 팸투어 소식을 얻는 방법은 2가지로 정리할 수 있다.

첫 번째는 네이버 검색 키워드로 '팸투어, 원정대(단)'를 입력해 소식을 찾는 것이다. 기업들이 팸투어 블로거를 모집할 때 자주 사용하는 용어가 팸투어 혹은 원정대(단)이다. 네이버에서 팸투어, 원정대, 원정단 등의 키워드를 입력해 팸투어 소식을 직접 찾아보자. 검색을 통해 주기적으로 팸투어 블로거 모집 소식을 접할 수 있다. 검색결과를 최신순으로 정렬하는 것도 잊지 말자.

● '마카오 모녀원정대'를 모집한 웹투어와 마카오정부관광청　　　출처: 웹투어 홈페이지

두 번째는 블로거팁닷컴의 '블로그 돈 벌기' 메뉴를 즐겨찾기 해두는 것이다. 블로그에 돈 벌기 메뉴를 만들고 혜택이 빵빵한 팸투어 소식을 주기적으로 올리고 있다. 예를 들어 '대한항공 칼팍 프리미엄 체험단 모집', '에어부산 블로거 출사단 모집', '제주항공 사이판 블로그 원정대 모집', '타이팡 태국여행 서포터즈 모집', '투폰 코타키나발루 및 푸켓 원정대 모집', '모두투어 칭다오 프리덤 서포터즈 모집' 등 놓치기 아까운 해외 팸투어 정보만 선별하여 제공하고 있다. 블로거팁닷컴을 즐겨찾기 하거나 구독하는 것도 해외 팸투어 소식을 빠르게 접하는 방법이다.

5 PayPal로 블로그 기부금 받기

#6

　게임을 실시간으로 방송하는 스마트폰 앱 트위치를 예로 들어보자. 전 세계의 게이머들이 게임을 생방송으로 진행하면서 기부를 받는다. 기부를 한 사람의 닉네임과 기부금액을 화면 아래에 흘러가는 식으로 보여준다. 시청자에게 즐거움을 제공하는 대가로 자발적인 기부금을 받아 일정 금액을 떼어내 이벤트 상품으로 내건다. 이런 식으로 콘텐츠를 만드는 사람과 콘텐츠를 소비하는 사람들의 선순환이 이어진다.

　아프리카TV도 마찬가지다. 배달음식이나 요리를 맛있게 먹고 시청자에게 별풍선이라는 형식의 기부를 받는다. 예쁘게 생긴 BJ가 노래를 부르거나 춤을 춰주고 별풍선을 받기도 한다. 시청자가 요구하는 무모한 일에 도전하고 별풍선을 받기도 한다. 별풍선은 나중에 현금으로 바꿀 수 있는데 억대 수익을 올리는 아프리카 BJ들도 있다.

　티스토리도 기부 시스템을 개발했다. 밀어주기라는 서비스를 만들어 블로그 방문자가 커피값 정도를 블로그 운영자에게 기부할 수 있도록 하고 있다. 블로그 방문자가 밀어주기 버튼을 클릭하고 운영금을 지원하는 방식이다. 결제방식이 번거로워서 그랬는지 밀어주기로 큰 수익을 얻은 블로거는 단 한 명도 보지 못했다. 또 밀어주기 버튼이 한글로 되어 있기 때문에 외국인 방문자가 기부할 확률도 낮다. 해외는 한국에 비해 기부문화가 잘 발달되어 있고 자신이 유용한 정보를 얻은 블로그를 보고 기부하는 경우도 많다.

따라서 국내 방문자를 포함해 해외 방문자들도 보고 기부할 수 있도록 한눈에 보면 알 수 있는 기부금 결제시스템을 만들어야 한다. 가장 대표적으로 사용되고 있는 글로벌 결제서비스 페이팔PayPal을 활용하는 것은 어떨까? 페이팔은 글로벌 서비스로 전 세계에 잘 알려져 있을 뿐 아니라 기부 버튼이 영문으로 되어 있다. 게다가 한국처럼 사사건건 개인정보를 묻지도 않아 기부하려는 이의 부담도 덜 수 있다. 전 세계 어디서나 신용카드로 간단히 기부할 수 있는 것도 장점이다.

페이팔에 가입하고 계좌를 등록하는 방법 그리고 블로그에 기부 버튼을 설치하는 방법을 알아보자. 아쉽게도 네이버 블로그에는 페이팔 기부 버튼을 설치할 수 없다.

페이팔 가입 방법

페이팔 결제시스템에 가입하기 위해서는 먼저 페이팔(www.paypal.com)에 접속해야 한다. 페이팔에 접속한 후 회원가입을 하자.

① 화면 가운데 보이는 '지금 가입하기' 버튼을 클릭하자.

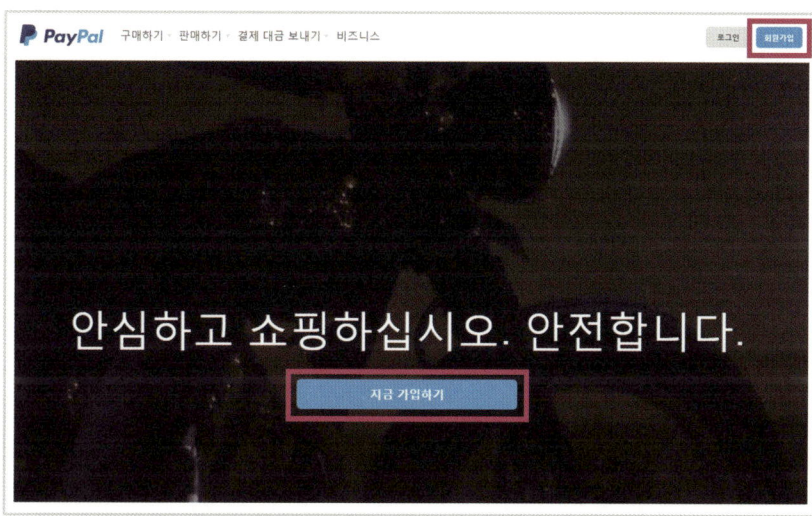

② 왼쪽에 있는 '지금 시작하기' 버튼을 클릭하자.

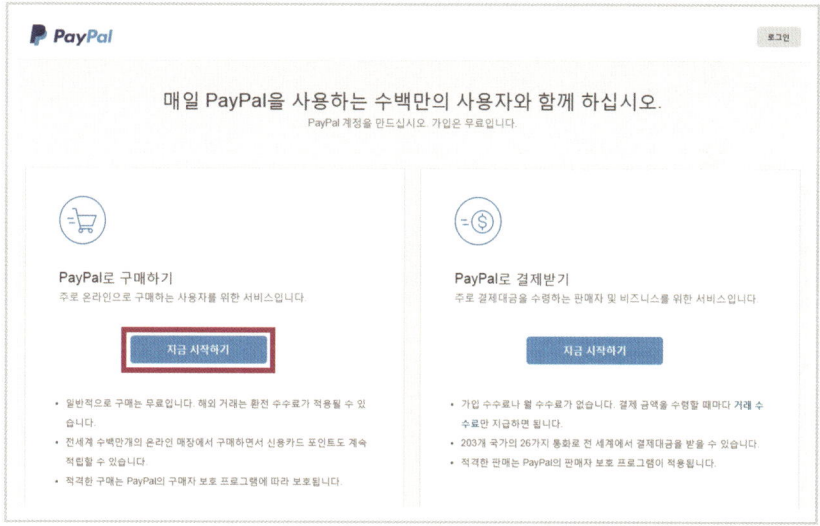

③ 개인정보를 입력하는 화면이 나온다. ❶에는 이메일주소, ❷에는 비밀번호, ❸에는 이름, ❹에는 미들네임(아무거나 넣어도 된다), ❺에는 성, ❻에는 생년월일, ❼에는 영문주소(네이버에서 영문주소라고 검색하고 한글로 주소를 넣으면 영문주소를 알 수 있다), ❽에는 시 이름, ❾에는 구 이름(미국은 주가 있지만 한국은 주가 없으므로 구 이름을 넣자), ❿에는 우편번호, ⓫에는 휴대폰 번호를 입력한 후 ⓬의 버튼을 클릭한다.

④ 스팸방지문자를 입력하고 'Continue' 버튼을 클릭하자.

⑤ 신용카드 정보를 입력하는 화면이 나오는데, 빈칸으로 두고 아래에 있는 'Go to My Account내 계정으로 가기' 버튼을 클릭하자.

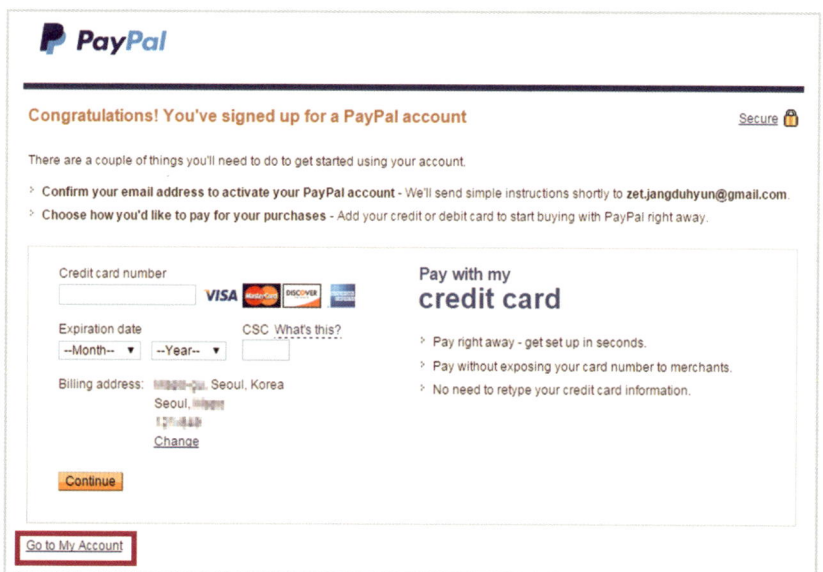

#6

⑥ 환영한다는 메시지가 나온다. 회원가입을 완료했다.

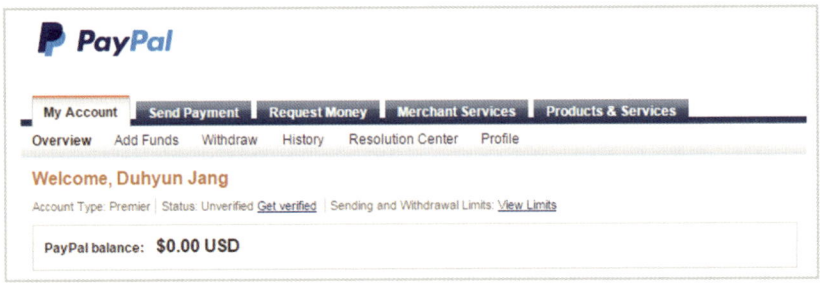

페이팔에 기부금 받을 계좌 등록하기

페이팔 가입을 완료했으면 기부금을 받을 계좌를 등록하자. 페이팔에 로그인한 상태에서 계좌를 등록하면 된다.

① ❶의 Profile에 마우스를 올리면 ❷의 메뉴가 펼쳐진다. 'Add/Edit Bank Account'를 클릭하자.

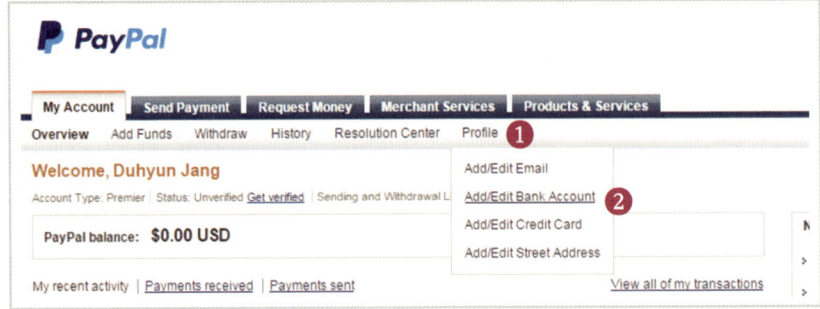

② ❶에는 은행명을 영문으로 입력해야 한다. 내 계좌 은행의 영문명을 확인하려면 ❸ 옆에 있는 'See Bank Codes'를 클릭하자. 영문으로 된 은행 목록을 보고 내 계좌 은행명을 복사해 붙여 넣으면 된다. ❷의 계좌 유형은 'Checking'을 선택하자. ❸의 은행 코드는 ❸ 우측의 'See Bank Codes'를 누르면 볼 수 있다. 두 자리 숫자를 입력하자. ❹에는 계좌번호를 입력하고 ❻에 주민등록번호를 입력한 다음 ❼의 'Continue' 버튼을 클릭하자.

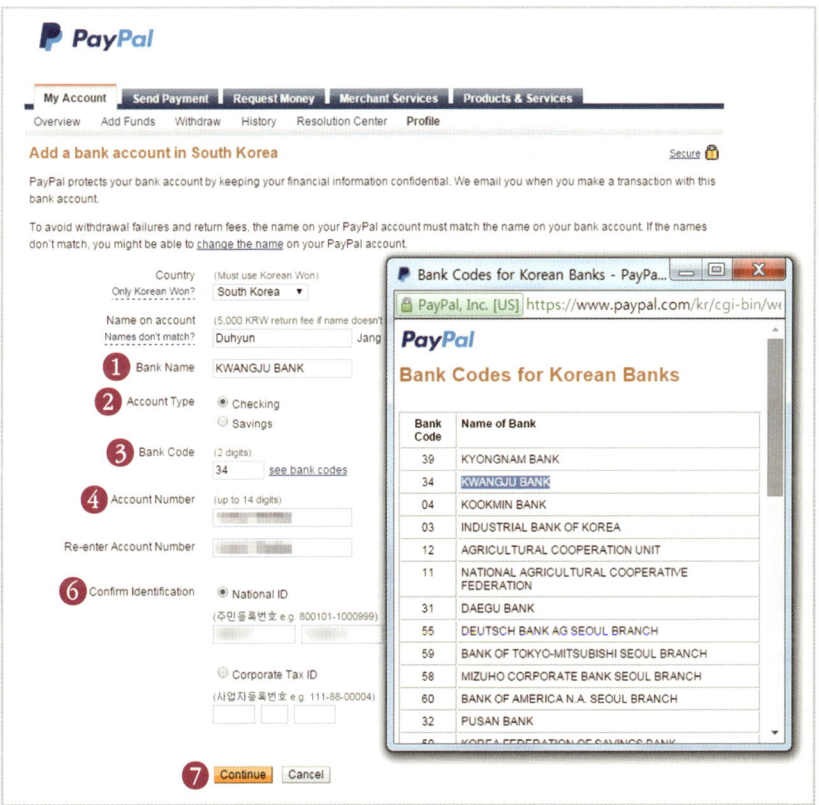

③ 내 계좌정보를 잘 입력했는지 한 번 더 확인하는 화면이 나온다. 맞으면 'Save' 버튼을 클릭하자.

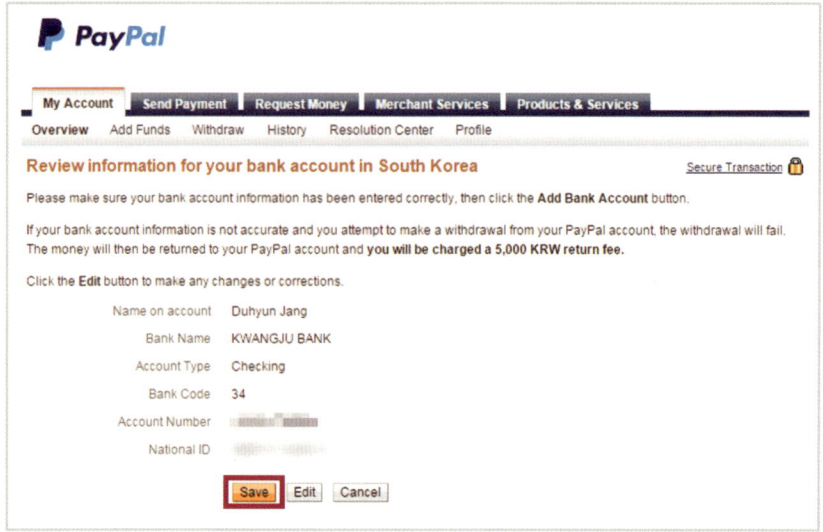

④ 은행 계좌 등록을 완료했다는 메시지가 나오면 끝난다.

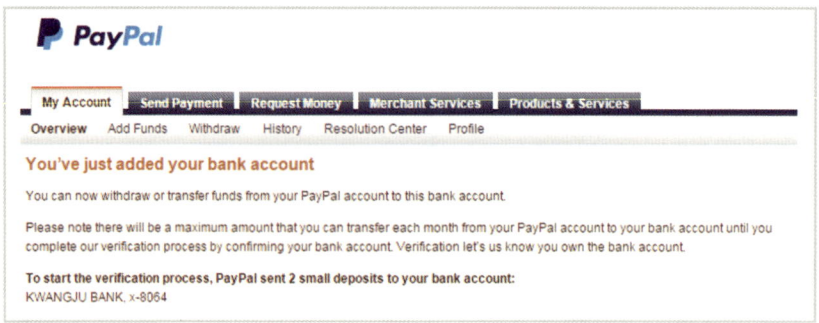

블로그에 기부 버튼 달기

앞의 두 과정이 완료되었으면 본격적으로 자신의 블로그에 기부 버튼을 달아보자.

① 페이팔에 로그인한 후 네 번째 탭에 있는 'Merchant Services'를 클릭하자.

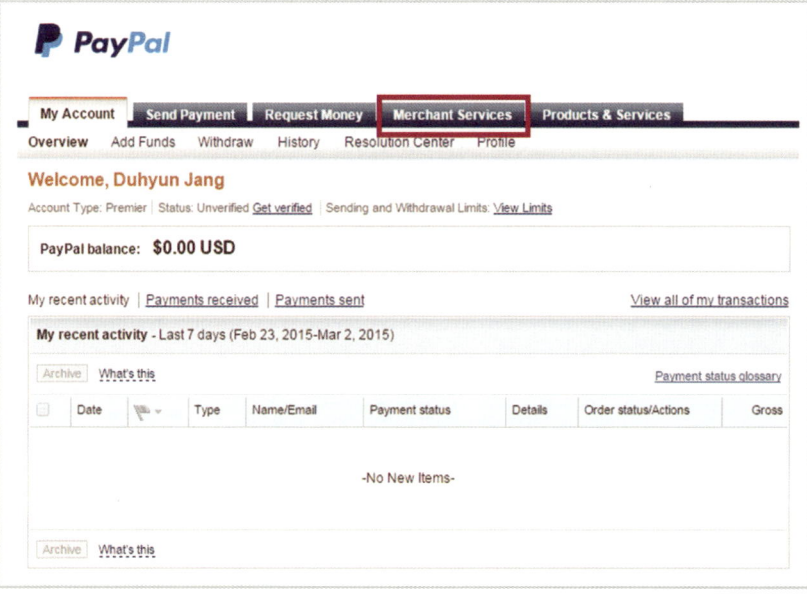

② 오른쪽 하단에 있는 'Donations'를 클릭하자.

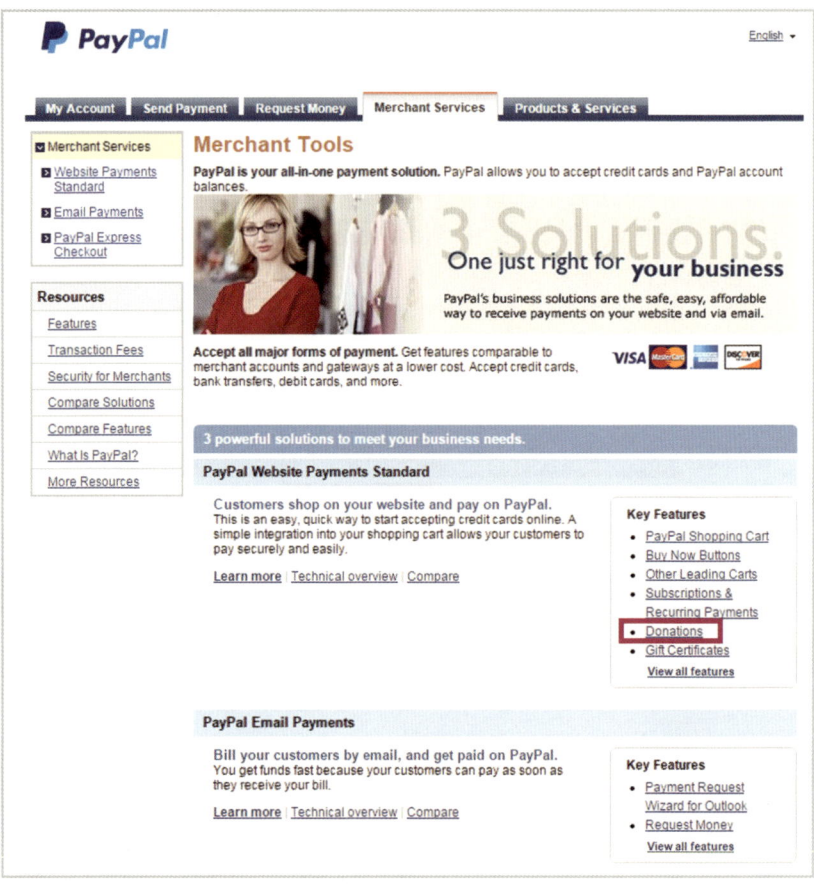

③ ❶에 블로그 이름을 입력하자. 버튼의 세부설정을 조정하려면 ❶ 아래의 파란 글자 'Customize text or appearance'를 클릭하면 된다. ❷의 'Create Button' 버튼을 클릭하자.

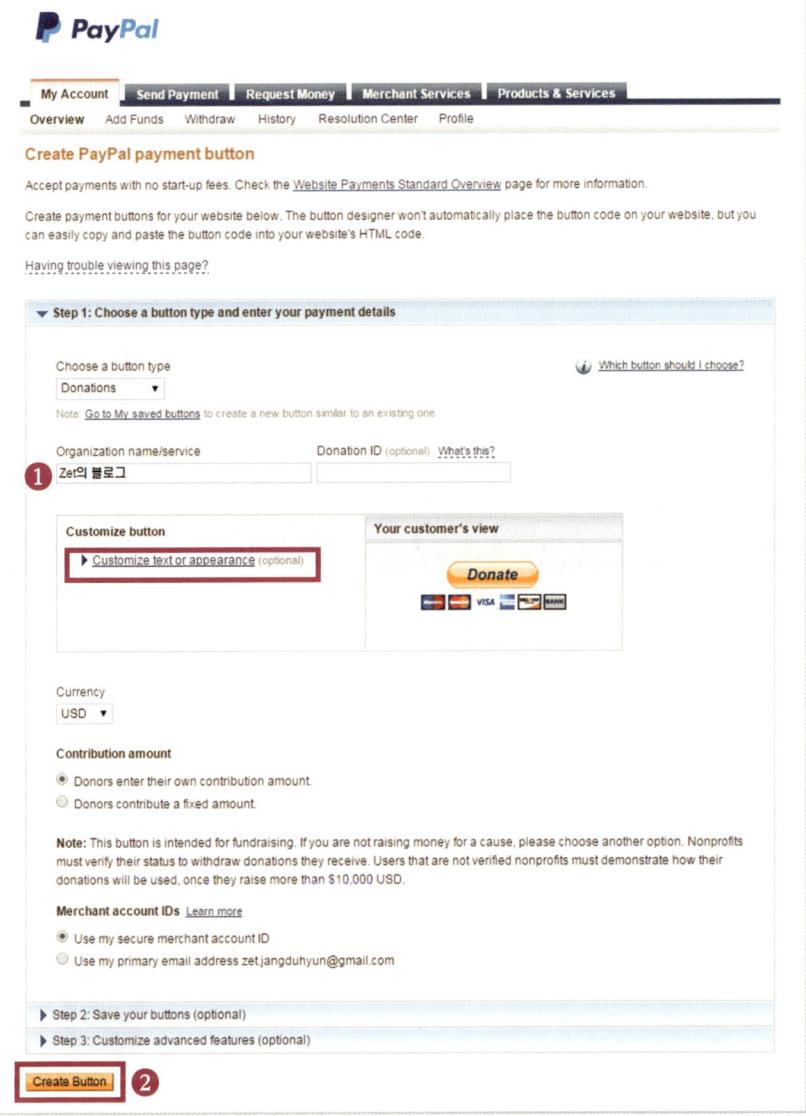

④ 기부 버튼 코드가 만들어졌다. 코드를 복사해두자.

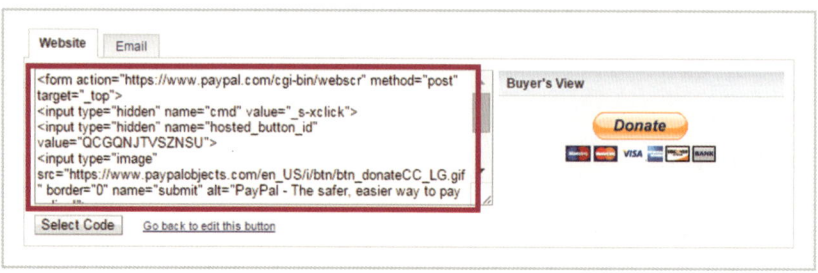

⑤ 복사한 코드를 p.186의 〈챕터5-2의 페이스북 페이지 플러그인, 블로그에 설치하기〉의 ①~⑤ 과정을 참고하여 태그 입력기에 붙여 넣자. 저장을 마치고 블로그 홈으로 돌아오면 블로그 사이드바 영역에 페이팔 'Donate기부 버튼' 이 설치된 모습을 확인할 수 있다.

6 유튜브로 돈 벌기

고졸 출신으로 한 달에 5천만 원의 수익을 올리는 게임 BJ 대도서관은 이미 유튜브 유명인사가 된 지 오래다. 유튜브 독자만 100만여 명에 이르는 그의 유튜브 채널은 하나의 미디어가 됐다고 해도 과언이 아니다.

게임 BJ 대도서관 외에도 뷰티, 먹방, 생활유머 등 다양한 주제의 유튜브 BJ들이 활약하고 있다. 유튜브에 동영상을 올리고 블로그에 소개해 보는 것은 어떨까? 네이버 블로그나 티스토리 블로그에서 기본적으로 제공하는 동영상 업로드 기능은 사용할 필요가 없다. 그럴 시간에 유튜브에 동영상을 올리는 게 콘텐츠 홍보에도, 수익 창출에도 도움이 된다.

유튜브에 동영상을 올리는 것만으로도 돈을 벌 수 있는 것은 구글 애드센스 덕분이다. 구글은 광고 프로그램 애드센스를 유튜브에도 적용시켜 콘텐츠 생산자(유튜브 업로더)와 수익을 나눠 갖는다. 유튜브에 동영상을 올려 수익을 창출하려면 크게 3단계를 거쳐야 한다. 계정에서 수익 창출 설정하기, 구글 애드센스 가입하기, 동영상별 수익 창출 형식 설정하기를 차례대로 따라해 보자.

계정에서 수익 창출 설정하기

유튜브 채널에 동영상을 여러 개 올린 상태라고 가정하고 계정에서 수익 창출 설정을 진행해보자.

① 유튜브에 로그인한 후 우측 상단의 프로필 이미지 ❶을 클릭한다. 프로필 이미지 아래의 '제작자 스튜디오' 버튼을 클릭한다. 제작자 스튜디오 화면에서 좌측 ❷의 '채널'을 클릭하면 화면 중간에 '수익 창출' 항목이 보인다. ❸의 '사용' 버튼을 클릭하자.

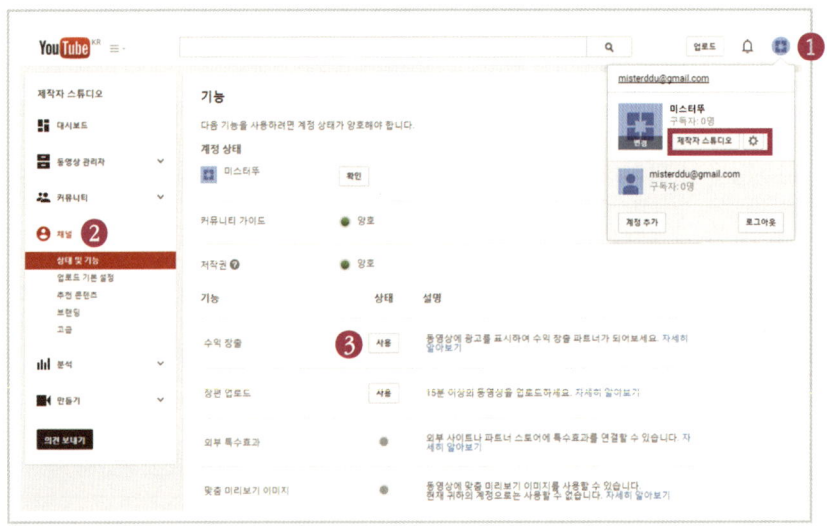

② 수익 창출 화면이 표시된다. 파란색으로 된 '계정에서 수익 창출'
을 클릭한다.

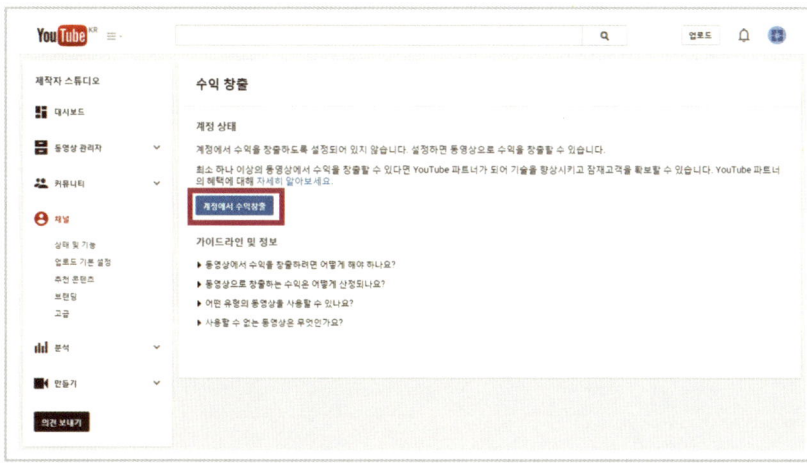

③ 유튜브 파트너 프로그램 약관이 나오면 모두 체크하여 동의하고
'동의함' 버튼을 클릭하자.

④ '수익 창출' 버튼을 클릭한다.

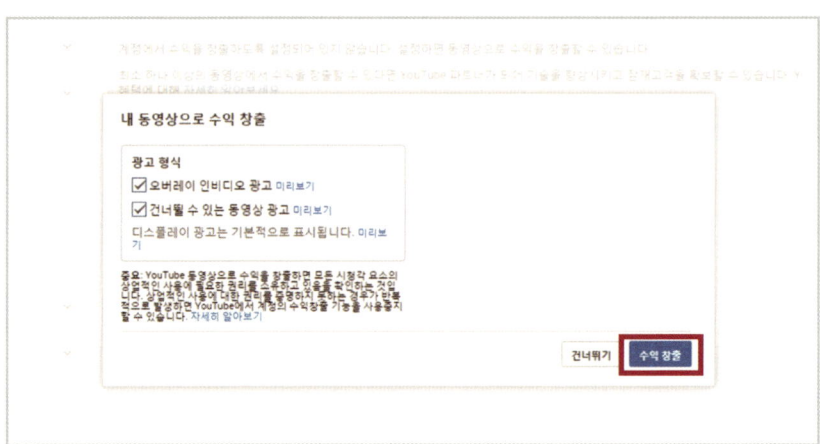

⑤ 내 유튜브 채널에 동영상을 하나만 올려놓았기 때문에 "동영상 1개에 대해 수익 창출 설정이 업데이트 되었습니다"라는 문구가 보인다. '확인' 버튼을 클릭하자.

⑥ 수익 창출 설정과정을 마치면 동영상 관리자 화면이 표시된다.

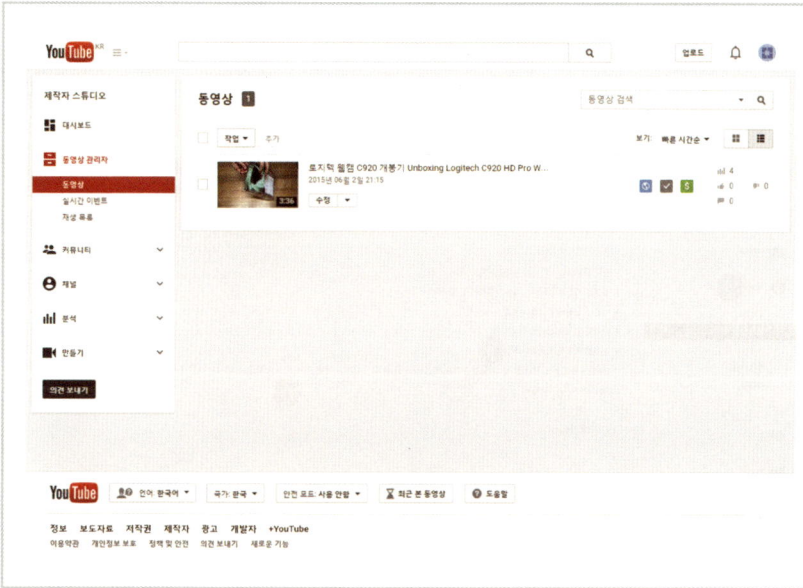

유튜브 전용 구글 애드센스 가입하기

수익 창출 설정하기 과정을 마치면 애드센스에 가입해야 한다. 구글 애드센스에 가입하는 방법을 알아보자.

① 유튜브에 로그인 된 상태에서 ❶의 프로필 사진을 클릭하고 ❷의 '제작자 스튜디오' 버튼을 클릭하자. 제작자 스튜디오 화면이 나오면 ❸의 '채널'을 클릭하고 ❹의 '수익 창출'을 클릭한 후 ❺의 '수

익은 어떻게 지급되나요?' 문구를 클릭한다. 자세한 설명글이 나오면 ❻의 파란색 문구 '애드센스 계정'을 클릭하자.

② 수익 창출 화면에서 '다음' 버튼을 클릭하자.

#6 실전!
블로그로 투잡하기

③ 유튜브+ 애드센스 페이지가 표시된다. '예, Google 계정 로그인 단계로 넘어가겠습니다' 버튼을 클릭하여 자신의 구글 계정에 로그인한다.

④ 콘텐츠 언어는 동영상 제작에 사용한 주요언어를 선택하면 된다. 내가 올린 동영상은 한국어로 제작됐으므로 콘텐츠 언어를 한국어로 선택했다. '계속' 버튼을 클릭하자.

⑤ 애드센스 신청서 제출 화면이 나오면 연락처 정보를 꼼꼼하고 정확하게 모두 입력한다. 수취인 이름은 은행 계좌의 예금주 성명과 일치해야 한다. 모든 항목을 입력했으면 '신청서 제출' 버튼을 클릭하자.

⑥ "애드센스 신청서가 제출되어 검토 중입니다. 약 일주일 이내에 신청서 상태와 관련하여 이메일이 전송됩니다"라는 메시지가 표시된다. 구글에서 지메일로 연락이 올 때를 기다리면 된다.

동영상별 수익 창출 형식 설정하기

애드센스에 가입하는 과정을 마쳤다면 이제 각각의 동영상별로 수익 창출 형식을 설정하는 방법을 알아보자.

① 제작자 스튜디오 화면에서 '동영상 관리자'를 클릭하면 내가 올린 동영상이 나온다. 동영상 오른쪽에 녹색으로 된 달러 모양의 아이콘을 클릭하자.

② 동영상 아래에 '광고 형식'이라는 문구가 보이고 디스플레이 광고, 오버레이 광고, 건너뛸 수 있는 동영상 광고까지 3가지 형식이 보인다. 보이지 않길 원하는 광고만 체크를 해제하고 '변경사항 저장' 버튼을 클릭한다.

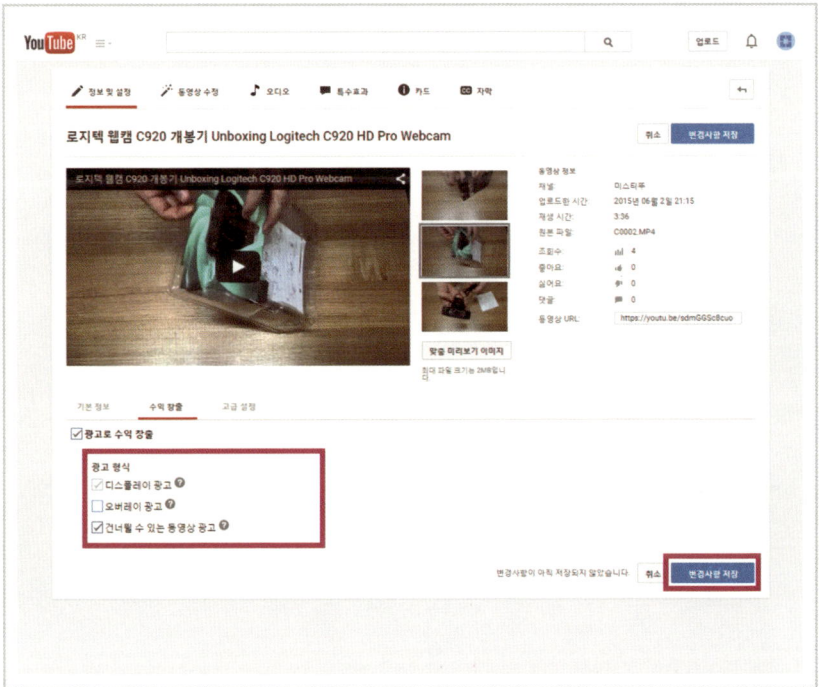

? 궁금해요

광고 수익은 어떻게 지급 받나요?

매월 내 애드센스 계정에 모인 수익이 100달러가 넘으면 수익이 지급된다. 수표로 받을 수도 있고 은행 계좌이체로도 받을 수 있다. 계좌이체 방식으로 수익금을 받으려면 애드센스 계정 정보에 자신의 계좌정보를 입력해야 한다.

참고할 만한 유튜브 채널 5

①  대도서관
www.youtube.com/user/BuzzBean11

②  씬님
www.youtube.com/user/Hines382

③  양띵
www.youtube.com/user/d7297ut

④  바나뚜레
www.youtube.com/user/aeaie0

⑤  영국남자
www.youtube.com/user/koreanenglishman

Blogger Tip
블로거팁닷컴 사용설명서

블로그의 영향력을 측정하는 기준으로 글로벌 1위 IT 기업 구글과 글로벌 1위 홍보대행사 에델만이 꼽는 것 중의 하나는 외부 사이트에서 받은 링크의 수와 질이다. 검색엔진은 다른 웹사이트나 블로그로부터 링크를 많이 얻은 블로그(혹은 웹사이트)일수록 중요한 페이지로 인식한다. 구글 검색엔진 역시 페이지랭크라는 개념을 도입해 다른 웹사이트로부터 링크(추천)를 많이 받은 블로그가 검색결과 상위에 노출되도록 하고 있다.

과연 내 블로그는 얼마나 많은 링크를 보유하고 있는지 검색엔진으로 추적하고 수집해봤다. 네이버 블로그 검색을 통해 블로거들의 링크만 구글 스프레드시트에 정리했다. 블로거팁닷컴은 600개가 넘는 웹사이트에 링크되어 있었다. 200여 명의 블로거분들이 자신의 블로그에 따로 추천 글을 작성해주셨다. 이벤트를 통해 얻은 링크도 아니며 추천을 구걸하지도 않았다. 모든 링크들이 자발적으로 이뤄졌기에 링크해준 블로거분들께 더 고맙고 감사한 마음이 든다. 링크를 수집한 과정과 결과를 다룬 글(bloggertip.com/4367)도 따로 정리했다.

'블로거팁닷컴' 블로그에서 꼭 읽어봐야 하는 글 3

블로그에는 책에 모두 싣지 못할 만큼 방대한 양의 글이 있다. 책에서 해결이 안 되는 부분은 블로그에 들러서 해결할 수 있을 것이다. 블로그를 제대로 활용하고 싶은 사람이라면 '블로거팁닷컴' 블로그에 꼭 들어와 볼 것을 권한다. 블로거팁닷컴을 제대로 활용하는 방법을 소개한다.

1. 블로그 운영자라면 꼭 읽어보아야 할 포스트 100

bloggertip.com/2334

블로거팁닷컴은 바쁜 블로그 방문자의 시간을 아끼려는 목적으로 블로그 운영자에게 도움이 되는 글 100개를 추려 따로 소개했다. 글 제목은 '블로그 운영자라면 꼭 읽어보아야 할 포스트 100'이다. 시간이 허락한다면 전부 읽어보는 게 좋지만 여의치 않을 때는 읽고 싶은 글만 골라서 읽어보자. 블로그를 운영하며 체득한 노하우를 고스란히 담았다.

2. 인생에 도움이 되는 100개의 웹사이트

http://bloggertip.com/4142

세상을 살아가면서 도움이 될만한 100개의 웹사이트를 20개의 분류로 나눠 5개씩 정리했다. 요리/맛집, 인테리어, 지식, 교육, 취업, TV, 영화, 음악, 여행, 사진, 패션, 생산성, 컴퓨터, 오피스, 변환/추출, 어학, 디자인/미술, 블로그, 저작물, 전자책까지 유용한 사이트를 한 곳에 모았다.

3. 블로거팁닷컴이 선정한 유용한 스마트폰 앱 100

http://bloggertip.com/4323

안드로이드와 iOS를 운영체제로 하는 스마트폰에 설치할 수 있는 스마트폰 앱 100개를 선별했다. 실제로 스마트폰에 설치해 사용해보고 유용하다고 판단한 앱만 엄선했다. 지속적인 업데이트를 통해 더 나은 앱이 발견되면 새로운 앱으로 교체하고 있다.

블로거팁닷컴의 새 글을 받아보는 3가지 방법

1. 이웃커넥트 이웃 추가하기

블로거팁닷컴 블로그 오른쪽 영역에 네이버 이웃커넥트 위젯이 설치되어 있다. 네이버에 로그인이 된 상태에서 '이웃으로 추가' 버튼을 클릭하면 블로그를 구독할 수 있다. 이웃으로 추가하면 블로그에 방문하지 않고도 새 글이 올라올 때마다 네이버 메인화면에서 확인할 수 있다.

2. 이메일로 구독하기

블로그 오른쪽에 블로그 구독(이메일로 새 글 받기) 배너가 있다. 배너를 클릭하고 자신의 이메일주소를 넣고 스팸방지문자를 입력하자. '구독신청 완료하기'(Complete Subscription Request) 버튼을 누르면 마치 뉴스레터처럼 블로그에 방문하지 않고 새 글을 이메일로 받아볼 수 있다.

3. Feedly 앱으로 구독하기

피들리(Feedly)는 모바일 기반의 웹사이트 구독 앱이다. 즐겨 찾는 블로그 혹은 웹사이트를 추가해놓으면 블로그에 방문하지 않고 피들리 앱에서 새 글을 받아볼 수 있다. iOS/안드로이드 기반의 모바일 기기뿐 아니라 킨들에서도 사용할 수 있다. 앱스토어에서 'Feedly'로 검색하면 설치할 수 있다. 피들리를 실행하고 검색(돋보기) 아이콘을 누르자. 검색창에 '블로거'라고 한글로 입력하면 블로거팁닷컴이 제일 위에 나타난다. '+' 버튼을 눌러 블로그를 추가하면 된다.

About Bloggertip.com & Zet

연도	주요 이슈
2007	• **블로거팁닷컴 개설** • 블로그 구독자 900명 돌파(구글 피드버너 기준) • 티스토리 베스트 블로거&티스토리 우수블로그 선정 • 광주광역시청에 시민대상 블로그 활용교육 제안
2008	• 대한민국 블로거 컨퍼런스 강연(NHN&DAUM) • 광주광역시청 시민대상 블로그 활용교육 진행(강사) • 전자신문과 콘텐츠 제휴(네이버에 뉴스 기사 송고) • **티스토리 우수블로그 선정**
2009	• 티스토리 우수블로그&올블로그 베스트 블로그 선정 • 블로그 구독자 4천 명 돌파 • 기업블로그 담당자 인터뷰(LG전자, 농심, 소니코리아, HP, 안랩) • **티스토리 Best of Best 블로그 선정**
2010	• 블로그 구독자 7천 명 돌파 • 티스토리 우수블로그 선정 • 신문기자 및 서울시 초중고교사 대상 블로그 강의 • **2009 블로그 컨퍼런스 강연**(한국언론재단)
2011	• EBS 소셜미디어 전문가 간담회 참석 • 하나은행 소셜미디어 마케팅 강의 • **국가과학기술위원회 블로그 강의** • 티스토리 우수블로그 선정
2012	• CJ 파워블로거 간담회 참석 • 듀오백 웹진 블로그 칼럼 기고 • 어도비 어크로뱃 기자간담회 초청 • **월간조선 칼럼**(세상에서 가장 쉬운 SNS 활용법) 기고

연도	주요 이슈
2013	• 아시아나항공 인도네시아 자카르타 여행체험단 • 인생에 도움이 되는 100개의 웹사이트 선정 • 해양수산부 뉴미디어 홍보 자문위원 • **셔터스톡 이미지 파트너십 계약**
2014	• 스쿠트항공 대만 블로그 기자단 • 하나투어 겟어바웃 필진 합류 • **산돌커뮤니케이션 파트너십 및 후원 이벤트 개최** • 경기대학교 재학생 대상 블로그 강의
2015	• 파워블로그 만들기 오프라인 강의 개최 • 블로그 활성화 개인레슨 진행(문의 bloggertip@gmail.com) • **대한민국 전문주제 블로그 50 선정** • 첫 번째 책 〈블로그의 신〉 출간

마치며

트위터가 한국에서 처음 유행할 때만 하더라도 이제 블로그의 시대는 끝났다고 말하는 사람들이 많았다. 페이스북이 세계적으로 돌풍을 일으키며 국내에서도 대세 SNS로 자리 잡을 때에는 블로그를 버리고 차라리 페이스북을 하라는 사람도 있었다. 하지만 블로그는 트위터와 페이스북과는 성격이 다른 서비스라고 생각했다. 트위터는 단문으로 글을 작성해야 하는 불편함이 있었고 확산 속도가 걷잡을 수 없이 빨라 자칫 구설수에 오르기 쉽다는 위험요소 때문에 꺼리게 됐다. 페이스북은 프라이버시 이슈가 마음에 걸렸다. 이것저것 찍어 올리고 생각을 공유하다 보니 나를 너무 오픈하는 느낌이 들었다고 해야 할까? '좋아요'의 중독성을 깨칠 무렵 페이스북이 무서워지기 시작했다. 트위터와 페이스북 모두 내게는 맞지 않았다.

대기업의 홍보대행사에서 면접을 봤을 때의 일이다. 면접관(대표)은 "블로그 시대는 이제 갔다고 말하는 사람들이 많던데 이 말에 대해 어떻게 생각하세요?"라고 물었다. "트위터와 페이스북을 사용하다가 내 생각을, 나만의 노하우를 온전히 정리하기에는 부족하다는 생각에 다시 블로그로 돌아왔다는 글을 종종 봅니다. 각 서비스 저마다의 장단점이 있는데 블로그는 글과 사진으로 구성된 콘텐츠를 만들고 공유하기에 가장 좋은 콘텐츠허브라고 생각합니다"라고 답했다. 면접관은 맞는 말이라며 맞장구를 쳤다.

　포털은 블로그 검색결과를 검색엔진의 검색결과 상위에 노출시켰다. 사람들은 블로거들이 작성한 글을 참고해 물건을 사고 요리를 하고 여행을 떠났다. ==PC검색보다 모바일검색이 가파르게 상승하고 있을 뿐 소비하는 콘텐츠는 요즘도 크게 다르지 않다. 사람들이 정보를 찾는 방식이 완전히 변화하지 않는 한 블로그는 꾸준히 생명력을 유지할 것이라고 생각한다.== 서비스, 제품 이용후기가 담긴 블로그 글은 여전히 대중들에게 유용한 정보가 되고 있기 때문이다. 대중이 정보를 찾고 습득하는 방식에 완전한 변화가 찾아왔을 때 블로그의 시대는 안녕을 고할 것이다.

◆ 블로그 세상에서는 멍청이가 돈을 번다

　유복한 집안에서 태어난 천재보다 가진 거라곤 두 팔과 두 다리, 부모님이 사준 컴퓨터 한 대밖에 없는 집안에서 태어난 아이가 블로그로 돈을 벌 확률이 더 높다. 왜냐하면 유복한 집안에서 태어난 아이는 블로그 말고도 즐길 게 많아 블로그에 오랜 시간을 투자하기 어렵다. 블로그 세상에서는 머리가 좋다는 것도 불리하게 작용한다. 명문대를 졸업한 어느 블로거는 블로거팁닷컴 따라잡기를 외치더니 어느 날 블로그와 연을 끊었다. 머리가 좋은 사람을 차별하고(?) 싶지는 않다. 단 내 주변을 보면 머리가 좋고 집이 유복한 사람일수록 블로그를 진득하게 운영하지 못하는 경향이 있었다. 당장에 돈도 안 되는데 누가 뭐라 한들 미친놈처럼 붙잡고 끈질기게 매달리는 바보, 멍청이가 결국 큰돈을 번다.

◆ 변하지 않는 본질에 집중하자

홍보대행사에서 팀장으로 일하는 친구를 만나 점심을 먹었다. "요즘은 카스(카카오스토리) 많이 안 하지? 어때?"라고 물으니 "많이 죽었지. 요즘은 페북(페이스북)이랑 인스타(인스타그램)가 대세야. 그래도 블로그는 꾸준하더라"라고 했다. 친구의 말처럼 대세 서비스는 늘 변화해왔다. 대세 서비스였지만 어느새 대중의 기억에서 사라지기도 하고 반대로 듣보(듣도 보도 못한) 서비스가 혜성처럼 나타나 대세 SNS가 되기도 한다. 이렇게 변화무쌍한 유행의 시대일수록 오히려 변하지 않는 본질에 집중해야 한다고 생각한다.

블로그를 운영하는 것은 식당을 운영하는 것과 비슷하다. 음식이 맛있거나(정보의 질이 좋거나), 자리가 좋거나(포털 검색엔진 검색결과에서 블로그에 작성한 글이 잘 보이거나), 서비스가 좋으면(매너와 블로그만의 스타일이 있으면) 그 가게는 장사가 잘될 수밖에 없다. 그 식당이 블로그라고 치면 독자들의 재방문과 구독이 끊임없이 일어날 수밖에 없다. 허구한 날 문을 닫는 일(블로그에 너무 뜸하게 글을 올리는 일)이 없어야 하는 것도 식당 운영과 같다. 가장 중요한 것은 음식의 맛이다. ==음식의 맛(블로그 콘텐츠)이 좋다면 가격이 비싸도, 거리가 멀어도 손님은 알아서 찾아온다. 콘텐츠의 가치야말로 시대가 지나도 변하지 않는 본질이다.==

◆ 질 좋은 콘텐츠를 무료로 제공하자

블로그를 시작하고 하루 온종일 블로그만 생각한 적도 많다. 거의 하루도 빠짐없이 글을 올리고 다른 블로그에 방문해 댓글을 남겼다. 먹고-

싸고-자는 시간을 빼면 온종일 블로그에만 투자한 날들도 많았다. 남보다 많은 시간과 애정을 쏟은 만큼 더 많은 사람들의 주목과 관심을 받을 수 있었고 덩달아 구독자도 큰 폭으로 늘어났다.

자타가 공인하는 최고의 IT기업 구글은 무료서비스를 제공하며 축적한 대중의 관심과 신뢰를 상업적으로 활용했다. '블로그 운영 노하우'는 내가 좋아하며 독자에게도 도움이 될 만한 콘텐츠였다.

나만 알고 있는 유용한 정보를 블로그에 올리면서 '이거 손해 아니야? 내가 지금 뭐 하는 거지?' 라는 생각을 한 적이 있다. 부모님도 합세해 나가서 돈이 되는 일을 하라며 나무라셨다. 그렇지만 좋은 정보는 공유되어야 한다는 정신으로 꾸준히 블로그를 운영하다 보니 좋은 일들이 생기기 시작했다.

블로그에서 좋은 정보를 보고 있다며 거제도에서 선물을 보내온 독자의 사연, 블로그 팬이라며 휴대폰 문자를 보내온 이웃의 사연, 블로그를 보고 함께 일해보고 싶다며 취업을 제안해온 일, 블로그의 글을 잡지에 싣고 싶다는 기자분의 전화 등 돈으로 살 수 없는 행복감과 소중한 경험들을 얻었다.

질 좋은 콘텐츠를 만들고 블로그에 무료로 공유하자. 남을 돕고 내 블로그를 성장시키는 지름길이다.

◆ **축적된 신뢰와 관심이 수익으로 이어진다**

내 블로그의 주 수입원은 강의료다. 블로그 구독자 덕에 블로그 강의를 하게 되었는데 실제로 강의를 주최하는 기업, 정부부처 직원으로부터 자신이 블로거팁닷컴의 구독자라는 말을 들은 적도 여러 번 있다. 요즘은 블로그 개인레슨을 받고 싶다는 메일을 받는다. 독자의 신뢰가 수익으로 이어진 셈이다. ==나만의 콘텐츠를 축적한다는 생각으로 블로그 운영의 소소한 즐거움에 집중하자. 작은 물방울이라도 끊임없이 떨어뜨리면(떨어지면) 결국 돌에 구멍을 뚫는다는 수적천석水滴穿石의 교훈을 잊지 말자.==

마치며

부록1
웹서비스 적용 상세 가이드

◆ 한국어 맞춤법/문법 검사기 사용방법

① 블로그에 글쓰기를 마치는 대로 내용을 마우스로 드래그한 후 복사해두자. 이후 새로운 창을 열고 한국어 맞춤법/문법 검사기(speller.cs.pusan.ac.kr)에 접속한 후 빈칸에 앞에서 복사한 글을 붙여 넣고 '검사하기' 버튼을 클릭 하자.

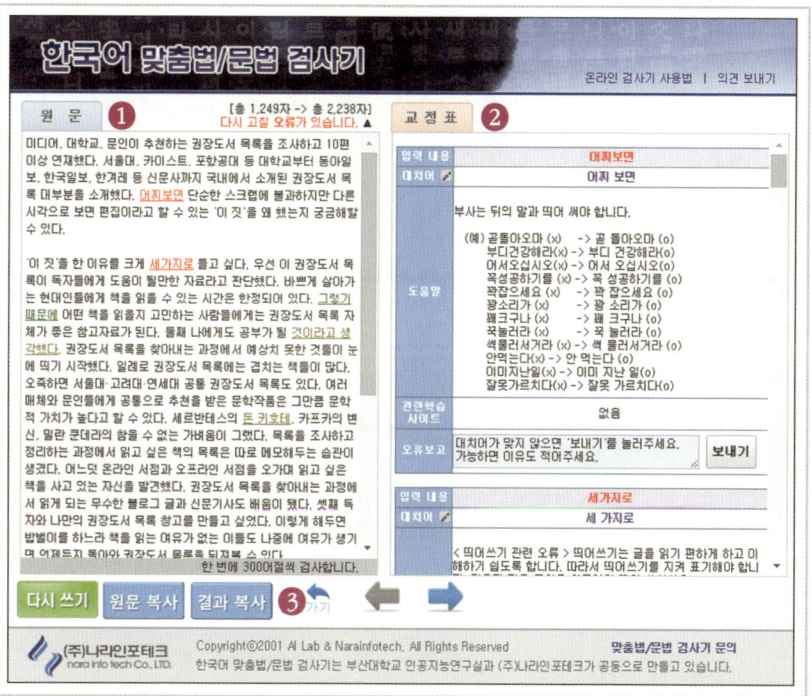

② ❶에는 원문이, ❷에는 원문에서 잘못된 부분에 대한 교정표가 나온다. 오른쪽 스크롤바를 잡고 내리면 어느 부분이 잘못됐는지 도움말과 함께 확인할 수 있다. 고유명사의 경우 잘못된 표현이 아닌데 잘못된 표현으로 인식되기도 하므로 주의하자. ❸의 '결과 복사' 버튼을 클릭하면 맞춤법/문법이 모두 수정된 결과물을 그대로 복사할 수 있다. '결과 복사' 버튼을 클릭하고 다시 글쓰기 창으로 돌아가 붙여 넣으면 된다.

◆ 네이버 애널리틱스 블로그에 설치하기

① 네이버에 로그인하자. '네이버 애널리틱스'를 검색하면 사이트 영역에 '네이버 애널리틱스'가 나타난다. 네이버 애널리틱스에 접속하면, 사이트 화면 우측 상단의 '바로 시작하기' 버튼을 클릭하자.

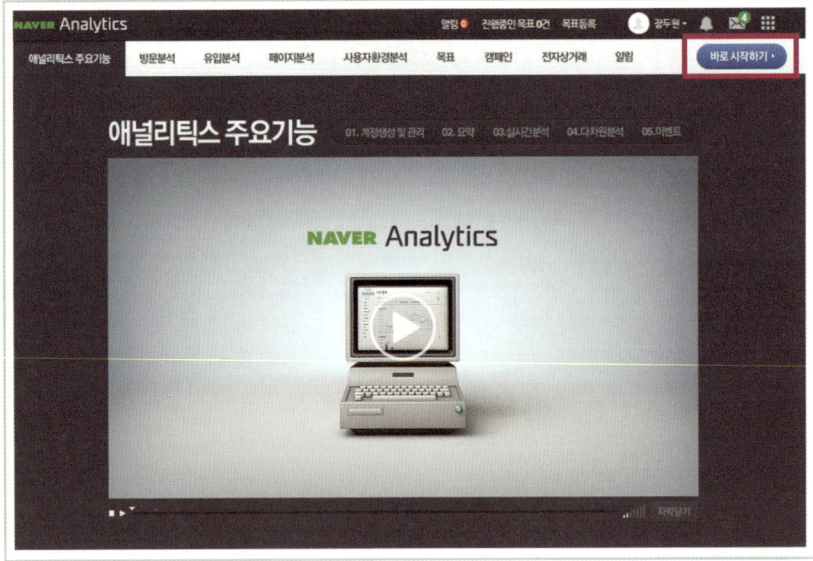

② 환영 메시지를 읽은 후 '다음' 버튼을 클릭하면, 이용약관 동의 페이지가 나온다. 이용약관 동의에 체크한 후 다음으로 넘어가자.

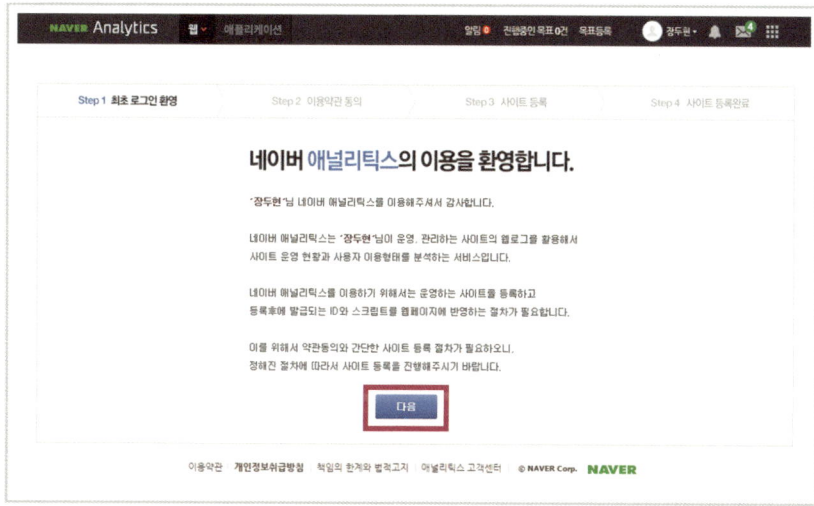

③ 사이트 등록 페이지가 나온다. 사이트명에는 블로그 이름을, 사이트URL에는 블로그 주소를 입력하고 '다음' 버튼을 클릭하자.

④ 분석 스크립트 항목의 HTML 코드를 복사해야 한다. '스크립트 복사' 버튼을 클릭하고 '완료' 버튼을 클릭하자.

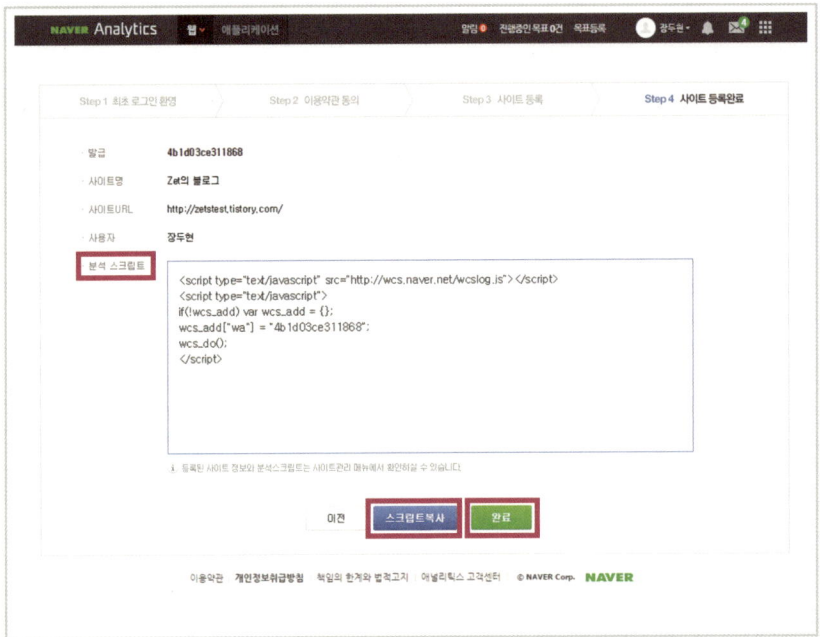

⑤ 티스토리 관리자 페이지에 접속하여 꾸미기〉HTML/CSS 편집 메뉴를 선택하자. 편집창에서 〈/body〉를 찾아 앞에서 복사한 스크립트 코드를 붙여 넣는다. 찾기 기능(컨트롤+F키)을 통해 찾을 내용에 〈/body〉를 입력하면 위치를 쉽게 찾을 수 있다. 스크립트 코드를 〈/body〉 앞에 붙여 넣은 후 '저장' 버튼을 클릭하자.

⑥ 앞의 5개 과정을 마치고 하루 정도 지나 네이버 애널리틱스에 접속하면 내 블로그의 방문 통계를 확인할 수 있다.

◆ AddThis 설치하기

① AddThis(www.addthis.com)에 접속해 왼쪽의 'Website Tools' 버튼을 클릭한다.

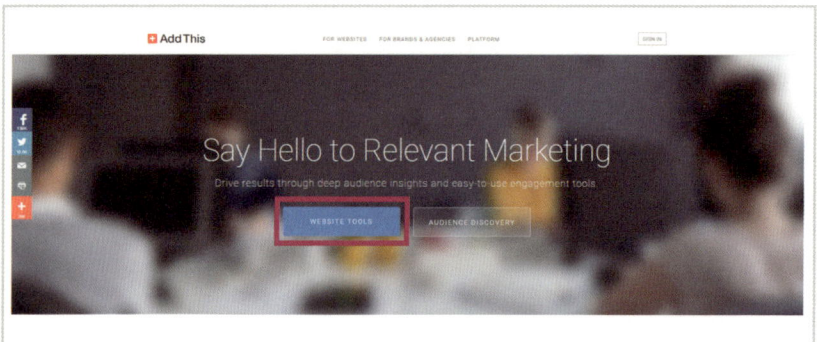

② 'Get Started for Free무료로 시작하기' 버튼을 클릭한다.

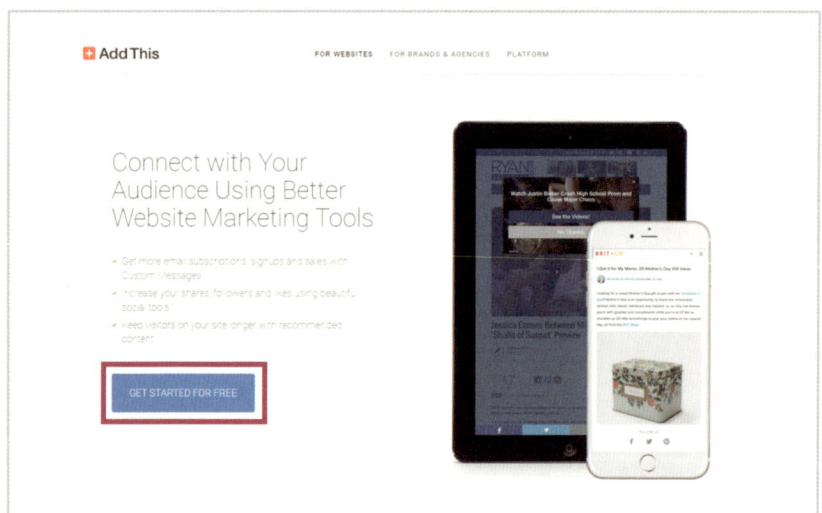

③ 회원가입 화면이 나오면 아이디로 사용할 이메일 주소, 비밀번호를 입력하고 'Email me a monthly newsletter월 단위 뉴스레터 받기' 기능의 체크를 해제한다. 'Register등록하기 버튼' 을 클릭하자.

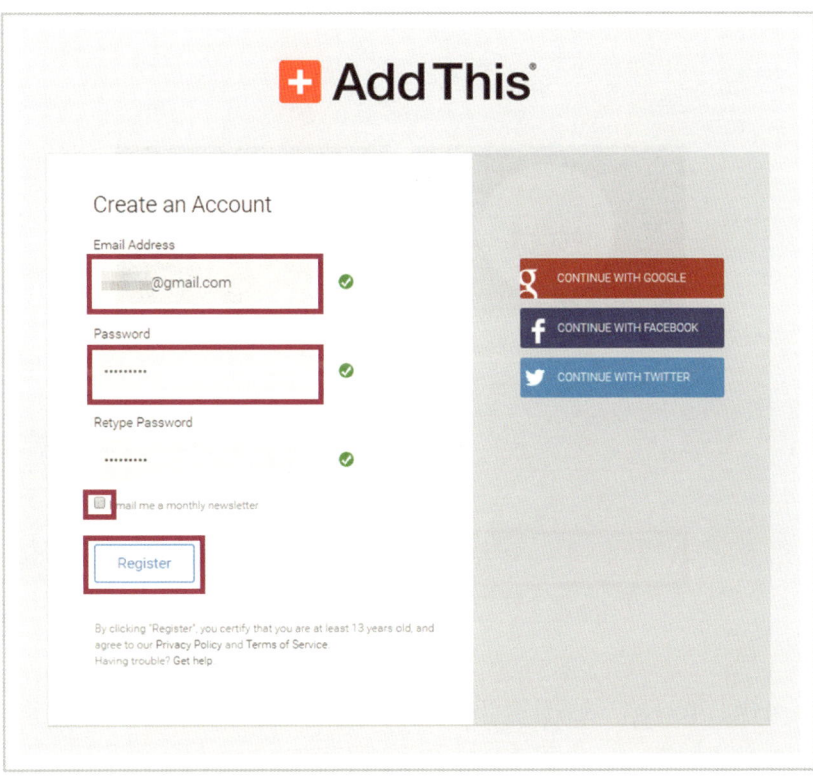

④ 무료 버전 베이직과 유료 버전 프로 중 무료 버전인 'Get Basic' 버튼을 클릭하자.

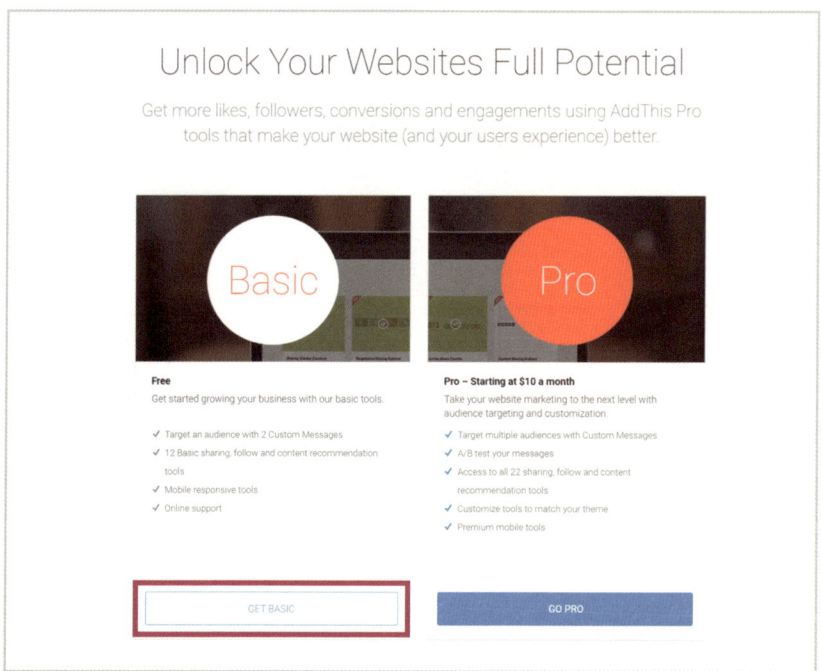

⑤ 상단의 'Tools도구' 메뉴를 클릭한다.

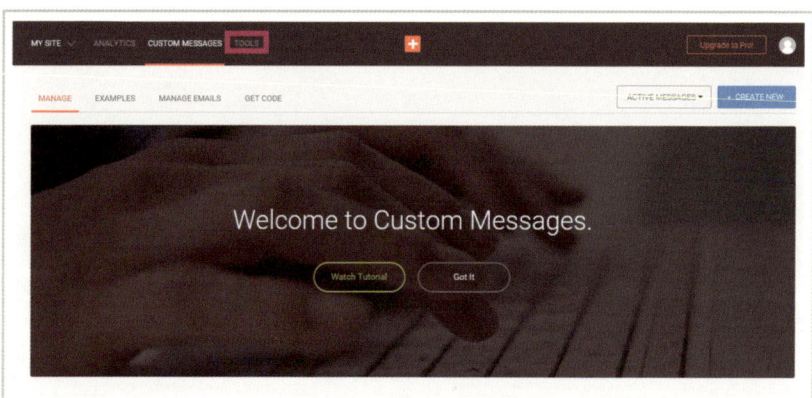

⑥ 'Share Tools공유 도구' 항목에서 Sharing Sidebar공유 사이드바 위젯을 찾아 'Setup' 버튼을 클릭하자. PRO라고 표시된 건 유료 서비스이며 연두색으로 Free라고 표시된 것이 무료 서비스다. 무료 서비스 중에서 자신의 입맛에 맞는 위젯을 사용하면 된다.

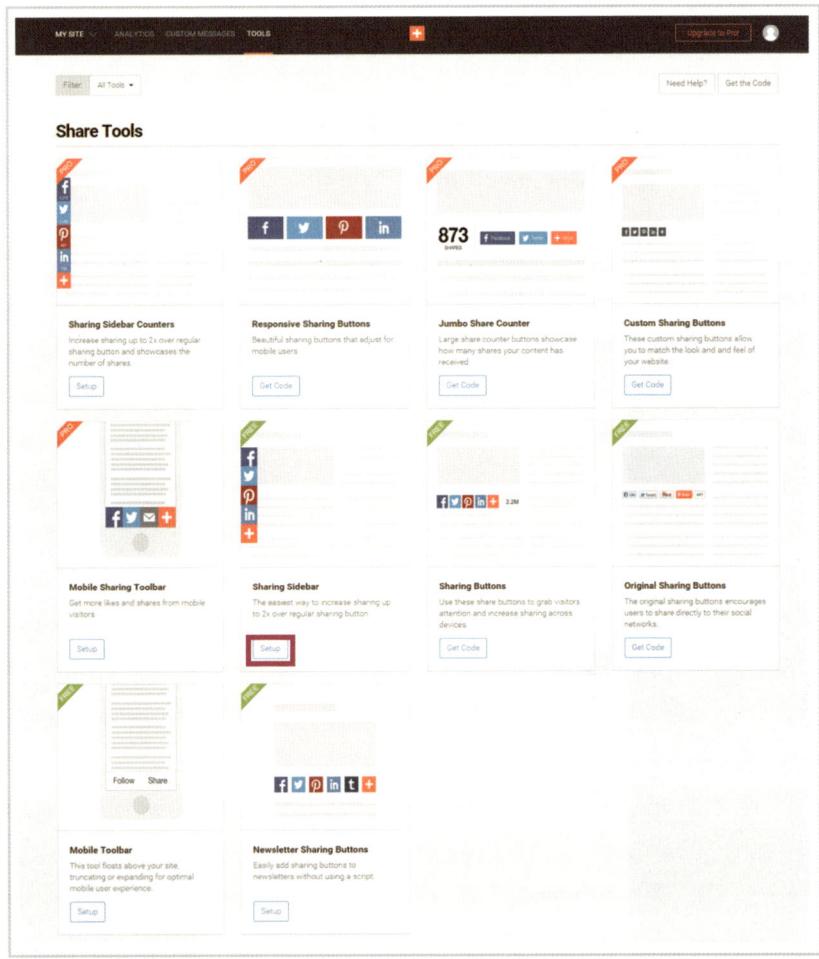

! 토막팁

공유 사이드바 이외의 추천 위젯

팔로우 도구(Follow Tools), 추천글 도구(Recommended Content)도 있다. 여러 가지 도구들이 있지만 본문에 설명한 Sharing Sidebar(공유 사이드바) 위젯 외에 Recommended Content 항목에 있는 What's Next(추천글 보여주기) 위젯을 추천한다. 방문자가 글을 읽다가 스크롤을 내리면 자동으로 추천글이 담긴 네모난 상자가 나타나는 기능을 가진 위젯이다. 공유 사이드바 위젯을 설치하는 것과 같은 방식으로 설치하면 된다.

⑦ ❶에서 공유 위젯의 위치를 왼쪽 또는 오른쪽으로 선택하고 ❷에 보이는 코드를 복사한 후 ❸의 'Activate 활성화' 버튼을 클릭한다.

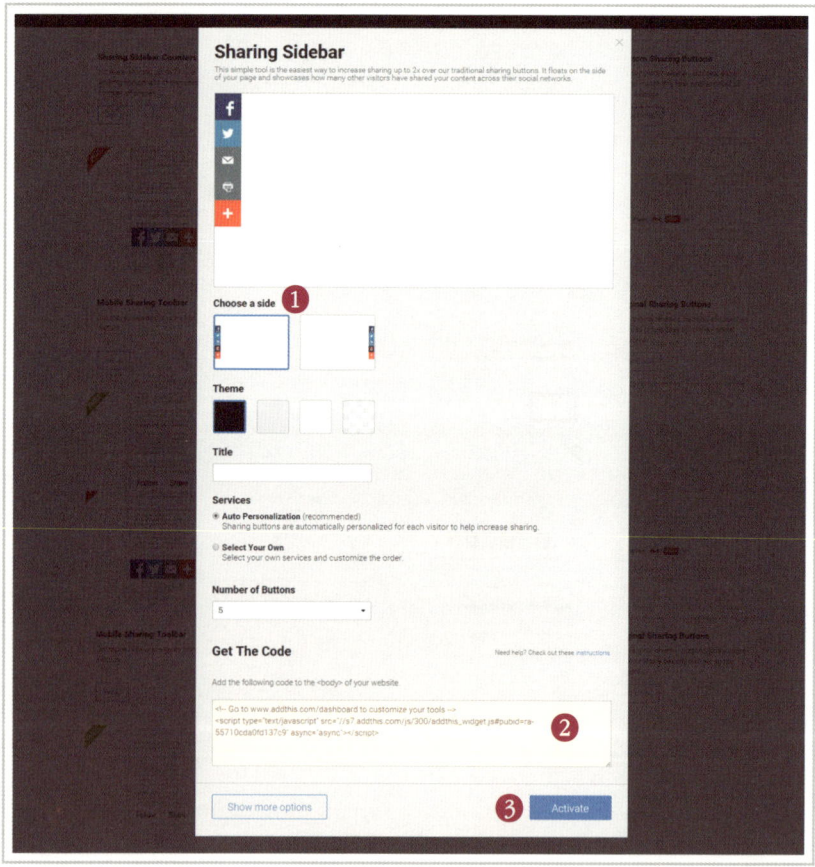

부록1 웹서비스 적용 상세 가이드

⑧ 티스토리 블로그 관리자 화면에 접속해 ❶의 'HTML/CSS 편집'을 선택한다. 찾기(Ctrl+F)에서 </body>를 입력하고 바로 앞에 전 단계에서 복사한 소스 코드를 붙여 넣는다(❷). ❸의 '저장' 버튼을 클릭하자.

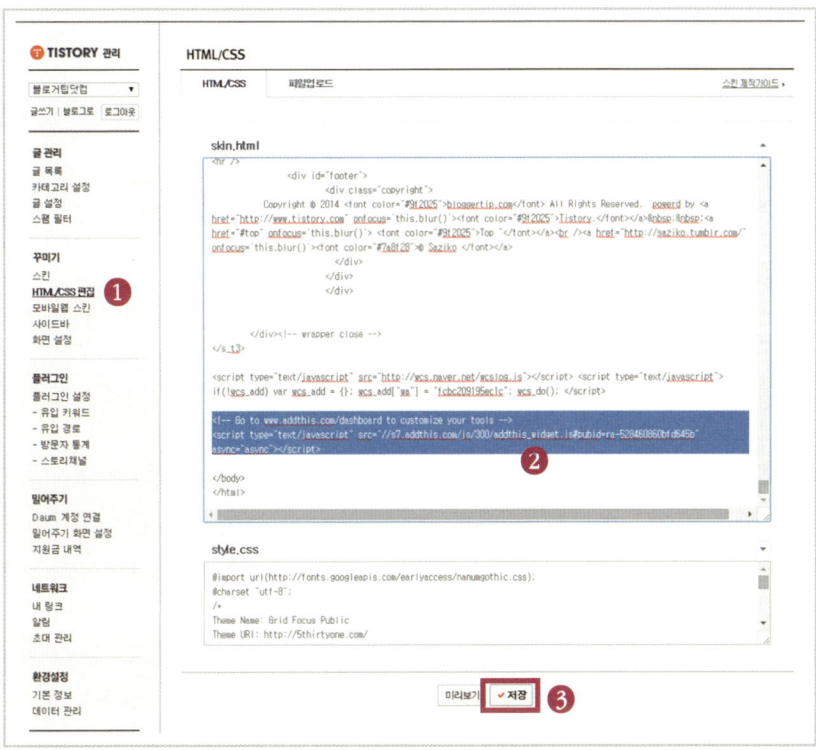

⑨ 자신의 블로그에 접속하자. 소셜 공유 사이드바 위젯이 보이면 성공이다.

◆ 블로그 로딩 속도 측정 방법

① Page Speed Insight(developers.google.com/speed/pagespeed/insights)에 접속하면 빈칸이 표시된다. 빈칸에 내 블로그 주소를 입력하고 '분석' 버튼을 클릭하자.

② 모바일 점수가 100점 만점에 18점이 나왔다. 모바일에서 보기에 부적절하다는, 문제가 많다는 것을 의미한다. 블로거팁닷컴은 티스토리 블로그를 기반으로 운영되고 있는데 티스토리 관리자 화면에서 모바일 스킨을 적용할 수 있다. 그렇게 하면 속도를 획기적으로 개선할 수 있지만 모바일 스킨 기능을 꺼두었다. 모바일 스킨은 블로그의 방대한 콘텐츠를 모두 보여주기에 부족하다는 개인적인 판단 때문이다. 수정 필요, 수정 고려 항목이 보이고 그 밑에 해결방법 보기라는 문구도 보인다. '해결방법 보기'를 누르면 구체적인 해결방안을 제시한다.

③ 해결방법 보기를 누른 화면이다. 어떤 이미지 파일 크기를 줄여야 속도가 개선되는지 자세히 설명해준다. 블로거팁닷컴의 모바일 메인화면은 썸네일 이미지가 너무 많아 로딩 속도가 지연되고 있다. 모바일 탭 옆에는 데스크톱 탭이 있다. 데스크톱 탭에서는 PC화면에서 내 블로그가 어떻게 보이는지 화면과 함께 속도 개선을 위한 지연요소 해결방법도 볼 수 있다.

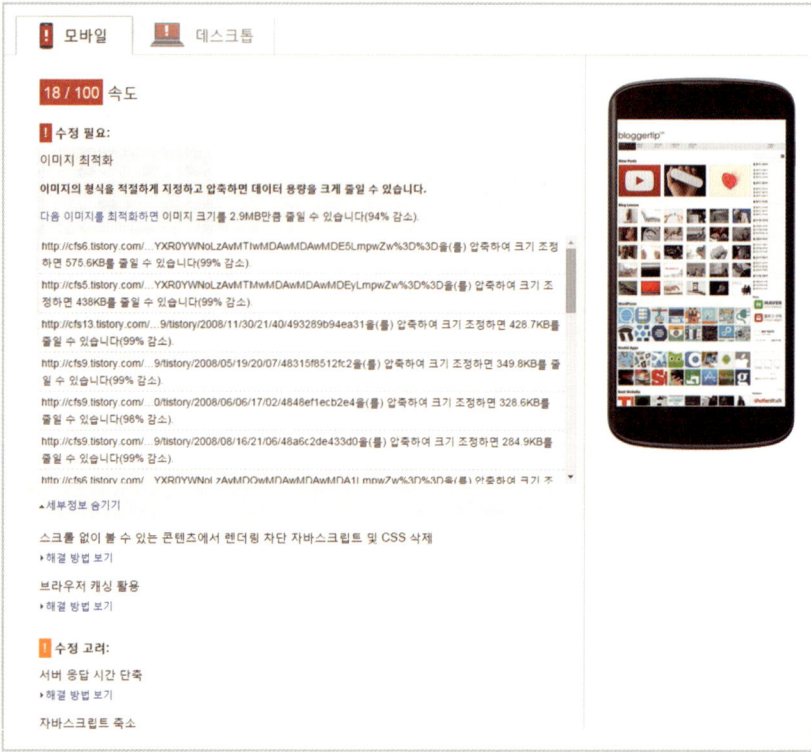

◆ 페이지랭크 측정하기

① PR Checker(www.prchecker.info)에 접속하면 블로그 주소를 입력하는 빈칸이 나온다. 빈칸 ❶에 자신의 블로그 주소를 입력하고 'Check PR' 버튼을 클릭하자.

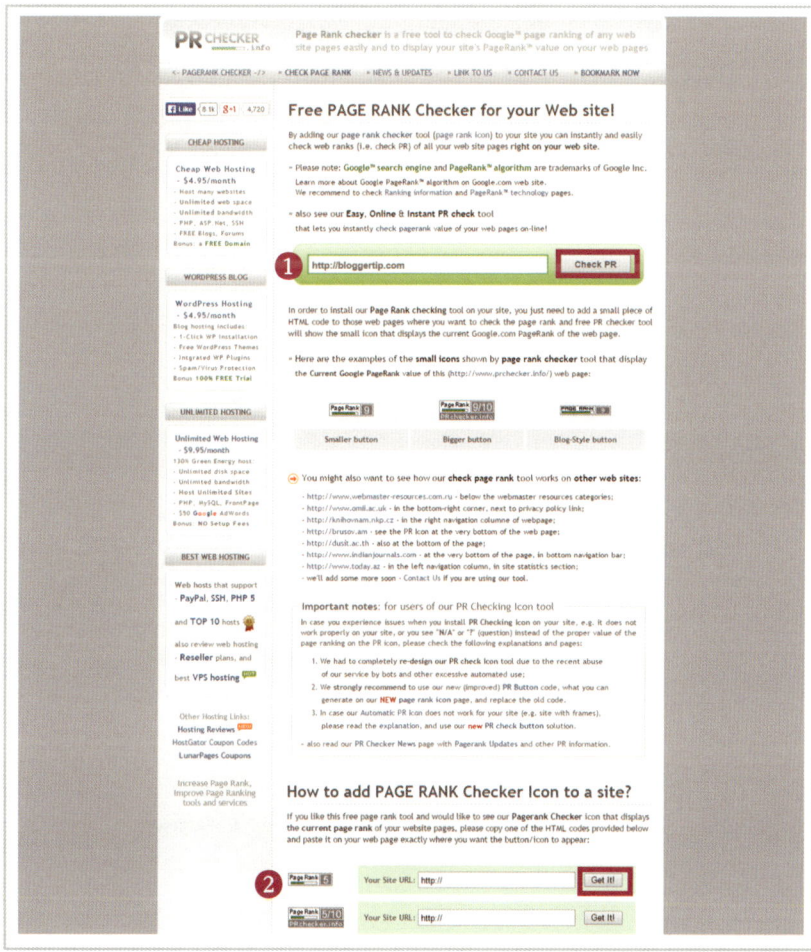

② 자동입력방지 문자를 입력하고 'Verify Now인증하기' 버튼을 클릭하자.

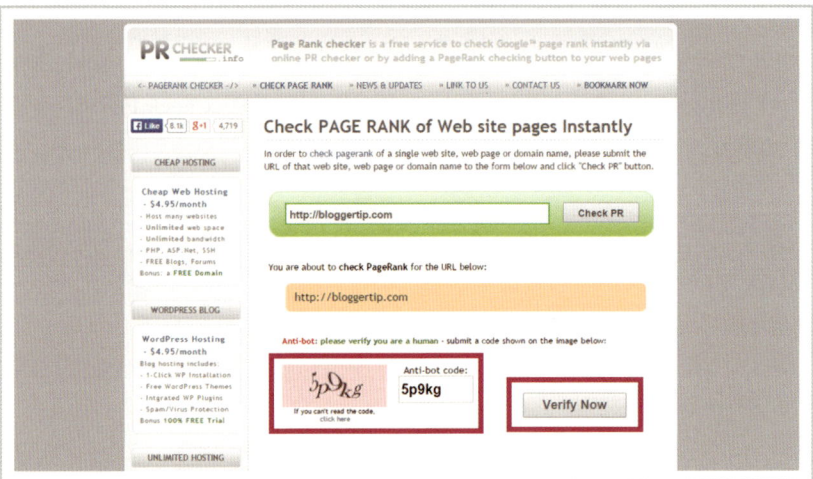

③ 블로거팁닷컴은 페이지랭크 측정 결과, 5가 나왔다.

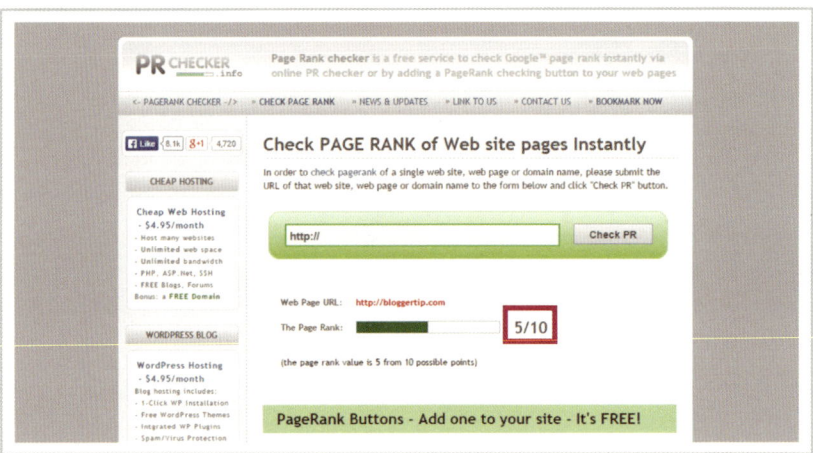

④ 내 블로그의 페이지랭크 측정 결과값을 위젯 형식으로 블로그에 보이게 할 수 있다. ①의 이미지 ❷에서 3가지 모양 중 원하는 것을 골라 자신의 블로그 주소를 입력 후 'Get it' 버튼을 클릭하면 된다. 이것은 꼭 설치해야 되는 것은 아니다.

◆ 구글 설문지 만들기

구글 설문지는 직접 주소(www.google.com/intl/ko_kr/forms/about)를 넣거나 구글 검색에서 '구글 설문지'를 검색하여 접속할 수 있다.

① 중앙에 있는 'Google 설문지로 이동' 버튼을 클릭한다.

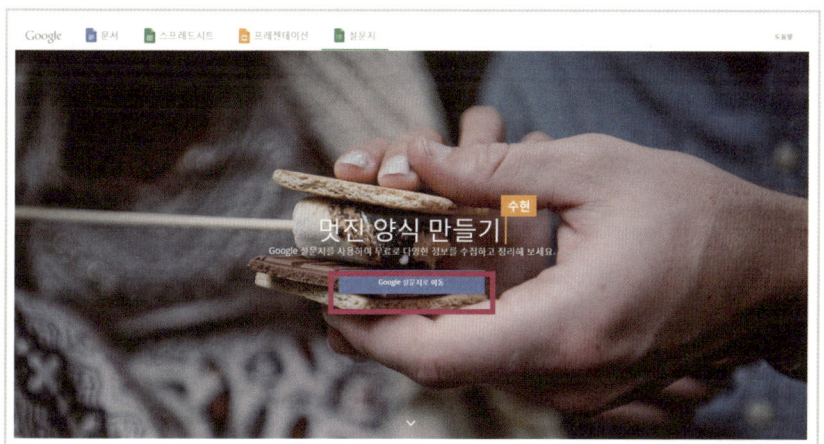

② '설문지-제목없음' 위에 마우스를 올려 클릭하고 이벤트 제목을 입력하자.

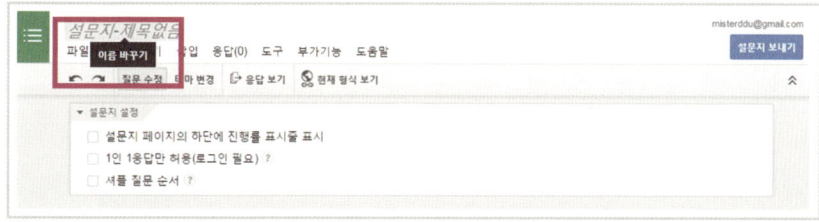

③ '블로그 개설 기념 도서 증정 이벤트 응모하기'라고 입력했다. 이제 질문과 답변 항목을 입력할 차례다. ❶에 질문 제목, 도움말 텍스트를 입력하고 질문 유형을 선택한다. 질문 유형이라고 된 부분이 바로 답변 유형을 선택하는 곳이다. 주관식 답변은 텍스트를 선택하면 된다. ❷의 '필수 질문' 항목에 체크하고 '완료'를 클릭한다.

④ 첫 질문이 보기 좋게 잘 입력된 것을 확인할 수 있다. '항목 추가' 버튼을 클릭하자.

⑤ 새로운 항목이 추가되면 ③과 마찬가지로 ❶의 질문 제목과 도움말 텍스트를 입력하자. 그리고 질문 유형을 객관식으로 선택한 후 ❷에 5개의 답변을 입력한다. ❸의 필수 질문에 체크한 다음 '완료'를 클릭하자. 이 같은 방법으로 3개의 질문(항목)을 만들었다. 질문 입력을 마쳤으면 확인 페이지를 입력해야 한다.

⑥ 확인 페이지는 이벤트를 응모 완료했을 때 보이는 메시지를 입력하는 곳이다. ❶의 빈칸에 메시지를 입력하고 ❷는 모두 체크 해제하면 된다. 다 됐으면 '설문지 보내기' 버튼을 클릭하자.

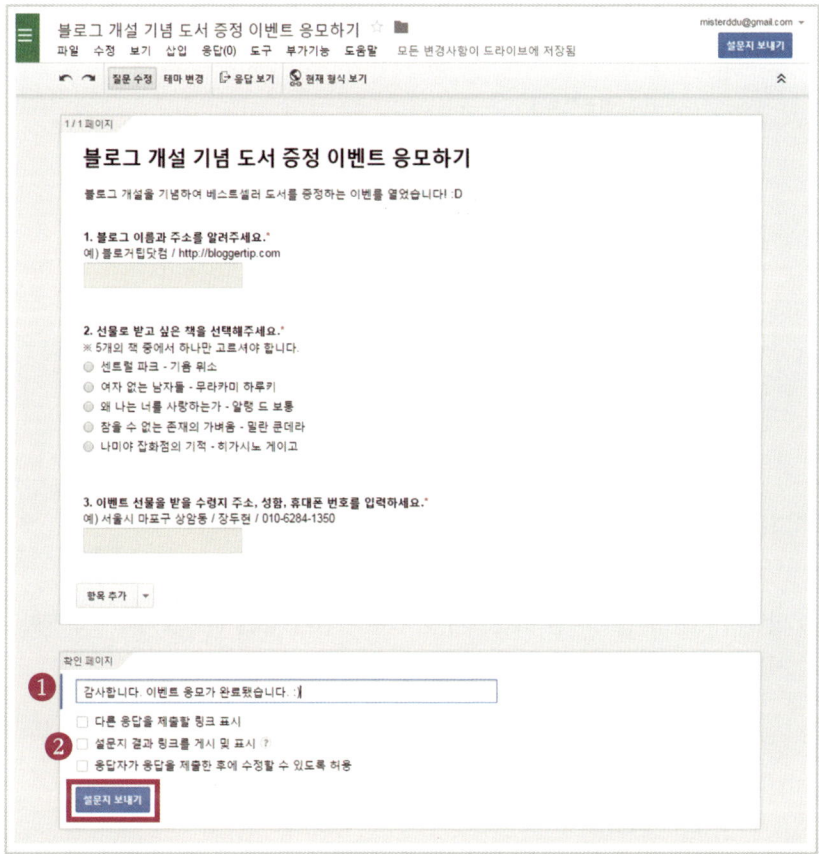

⑦ 공유할 링크가 나온다. 블로그에 이벤트를 개시한다는 글을 작성할 때 본문에 '응모하기'라고 적고 그 옆에 이 주소를 붙여 넣으면 된다. 이 주소가 바로 방금 만든 이벤트 응모창이 보이는 URL이다. 주소를 선택하고 복사한 다음 '완료' 버튼을 클릭하자.

⑧ 만들기 버튼을 클릭하면 이벤트에 응모한 사람의 답변 내용을 구글 스프레드시트에서 실시간으로 확인할 수 있다. '만들기' 버튼을 클릭하자.

⑨ 이벤트 형식이 잘 만들어졌는지 확인해보자. 구글에서 로그아웃한 다음 새 창을 열어 전 단계에서 복사한 주소를 주소창에 붙여 넣은 후 접속해보자. 아래 화면처럼 이벤트 형식이 잘 보인다면 성공이다. 응모가 잘 되는지 확인해보기 위해 임의로 빈칸을 채우고 '보내기' 버튼을 클릭하자.

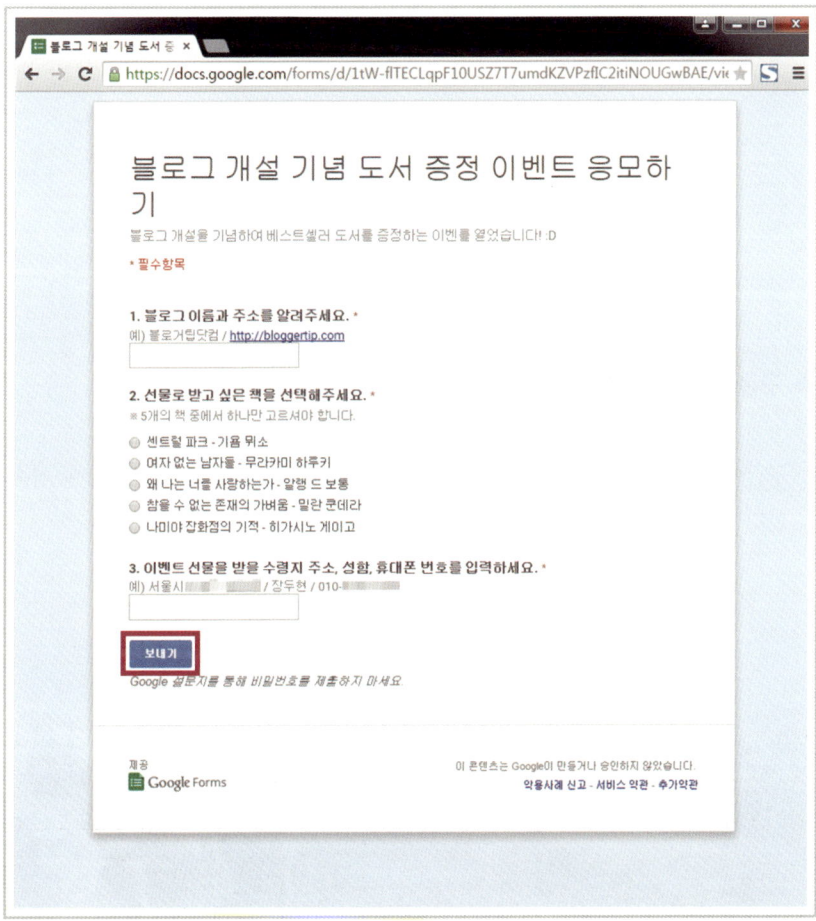

⑩ "감사합니다. 이벤트 응모가 완료됐습니다. :)" 라는 확인 메시지가 보이면 성공이다.

◆ 구글 스프레드시트에서 이벤트 응모자 정보 실시간 확인하기

① 구글에 로그인하고 스프레드시트(www.google.com/intl/ko_kr/sheets/about)에 접속한다. 중간의 'Google 스프레드시트로 이동' 버튼을 클릭하자.

② '블로그 개설 기념 도서 증정 이벤트 응모하기(응답)' 항목을 클릭한다.

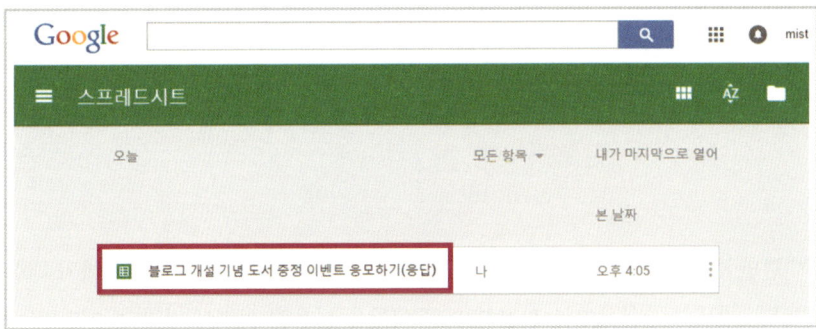

③ 응모자의 정보가 엑셀에 정리한 것처럼 보기 좋게 정리되어 있는 것을 확인할 수 있다. 이벤트 응모 형식 제작 외에 투표나 퀴즈를 진행할 때에도 구글 설문지를 이용하면 좋다.

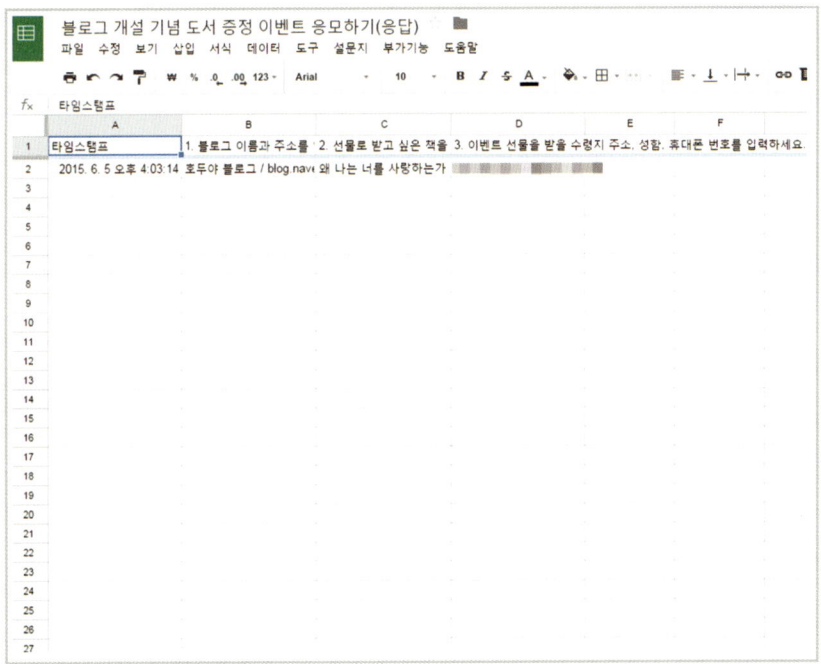

부록2
대한민국 전문 주제 블로그 50

'대한민국 ○○○ 어워드'는 자사 파트너 블로거를 위주로 선정하면서 마치 대한민국을 대표하는 블로그를 선정한 듯한 이름을 사용해 논란이 있었다. 게다가 주최측과 관련이 있는 파트너 블로그를 위주로 선정한다는 구설수에 오르기도 했다. 한국PR기업협회에서 2008년 '전문 주제 분야별 국내 블로그 100선'을 선정해 홈페이지에 소개했는데 이 또한 믿을 만한 자료가 못 된다. '한RSS'라는 사이트에 등록된 블로그 중에서 구독자 순으로 정렬해놓은 단순 자료에 불과하기 때문이다.

한번은 정부부처의 자문회의에 참석한 적이 있다. 여기에서 처음 뵌 인터넷진흥원 직원에게 메일을 보냈다. 서점 잡지코너에 가면 '문화체육관광부 선정 우수콘텐츠 잡지'라고 나름의 인정을 받은 잡지들이 있다. 우수콘텐츠 잡지처럼 우수콘텐츠 블로그를 선정해 소개하자며 제안했다. 이렇게 하면 인터넷 이용자들이 유용한 콘텐츠로 운영되고 있는 블로그를 한자리에서 볼 수 있는 이점이 있다. 또 우수콘텐츠 블로그로 선정된 블로거에게는 앞으로도 더 좋은 콘텐츠를 지속적으로 생산할 수 있는 동기부여가 될 것이라 믿었다. 하지만 검토해보겠다는 메일을 받은 이후에 1년 넘게 소식이 없었다. 그래서 내가 직접 전문성 있는 블로그를 모아 정리한 후 50개의 전문 주제 블로그를 선정했다. 선정된 50개의 블로그에는 내가 평소에 즐겨 찾는 블로그도 포함되어 있다.

50개 전문 주제 블로그 선정 기준

- 전문 주제 블로그라고 부를 만큼 명확한 주제를 가지고 있는가?
- 주제에 관해 깊이 있는 콘텐츠를 보유하고 있는가?
- 스크랩 자료가 아닌 본인의 글을 작성하고 있는가?

전문 주제 블로그 50

	주제	블로그 이름	블로그 주소
1	연애	무한의 노멀로그	normalog.com
2	사진	지루박멸연구센타	blog.naver.com/ichufs
3	매킨토시	BACK TO THE MAC	macnews.tistory.com
4	맛집	Rainy의 블로그	blog.naver.com/paperchan
5	호텔	늙은 호텔리어 몽돌의 호텔이야기 편파포스팅	lee2062x.tistory.com
6	여행	배짱이의 여행스토리	blog.naver.com/1978mm
7	공포	이상한 옴니버스	blog.naver.com/medeiason
8	편의점	다인의 편의점 이것저것	totheno1.egloos.com/
9	뷰티	꽃사슴의 라임홀릭	blog.naver.com/j_huiiii
10	리뷰	기즈모블로그	blog.naver.com/gizmoblog
11	영화	페니웨이™의 In This Film	pennyway.net
12	와인	와인 마시는 아톰 블로그	blog.naver.com/mmatom
13	원예	모나코의 초록향기	blog.naver.com/iriver720
14	낚시	입질의 추억	slds2.tistory.com
15	IT	에스티마의 인터넷 이야기	estima.wordpress.com
16	미남계	BAJIROY	faction.co.kr
17	성우	KIM SEO YOUNG	blog.naver.com/mbckong
18	서평	로쟈의 저공비행	blog.aladin.co.kr/mramor
19	세팍타크로	세팍타크로 라이프	koreatakraw.com
20	웨이트트레이닝	수피의 健 – 강한 운동 이야기	blog.naver.com/kiltie999
21	파워포인트	수현아빠의 파워포인트 이야기	blog.naver.com/radiobj5
22	캠핑	아웃도어에 미치다	blog.naver.com/muhanbox0
23	애완물고기	조은하루의 물속 이야기	blog.naver.com/jounharu1
24	길고양이	찰칵거리는세상아!	blog.naver.com/ckfzkrl
25	직장생활	강효석의 'MBA에서 못 다한 배움 이야기'	managerkay.com/
26	곤충	꿈도미 곤충블로그	blog.naver.com/shsy4919
27	과학	전화영의 Life & Cool Science	blog.naver.com/chemijhy
28	양식요리	bdelicious	blog.naver.com/bdelicious
29	이종격투기	김대환의 파이트캐스트	blog.naver.com/fightcast

주제		블로그 이름	블로그 주소
30	외국어	Why-Be-Normal.com 선현우의 외국어 이야기	blog.naver.com/ever4one
31	전쟁	대사의 태평양전쟁 이야기	blog.naver.com/imkcs0425
32	스트리트패션	STREETFSN	blog.naver.com/hbnam24
33	생활공예	핸드 메이드	blog.naver.com/kniter24
34	별자리	검은괭이2의 내 멋대로 별자리	lady418.tistory.com
35	건축	구본준의 거리 가구 이야기	blog.hani.co.kr/bonbon
36	미술	문소영 기자의 미술관 속 비밀도서관	blog.naver.com/goldsunriver
37	농구	Yangraki Blog	blog.naver.com/yangr33
38	만화	코믹스팍닷컴	blog.naver.com/enterani
39	컴퓨터	씨디맨의 컴퓨터이야기	cdmanii.com
40	문화	삶의발견	blog.naver.com/just6063
41	약학	바른 약 사용 설명서	blog.naver.com/muinjidae
42	재즈	Music Today	blog.naver.com/akoustic
43	맥주	Beer Keg	blog.naver.com/darkbior
44	자동차	닥터돈까스의 아이러브CAR	blog.naver.com/ogn0120
45	사랑	사랑에 장애가 있나요?	blog.cyworld.com/hsjuri
46	책	달님은 어찌 그리 고우신지	blog.naver.com/jmh5000
47	한식요리	요안나의 행복이팍팍	blog.naver.com/hyleeyan
48	세계사	동화보다 재미있는 세계사	blog.naver.com/royalsweet16
49	오디오	진력 AV/오디오 칼럼리스트 몬테크리스토	blog.naver.com/jbo117
50	육아	불량육아&군대육아	blog.naver.com/sism1029

50개 전문 주제 블로그에서 배울 점

1. 무한의 노멀로그

연애 블로그 노멀로그에는 거의 매일 글이 올라올 정도로 꾸준함을 자랑한다. 긴 글에 사진이 없어도 글빨로 커버할 수 있을 만큼 글 자체에 남다른 재미가 있다. 빼어난 글 솜씨뿐 아니라 깔끔하고 보기 좋게 정리한 공지글 역시도 블로그 운영에 참고할 만하다. "무한이 사진 없이 글을 쓰니까 덩달아 사진 없이 글을 써야겠다고?" 수년간 갈고닦은 내공이 필요하므로 무한을 따라 한다고 이미지를 넣지 않는 실수를 범하지 않도록 유의하자.

2. 지루박멸연구센타

사진 블로그는 너무나 많다. 밤하늘의 별처럼 헤아릴 수 없을 만큼 많은 사진 블로그 중에서 우쓰라의 블로그를 선정한 이유는 높은 블로그 활용도 때문이다. 우쓰라는 사진 블로그로 할 수 있는 거의 모든 것을 블로그를 통해 보여준다. 기업과의 제휴로 사진 촬영 강좌를 열기도 하고 방송에도 출연하며 잡지에 사진여행기를 기고하기도 한다. 잡지 기자 출신의 블로거답게 글 제목도 찰지게 잘 짓는다. 블로그 글 제목 짓기에 어려움을 느끼는 이들에게는 좋은 참고서가 되어줄 것이다.

3. BACK TO THE MAC

하루에만 4~5개씩 글을 올리는 백투더맥 운영자 ONE™의 열정 때문일까? 애플에 관한 소식만 올려도 매일 수만 명의 방문자가 찾는다. 잡지 지면은 저리 가라 할 정도로 보기 좋은 편집 능력도 돋보인다. 무료로 배포하는 티스토리 스킨(iNove)을 자기만의 스타일로 변형시킨 디자인 감각도 주목할 만하다.
+ 티스토리 블로그에 iNove 스킨 설치하기 www.tyzen.net/200

4. Rainy의 블로그

매일 하나씩 올라오는 맛집 포스팅. 정갈한 한정식 밥상처럼 보기 좋은 글과 이미지가 돋보인다. 맛집 후기글 마지막에는 늘 맛, C/P, 서비스로 나눈 별점 평가를 남겨놓는다. 4천 개가 넘는 맛집 포스팅은 운영자 Rainy의 주제에 대한 전문성을 입증하기에 충분하다. 깔끔하게 통일된 글의 제목과 구성도 참고할 만하다.

5. 늙은 호텔리어 몽돌의 호텔이야기 편파포스팅

남이 다루지 않는 주제를 선정하는 센스, 블로그 주제를 선정하는 사람이라면 몽돌의 블로그를 연구할 필요가 있다. 운영자 몽돌은 자신이 호텔에서 근무한 경험을 바탕으로 예비 호텔리어에게 전하는 호텔 취업 노하우 등 유용한 정보를 전한다. 한국 최초의 별 5개 호텔, 호텔업 뒷이야기 등 흥미로운 이야기도 많다. 자신의 경험을 바탕으로 전문적인 블로그를 만들어보고 싶은 이들에게 등불이 되어준다.

6. 배짱이의 여행스토리

해외여행을 원하는 사람들이 원하는 정보를 어쩜 이렇게 잘 정리할 수 있을까? 저렴하게 항공권을 구하는 나만의 비법에 날짜별/품목별로 자세히 정리한 해외여행 경비도 무지 유용하다. 여자 혼자 전 세계를 여행하는 블로그, 직장을 그만두고 세계여행을 떠난 부부의 이야기 등 여행블로그는 이미 포화상태! 이젠 여행블로그도 정보력으로 승부해야 한다. 재방문을 유도하는 정보성 글은 어떻게 작성해야 할지 궁금하다면 배짱이의 여행스토리를 방문하자.

7. 이상한 옴니버스

공포 미스터리 블로그 '이상한 옴니버스'의 운영자 메데아는 전 세계에서 일어난 미스터리를 추적해 사건을 블로그 포스트로 재구성한다. 글과 이미지는 포토샵으로 편집해 보기 좋게 올린다. 메데아는 네이버 대형 카페에 자신의 글을 연재하며 유명세를 모으기도 했다. 내 블로그 글을 보러 와주길 기다리기보다는 메데아처럼 대형 카페에 자신의 글을 연재해보는 것은 어떨까?

8. 다인의 편의점 이것저것

거의 10년이 넘도록 편의점에서 판매하는 음식을 전문적으로 리뷰해온 블로그 '다인의 편의점 이것저것'은 이글루스에서 대표이글루(우수블로그)만 7회에 선정될 정도로 독창성을 인정받았다. 음료수만 전문적으로 리뷰하는 블로거, 매일 매일 무엇을 먹었는지 사진을 찍어 올리는 블로거, 맛집에 가서 음식 사진은 안 올리고 음식을 다 먹고 난 빈 그릇만 찍어 올리는 블로거들도 생겨났다. 일상생활에서 매일 접하는 것들, 사소하게 지나치는 것들도 블로그에 매일 올렸을 때 특별한 무언가가 될 수 있다는 사실을 몸소 증명하고 있다.

9. 꽃사슴의 라임홀릭

메이크업 전문 블로그 꽃사슴의 라임홀릭에서 소셜미디어를 활용해 블로그를 홍보하는 방법을 제대로 배울 수 있다. 페이스북, 유튜브, 인스타그램 등 핫한 소셜미디어 채널을 만들고 블로그에 예쁘게 정리해뒀다. 소셜미디어 채널을 효과적으로 소개할 수 있는 방법을 참고하자. 유튜브 채널을 활용해 자신만의 동영상 콘텐츠를 쌓아가는 모습도 지켜볼 만하다. 요리도 그렇지만 메이크업도 동영상을 보고 따라 하기에는 손이 너무 자주 가게 된다. 중간중간 일시정지를 해야 하기 때문이다. 유튜브 동영상을 보고 따라 하기 어려운 이들에게는 사진과 글로 정리된 블로그 라임홀릭이 있으니 걱정할 필요가 없다. 블로그와 소셜미디어의 효과적인 활용법을 알고 싶다면 꽃사슴의 블로그로 달려가 보자.

10. 기즈모블로그

리뷰 블로그는 포화상태다. 그런데 이보다 재밌는 리뷰 블로그가 있을지 모르겠다. 기즈모블로그는 유명 IT 칼럼니스트가 운영하는 블로그다. 한겨레, 전자신문, 지디넷, M25(지하철 무가지) 기고이력을 가진 기즈모는 스마트폰부터 무전기, 레트로제품에 이르기까지 다양한 전자제품을 사용해보고 솔직한 후기글을 올린다. 모든 걸 내려놓은 듯한 개성 있는 스타일의 글쓰기, 꾸밈없고 재밌는 리뷰 글쓰기를 배워보고 싶다면 기즈모블로그에 방문해보자.

11. 페니웨이™의 In This Film

영화 리뷰 전문 블로그 In This Film에서는 시리즈 포스트를 어떻게 기획하는지 참고할 수 있다. 운영자 페니웨이는 작품성은 뻔할 것 같고 막상 보고 나면 이걸 왜 봤을까 할 만한 시간이 아까운 영화를 보고 괴작열전 시리즈를 연재했다. 영화의 속편들을 소개하며 특히 2탄만을 다루는 속편열전과 옛날 영화와 옛날 만화영화를 소개하는 고전열전도 재미있다.

12. 와인 마시는 아톰 블로그

거의 매일 전세계의 다양한 와인 리뷰가 올라온다. 전문주제 블로그들의 공통점이라고 봐도 무방할 정도로 특정한 주제를 가진 블로그는 거의 매일 포스팅을 한다. 아톰 블로그처럼 자신만의 주제를 가진 블로그가 신변잡기 블로그보다 훨씬 쓸거리가 많다는 점을 참고할 수 있다.

13. 모나코의 초록향기

보기만 해도 기분 좋아지는 정원이야기, 모나코의 초록향기 블로그는 거의 매달 이벤트를 연다. 도서 이벤트, 커피 이벤트, 100만 히트 이벤트, 꽃박람회 이벤트, 딸기 이벤트, 화분 증정 이벤트 등 다채롭고 소소한 이벤트들이 많다. 블로그 이벤트는 어떻게 진행해야 할지 막막하다면 모나코의 정원을 구경하자.

14. 입질의 추억

낚시와 물고기의 거의 모든 것을 다루는 입질의 추억에서는 2가지를 참고하면 좋다. 먼저 블로그 주제를 선정했을 때 카테고리(메뉴)를 어떻게 나눌지 고민이 된다면 입질의 추억의 오른쪽 카테고리를 구경해보자. 블로그 운영자의 사진, 이메일 주소, SNS 주소, 어워드 수상경력, 년도별 블로그 활동경력을 보기 좋게 정리한 프로필 페이지도 놓치지 말 것!

15. 에스티마의 인터넷 이야기

조선일보 기자, 라이코스 CEO, 다음 글로벌 부문장을 지냈으며 현재 한국 스타트업 생태계를 활성화하는 미션을 가진 스타트업얼라이언스의 센터장으로 활약하고 있는 IT 업계의 실력자가 운영하는 블로그다. 50개의 전문주제 블로그 중에서 유일하게 워드프레스로 운영되고 있다. 늘 생각할 거리와 인사이트를 던져주는 완소 블로그 중의 하나다. 화려한 이력을 지닌 유명인사이며 좋은 정보글을 지속적으로 올리기 때문에 워드프레스를 이용해도 즐겨찾기 하거나 구독해서 찾아오는 이들이 많다. 에스티마처럼 한 업계에서 오랜 기간 내공을 쌓은 실력자 혹은 유명인사가 아니라면 워드프레스는 피해야 한다는 역설의 교훈을 얻을 수 있다.

16. BAJIROY

문화재를 디지털로 복원하는 회사의 대표가 운영하는 블로그다. 운영자의 철학과 가치관을 담은 성격의 글들이 많다. 바지로이 블로그의 가장 큰 차별점은 운영자의 외모다. 블로그 세상에서 이렇게 잘생긴 사람을 본 적이 없다. 우월한 기럭지, 연예인 뺨치는 외모, 스타일리스트는 저리 가라 할 정도로 탁월한 패션 감각까지. 자신의 외모가 평균 이상이라면 바지로이처럼 자신의 외모를 공개해보는 것은 어떨까? 외모지상주의는 지양되어야 마땅하다. 하지만 남보다 뛰어난 외모는 다른 블로그와는 차별화된 강점이 되기도 한다.

17. KIM SEO YOUNG

유명 성우가 운영하는 블로그로 그녀가 성우를 맡은 다양한 작품들을 만나볼 수 있다. 광고, 외화더빙, 만화더빙, 내레이션 등 자신이 출연한 동영상을 올려놓았다. CF 영상을 재생하면 그녀의 친숙한 목소리를 들어볼 수 있다. '전문직 여성은 어떻게 블로그를 활용하면 좋을까?' 에 대한 해답을 찾을 수 있다.

18. 로쟈의 저공비행

인터넷 서평꾼으로 알려진 서평 블로그로 알라딘 블로그로 운영되고 있다. 블로그에 올린 자신의 서평을 묶은 '로쟈의 인문학 서재' 라는 책의 저자이기도 하다. 그는 네이버 지식인의 서재 인터뷰에서 서평의 기능과 역할에 대해 "읽을 만한 책을 분류해주고, 그중 일독할 만한 책, 평생 옆에 두고 읽을 만한 책을 서평을 통해 구분해 줄 수 있습니다. 그 다음에 굳이 읽지 않아도 될 만한 책으로 나누어 줄 수 있습니다. 기본적으로 책이 너무 많기 때문에 빚어지는 현상입니다"라고 했다. 로쟈는 서평을 통해 읽을 만한 책과 그렇지 않은 책을 분류해준다. 소설가 김영하는 모든 작가는 독자였다고 말한다. 블로그 글쓰기도 마찬가지다. 좋은 글을 읽는 사람이 좋은 글을 쓰게 마련이다. 서평가가 선별한 좋은 글, 좋은 책을 만나고 싶다면 로쟈의 저공비행에 들러 인문학 서재를 뒤져보자.

19. 세팍타크로 라이프

우리에겐 조금 생소한 스포츠인 세팍타크로 국가대표를 지낸 코치 모피우스가 운영하는 블로그다. 세팍타크로 라이프에서 배울 수 있는 것은 댓글 매너다. 운영자 모피우스는 자신의 블로그에 달린 거의 모든 댓글에 살갑게 댓글을 달아준다. 따뜻한 마음을 느낄 수 있는 댓글은 블로그 이웃을 만들어주기도 하고 방문자의 재방문을 유도한다. 남들이 다루지 않는 주제를 선정한 것도 신의 한수다. 자신이 좋아하고, 남들이 다루지 않는 주제로 블로그를 운영하면 남보다 더 큰 주목을 받을 수 있다.

20. 수피의 健-강한 운동 이야기

우리가 흔히 헬스라고 부르는 웨이트트레이닝에 관한 속설과 원리를 알기 쉽게 풀어준다. 몸뚱이 매뉴얼, 영양/식품 정보, 스포츠 보충제, 속고 살지 말자 등 카테고리 이름도 이해하기 쉽게 구성되어 있다. 운영자 수피는 헬스의 정석이라는 책의 저자이기도 하다. 블로그를 통해 어떻게 책을 내고 그 책을 블로그로 어떻게 홍보할 것인지 궁금하다면 블로그 수피의 건강한 운동 이야기를 펼쳐보자.

21. 수현아빠의 파워포인트 이야기

파워포인트 전문가 수현아빠가 운영하는 네이버 블로그다. 운영자 수현아빠는 여러 책의 저자이기도 하고 전문 강사이기도 하다. 블로그 카테고리(메뉴)로 강의/세미나를 따로 만들고 자신이 참여하는 강의 및 세미나에 관한 글을 정리해 뒀다. 블로그에 전문 분야에 관한 글을 지속적으로 올리고 자신의 이름으로 책을 쓰거나 강연을 하는 등 전문가가 되기를 희망하는 이라면 수현아빠의 블로그에서 도움을 얻을 수 있다.

22. 아웃도어에 미치다

캠핑에 관한 거의 모든 것이 담겨 있다. 캠핑을 주제로 하고 크게 아웃도어 여행과 아웃도어 장비로 메뉴를 나눴다. 하나의 주제를 선정하고 카테고리를 작게 나누는 일, 세분화하는 작업을 할 때 '아웃도어에 미치다'를 참고하자. 아웃도어 여행과 장비 외에도 아웃도어 동영상, 아웃도어 소식, 아웃도어 도서, 아웃도서 팁으로 나눠 아웃도어 활동에 관한 백과사전을 보는 듯한 느낌을 주고 있다.

23. 조은하루의 물속 이야기

물고기, 수생식물 등 물속 생물을 전문적으로 다루는 블로그다. 자신이 작성한 지난 글의 바로가기(링크)를 본문에 삽입해 연결하는 포스팅 방식을 참고하자. 블로그 글에는 글자보다 사진이 더 많다. 사진 한 장이 1000개의 단어를 대신한다는 말도 있을 정도로 블로그 역시 사진이 중요하다. 조은하루에서 포토 스토리텔링 테크닉을 배울 수 있다.

24. 찰칵거리는세상아!

10년이 넘도록 길고양이를 사진으로 담고 전시를 했던 길고양이 전문 사진가의 블로그다. 운영자 찰카키는 사진에세이 《하루를 견디면 선물처럼 밤이 온다》의 저자이기도 하다. 잡지 기자를 지낸 이력 탓인지 글 솜씨도 예사롭지 않다. 잡지, 라디오 등의 미디어에 수차례 소개된 파워블로거로 자신이 촬영한 길고양이 풍경사진을 액자에 담아 블로그에서 판매하기도 한다. 글을 쓰는 직업이 자연스레 블로그 운영으로 연결되고 블로그를 운영해 길고양이 전문 찍사가 됐다. 요즘은 자신이 촬영한 사진으로 블로그 수익을 내고 있다. 취미를 어떻게 블로그로 연결해 수익화할지 고민이 된다면 찰카키의 블로그로 찾아가보자.

25. 강효석의 'MBA에서 못 다한 배움 이야기'

현명한 직장생활을 위한 7가지 조언, 인사팀장님이 주신 배움 한 마디, 상사를 감동시키는 5가지 전략, 회사생활이 즐거워지는 비결 등 직장생활에 도움이 되는 노하우가 가득한 블로그다. 온라인 셀프 PR의 달인이다. 블로그 카테고리(메뉴)를 나눌 때 참고하기 좋고 블로그를 통해 나를 PR하는 방법에 대해 참고하기에도 유익하다.

26. 꿈도미 곤충블로그

사슴벌레, 호박벌 등 곤충 사육기를 다루는 블로그 꿈도미 곤충블로그는 초보 블로거에게 좋은 참고서가 된다. 보기 좋게 구성된 카테고리, 한눈에 들어오는 메인 화면의 구성, 사진과 글이 적절히 조화된 포스팅 구성 역시 본받을 만하다. 꿈도미 블로그에서 놓쳐서는 안 되는 블로그 운영 노하우가 있다. 이미지(사진)을 첨부할 때 원본 사이즈로 크게 첨부한다. 이렇게 하면 나중에 블로그 스킨을 변경할 때 본문 너비가 바뀌더라도 사진이 어색하게 나오거나 한쪽 면이 보이지 않는 불상사가 발생할 염려가 없다.

27. 전화영의 Life & Cool Science

화학 선생님 드보라가 운영하는 과학/화학 전문 블로그다. 과학과 화학에 관한 정보 외에도 선생님으로 일하면서 느끼는 것들을 에세이 형식으로 기록한 담임이야기와 교단일기를 추천한다. 블로그를 운영해보고 싶은 교사라면 'Life & Cool Science' 블로그에 방문해보자.

28. bdelicious

양식요리 조리법 전문 블로그다. 요리를 주제로 하는 블로그라 할지라도 굳이 한식과 양식을 모두 다룰 필요는 없는 법이다. bdelicious 블로그에서 참고할 만한 부분은 바로 글쓰기 스타일이다. 마치 아는 사람과 대화하듯이 풀어내는 글쓰기 스타일이 일품이다.

29. 김대환의 파이트캐스트

이종격투기 단체 UFC 해설위원 김대환이 운영하는 블로그다. 현직 이종격투기 선수들과 함께 격투기 단신, 비화 등 이종격투기 관련 이야기를 팟캐스트로 제작해 블로그에 소개한다. 자신이 잘 아는 분야 혹은 관심이 있는 분야의 팟캐스트를 제작해 블로그와 연동하는 것도 효과적인 블로그 홍보 방법 중의 하나다.

30. Why-Be-Normal.com 선현우의 외국어 이야기

외국어에 재능을 가진 운영자가 쉽게 외국어를 배우는 방법을 공유한다. 유튜브에 외국어 강좌 동영상을 올리기도 하고 외국인들과 함께 오프라인 스터디 모임을 개최하기도 한다. 유튜브를 활용해 자신의 노하우를 가장 잘 풀어내는 블로거 가운데 한 명이다. 블로그와 유튜브를 어떻게 연동할지, 유튜브를 활용해 어떻게 외국인들과 소통할지, 그 방법이 알고 싶다면 '선현우의 외국어 이야기'에서 답을 구하자.

31. 대사의 태평양전쟁 이야기

진주만 기습, 홍콩 전투 등 유명한 전쟁이야기를 심도 있게 파고드는 전쟁 이야기 전문 블로그로 내과의사가 운영하고 있다. 밀리터리 마니아, 밀덕(밀리터리 오타쿠)에게는 성지와도 같은 곳으로 인터넷 유저 편집 백과사전 엔하위키(검색어 '태평양전쟁')에도 소개되어 있다. 외서를 그대로 번역하여 소개하는 것은 저작권 침해에 해당한다. 하지만 자신의 머리에서 나온 생각을 중심으로 이야기를 전개하면서 부분적으로 외서를 읽고 얻은 정보를 인용하고 출처와 인용사실을 밝힌다면 문제가 될 이유가 없다. 이 또한 블로그 글쓰기의 한 방법이라고 볼 수 있다.

32. STREETFSN

스트리트 패션(길거리 패션) 전문 사진작가가 운영하는 블로그로 년도와 월 단위로 구성된 카테고리가 인상적이다. 아카이브 형식으로 메뉴를 만들고 자신이 촬영한 사진을 기록하고 저장한다. 글은 거의 없고 길거리 사진이 주를 이루는 구성도 스트리트 패션 블로그에 어울린다. 경어체와 평어체를 함께 사용하는 글쓰기 스타일도 참고할 만하다. 블로그에서 굳이 경어체를 써야 한다는 법은 없다. 자신의 스타일과 목적에 따라 경어체를 사용할지 평어체를 사용할지 선택하면 된다.

33. 핸드 메이드

제목 그대로 손뜨개, 리폼, 양말 인형 등 집에서 손으로 만들 수 있는 생활공예에 관한 정보를 다룬다. 책보다 더 알기 쉽게 사진과 글로 풀어쓴 운영자 뜨랑의 정성이 돋보인다. 방문자는 다른 파워블로거에 비해 적은 수준이지만 콘텐츠의 양과 질 만큼은 독보적이다. 글 작성에 2~3시간은 걸렸을 법한 정성어린 포스팅, 꾸밈없는 글 제목 등 운영자의 진정성과 꾸준함을 엿볼 수 있다.

34. 검은괭이2의 내 멋대로 별자리

실생활에서 나타나는 별자리별 특성에 대해 두세 명이 모여 토론을 벌이고 그 내용을 녹음해 블로그에 올린다. 그렇다고 음성 파일만 올리는 건 아니다. 별자리에 관한 글과 음성을 듣고 독자들이 댓글로 토론을 나누는데 그 자체로 방문자에게 정보가 된다. 글을 쓰는 것보다 말을 하는 게 더 익숙한 사람, 글을 쓰는 게 귀찮은 사람에게는 이런 방식의 블로그 운영을 추천한다. 내 멋대로 별자리 블로그는 티스토리에서 기본으로 제공하는 스킨을 그대로 사용하고 있다. 별다른 기교가 없음에도 불구하고 꾸준히 들르는 이웃이 많은 비결은 블로그 내용 때문이다. 디자인도 무시할 수 없는 부분이지만 콘텐츠가 가장 중요하다는 사실을 다시 한 번 상기시켜 준다.

35. 구본준의 거리 가구 이야기

갑작스런 사고로 고인이 된 한겨레 기자가 운영하던 블로그다. 블로그 운영자가 고인이 되면서 지금은 더 이상 업데이트가 되고 있지 않지만 건축에 대한 특별한 애정을 엿볼 수 있는 공간이다. 멀지 않은 과거만 하더라도 신문, 방송 등 기존의 미디어가 블로그를 가볍게 여기거나 무시하는 시선이 있었다. 요즘은 오히려 기자들이 블로그를 만들어 운영하고 싶어 한다. '글쓰기를 직업으로 가진 사람은 블로그를 어떻게 운영하면 좋을까?' 하는 물음에 대한 답을 구할 수 있다.

36. 문소영 기자의 미술관 속 비밀도서관

미술 분야에 관한 블로그로 네이버에서 7년 연속 파워블로그를 수상한 코리아중앙데일리의 문소영 기자 블로그다. 문소영 기자는 자신의 실명과 사진을 프로필 이미지로 사용할 정도로 블로그에 자신을 여과 없이 드러낸다. 그는 네이버 블로그팀과의 인터뷰에서 "제가 다른 파워블로거 분들에 비해 블로그 업데이트가 느린 편이에요. 그래도 제가 자랑으로 여기는 것 중 하나는 항상 글을 책임 있게 쓴다는 것입니다. 블로그에 쓰는 글이라고 해서 생각나는 대로 마구 끄적거리지 않아요. 그림에 짧은 설명을 붙이는 간단한 글이어도 항상 두 가지 소스 이상에서 사실 확인을 하면서 잘못된 정보를 제공하지 않도록 노력하죠. 블로그도 하나의 미디어나 마찬가지이기 때문에 내용에 책임을 져야 한다고 생각합니다. 저도 물론 실수를 할 때가 있는데, 그런 지적을 받을 때면 금방 수정하려고 노력해요"라고 했다. 이심전심이라고 했던가? 자주 업데이트하지는 않지만 하나의 글을 쓰더라도 사실 확인을 하고 공을 들이는 마음이 독자에게도 그리고 네이버 블로그팀에도 전달이 됐나 보다. 여기자가 블로그를 운영하는 방법이 궁금하다면, 블로그에 어떤 식으로 글을 써야 할지 궁금하다면 '문소영 기자의 미술관'에 방문해보자.

37. Yangraki Blog

2012년 이후로 더 이상 업데이트되지 않는 농구 블로그다. My Hoops 카테고리에서는 자신의 농구 기술을 소개하고 Pro Hoops에서는 국내 프로농구 선수들의 플레이 혹은 미국 프로농구(NBA) 선수들의 플레이를 분석하는 글을 올려놓았다. 자신이 직접 플레이하는 모습을 동영상으로 담은 강좌 영상은 초심자들에게 책보다 편한 참고서가 된다. 농구를 떠나 야구, 축구 등 스포츠 블로그를 만들어보고 싶다면 Yangraki 블로그를 참고해보는 건 어떨까?

38. 코믹스팍닷컴

만화평론가가 운영하는 만화 전문 블로그다. 국내/해외를 넘나드는 만화 리뷰, 만화에 관한 깊이 있는 칼럼 등 만화에 관한 거의 모든 것들이 담겨있다. 자신이 전문적인 지식을 가지고 있는 분야에 대해 어떻게 블로그에 풀어내면 좋을까 궁금할 때 찾으면 좋다. 자신이 어떤 분야의 전문가가 아니라 할지라도, 전문가가 되길 원하는 분야의 블로그를 운영할 때 코믹스팍닷컴을 방문해보자.

39. 씨디맨의 컴퓨터이야기

컴퓨터 조립 방법, 마이크로 소프트 윈도우 사용법 등 컴퓨터 부품과 업계에 관한 리뷰를 전문으로 하는 블로그다. 블로그 방문자가 누구나 운영자의 연락처를 쉽게 알 수 있도록 사이드바 우측 상단에 자신의 이메일 주소와 전화번호를 올려놓았다. 닉네임의 뜻, 이름, 관심분야, SNS 계정 주소, 블로그 경력, 리뷰 측정 도구, 저작권, 블로그 글 촬영 도구를 상세히 기록해놓은 프로필 페이지도 참고할 만하다. 리뷰 블로그를 꿈꾸는 이들에게 나침반이 되어준다.

40. 삶의발견

우리가 일상에서 흔히 볼 수 있는 것들, 문화에 대한 날카로운 통찰력을 엿볼 수 있다. 운영자 삶의 참견은 자신의 주변에서 일어나는 흔한 일들을 특별한 이야기거리로 만들어낸다. 오랜 기간 공부하고 책을 읽고 사유한 운영자의 내공을 발견할 수 있다. 블로그 포스트에 사실 확인을 마치지 않은 내용을 올렸다가 이웃의 지적을 보고 자신의 실수를 인정하는 글을 올려놓은 걸 보고 이웃이 되기로 결심했다. 누구나 실수를 하지만 실수를 인정하고 남들 앞에 보여주는 용기를 가진 사람은 흔치 않다. 블로거라면 운영자 삶의 참견의 위기관리능력을 참고하자.

41. 바른 약 사용 설명서

약국을 운영하고 있는 약사가 우리가 일상생활에서 복용하게 되는 약에 대해 자세히 설명해준다. 피임약, 탈모약, 불면증에 도움이 되는 약, 기미약, 치질약에 이르기까지 약에 관한 전문적인 지식을 배울 수 있다. 글 한 개 작성하는 데 3시간 이상은 걸렸을 법한 공들인 포스트의 구성이 돋보인다. 자신의 블로그에 올린 글을 링크해 시리즈로 연재하는 방식, 글자의 크기와 색상을 달리해 강조하는 글쓰기 스타일, 이미지와 동영상을 적절히 삽입해 글을 지루하지 않게 읽을 수 있게 한 점 등 글쓰기 스타일에 대해 참고할 만한 부분도 많다. 전문직 종사자가 자신의 전문 지식을 블로그에 어떻게 풀어내면 좋을지 알 수 있는 '전문직 종사자의 바른 블로그 사용 설명서'라고 할 수 있다.

42. Music Today

음악을 좋아하는 40대가 운영하는 블로그로 재즈 관련 포스트만 700여 개에 이른다. 화려함과는 거리가 있는 네이버 기본 제공 스킨을 사용하고 카테고리 또한 단촐하다. 다른 음악 블로그와 달리 유튜브 음원도 포함되지 않은, 앨범 재킷과 글로만 된 글도 많다. 하루 방문자는 평균 수백 명에 불과하지만 3차례나 네이버 파워블로거로 선정됐다. 콘텐츠에 자신이 있다면 부수적인 것들은 거들 뿐, 디자인을 무시해서는 안 되지만 그렇다고 부수적인 것들에 목매지 말라는 교훈을 얻을 수 있다.

43. Beer Keg

맥주애호가의 블로그로 좋은 맥주를 소개해준다. 매달 정기적으로 수입맥주 가격 정보를 표로 만들어 소개하며 서울 지역 수입맥주 행사 제품 목록은 이미지와 함께 소개한다. 블로그 운영의 한 해를 뒤돌아보며 정리하는 결산 포스팅을 매년 올리고 있는 점도 주목할 만하다. 일상생활에서 흔히 접할 수 있는 소재인 맥주만을 다룸으로써 결코 특별하지 않은 것으로 특별한 블로그를 만들어냈다. 블로그에 매달, 매년을 주기로 연재 글을 작성하는 방식을 참고하면 좋다.

44. 닥터돈까스의 아이러브CAR

시승기와 신차정보로 도배된 보통의 자동차 블로그와 달리 닥터돈까스의 아이러브카는 차량관리 요령, 세차 요령, 초보 오너 지침서 등 실제 자동차 운전자들에게 도움이 되는 유익한 정보를 소개한다. 자신이 한 분야의 전문가라고 해서 너무 전문적인 내용만을 다룬다면 그 내용을 받아들일 수 있는 독자층은 한정적일 수밖에 없다. 전문지식을 전달하는 블로그에서 초심자를 위한 내용을 소개하는 것이 큰 강점이 될 수 있다는 것을 상기시켜 준다.

45. 사랑에 장애가 있나요?

인간극장에 출연했던 부부의 러브스토리가 담긴 블로그다. 각박하고 메마른 요즘 세상에 단비 같은 사랑이야기를 전해준다. 비범하면서도 평범한 러브스토리를 달달하게 풀어내는 블로그 운영자의 글솜씨는 블로그의 백미다. 좋은 글을 쓰려면 좋은 글을 읽어야 한다고 했던가? 마치 일기처럼 솔직하고 담백하면서도 정감 있는 글을 만나보고 싶다면 '사랑에 장애가 있나요' 블로그에 가보자.

46. 달님은 어찌 그리 고우신지

책 리뷰가 대부분인 블로그인데 구독자만 4만여 명에 이른다. 나만의 완소 작가들 메뉴에서는 운영자가 좋아하는 작가를 소개하고, 읽고 죽어라(?) 메뉴에서는 죽기 전에 꼭 읽어야 할 책 230권을 소개해놓았다. 운영자가 얼마나 책을 많이 읽는지 블로그 곳곳에 그 흔적이 묻어난다. 독자를 확 끌어당기는 기획력이 돋보인다. 이 주의 책 메뉴에서는 독자들에게 매주 한 권의 책을 추천해준다. "다른 사람들이 이미 다루고 있는 주제의 블로그는 어떤 식으로 차별화를 해나가면 될까?" 하는 물음에 대해 혜안을 얻을 수 있다.

47. 요안나의 행복이팍팍

주부가 운영하는 레시피 전문 블로그로 한식요리에 관한 콘텐츠가 풍부하다. 국/찌개/전골, 밥/죽, 반찬 등으로 세분화된 카테고리에는 누구나 쉽게 따라 할 수 있는 요리법들이 보기 좋게 담겨 있다. 주부는 다년간의 요리와 살림 경험을 가진 잠재적 파워블로거다. 귀찮더라도 자신만의 살림 노하우, 요리 노하우를 블로그에 담아보자. 평범한 블로거에서 블로그 슈퍼스타가 된 주부의 블로그를 방문해 자극을 받아보는 건 어떨까?

48. 동화보다 재미있는 세계사

발레로 나치에 저항한 오드리 햅번의 이야기, 혼자 떠돌아다닌 유령선 미스터리, 안데스의 괴물이라 불린 연쇄살인마, 발렌타인데이의 유래, 세상에서 가장 아름다운 스파이 마타 하리 등 흥미로운 세계사를 장문의 글과 사진으로 재밌게 풀어낸다. 책 《스캔들 세계사》의 저자이기도 한 블로그 운영자는 글을 쓰면서 인용한 해외 매체의 기사와 웹사이트 글을 본문 하단에 링크해뒀다. 유명한 파워블로거 중에 영문학과 출신이 유독 많은 이유도 여기에 있다고 생각한다. 이미 전 세계의 양질의 콘텐츠가 영문으로 작성되어 있으므로 영어 해석에 능한 사람은 그렇지 않은 사람에 비해 더 많은 원본 콘텐츠에 접근함에 있어서 유리하다. 영어 공부는 블로그 운영에도 도움이 된다는 교훈을 얻을 수 있다.

49. 진력 AV/오디오 칼럼리스트 몬테크리스토

오디오 성애자이자 칼럼리스트가 운영하는 블로그다. 제품 추천글이나 리뷰글도 좋지만 그보다 더 좋은 건 가끔씩 올라오는 진솔한 운영자 자신의 이야기다. 국산 오디오 제작 업체와의 대화, 새로운 청음실을 만들었다는 글, 친구랑 술 마시면서 볼륨 때문에 다툰 기억, 한국 오디오 박람회를 보는 안타까운 마음 등 오디오에 대한 순수한 애정이 담긴 글들이 독자의 마음을 사로잡는다. 독자는 정보를 얻으려고만 블로그에 들어오지 않는다. 운영자 몬테처럼 자신의 솔직한 마음이 담긴 글을 쓰는 것은 자신에게도 블로그 독자에게도 감동을 건네는 행위가 아닐까. 블로그 운영자의 인간적인 모습에 끌린 독자는 그렇지 않은 독자보다 오랜 친구가 되어준다.

50. 불량육아&군대육아

《지랄발랄 하은맘의 불량육아》 저자가 운영하는 육아 블로그다. 동병상련이라고 했던가? 주부들의 반응이 뜨겁다. 유쾌한 글, 재미있는 글을 쓰고 싶다면 불량육아&군대육아 블로그에 방문해 지랄발랄 하은맘의 글을 읽어보자. 유쾌한 에너지를 무료로 선물 받을 수 있다.

천만 방문자를 부르는 콘텐츠의 힘
블로그의 신

1판 1쇄 발행 2015년 8월 10일
1판 5쇄 발행 2019년 5월 20일

지은이 장두현
펴낸이 조윤지
P R 유환민
책임편집 정은아
디자인 최영진
외주기획 엔터스코리아 yang@enterskorea.com

펴낸곳 책비(제215-92-69299호)
주 소 (13591) 경기도 성남시 분당구 황새울로 342번길 21 6F
전 화 031-707-3536
팩 스 031-624-3539
이메일 readerb@naver.com
블로그 blog.naver.com/readerb

'책비' 페이스북
www.FB.com/TheReaderPress

Copyright ⓒ 2015 장두현
ISBN 978-89-97263-94-3 (13320)

※ 책값은 뒤표지에 있습니다. 잘못된 책은 구입처에서 교환해 드립니다.

책비(TheReaderPress)는 여러분의 기발한 아이디어와 양질의 원고를 설레는 마음으로
기다립니다. 출간을 원하는 원고의 구체적인 기획안과 연락처를 기재해 투고해 주세요.
다양한 아이디어와 실력을 갖춘 필자와 기획자 여러분에게 책비의 문은 언제나 열려 있습니다.
  • readerb@naver.com

블로그의 신

블로그의 신